新编21世纪远程教育精品教材

• 经济与管理系列 •

成本会计

（第二版）

曹 伟 编著

中国人民大学出版社

· 北京 ·

新编 21 世纪远程教育精品教材
编委会

作者简介

曹伟，中国人民大学商学院会计系教授，经济学博士、博士生导师。主要研究领域：会计理论与财务会计、国际会计与会计准则、成本会计等。已出版的著作有：《论会计准则》《论财务会计概念结构》《会计准则导论》等，并在《中国软科学》《会计研究》《厦门大学学报》《审计研究》《财经研究》《财务与会计》《财会通讯》等报刊上发表论文九十余篇。

内容简介

本教材的一个显著特点是：对成本会计基本概念的界定和使用更趋严谨，比如成本的理论内涵、成本的分类等。另外，在编写理念方面贯彻引导式教学思维，通过“学习导航”“提示音”“超链接”等栏目指导学生学习，有助于学生加深对基本理论和基本方法的理解，提高感性认识和实际操作能力。

总　序

我们正处在教育史尤其是高等教育史上的一个重大的转型期。在全球范围内，包括在我们中华大地，以校园课堂面授为特征的工业化社会的近代学校教育体制，正在向基于校园课堂面授的学校教育与基于信息通信技术的远程教育相互补充、相互整合的现代终身教育体制发展。一次性学校教育的理念已经被持续性终身学习的理念所替代。在高等教育领域，从1088年欧洲创立博洛尼亚（Bologna）大学以来，21世纪以前的各国高等教育基本是沿着精英教育的路线发展的，这也包括自19世纪末创办京师大学堂以来我国高等教育短短一百多年的发展史。然而，自20世纪下半叶起，尤其在迈进21世纪时，以多媒体计算机和互联网为主要标志的电子信息通信技术正在引发教育界的一场深刻的革命。高等教育正在从精英教育走向大众化、普及化教育，学校教育体系正在向终身教育体系和学习型社会转变。在我国，党的十六大明确了全面建设小康社会的目标之一就是构建学习型社会，即要构建由国民教育体系和终身教育体系共同组成的有中国特色的现代教育体系。

教育史上的这次革命性转型绝不仅仅是科学技术进步推动的。诚然，以电子信息通信技术为主要代表的现代科学技术的进步，为实现从校园课堂面授向开放远程学习、从近代学校教育体制向现代终身教育体制和学习型社会的转型提供了物质技术基础。但是，教育形态演变的深层次原因在于人类社会经济发展和社会生活变革的需求。恰在这次世纪之交，人类社会开始进入基于知识经济的信息社会。知识创新与传播及应用、人力资源开发与人才培养已经成为各国提高经济实力、综合国力和国际竞争力的关键和基础。而这些仅仅依靠传统的校园面授教育体制是无法满足的。此外，国际社会面临的能源、环境与生态危机，气候异常，数字鸿沟与文明冲突，对物种多样性与文化多样性的威胁等多重全球挑战，也只有依靠世界各国进一步深化教育改革与创新，促进人与自然的和谐发展才能得到解决。正因为如此，我国党和政府提出了“科教兴国”“可持续发展”“西部大开发”“缩小数字鸿沟”“人与自然和谐发展”等战略和思想。其中，对教育在经济建设中的重要战略地位和基础性、全局性、前瞻性产业的确认，对高等教育对于知识创新与传播及应用、人力资源开发与人才培养的重大意义的关注，以及对发展现代教育技术、现代远程教育和教育信息化并进而推动国民教育体系现代化，构建终身教育体系和学习型社会的决策更成为教育界和全社会的共识。

在上述教育转型与变革时期，中国人民大学一直走在我国大学的前列。中国人民大学是一所以人文、社会科学和经济管理为主，兼有信息科学、环境科学等的综合性、研究型大学。长期以来，中国人民大学充分利用自身的教育资源优势，在办好全日制高等教育的同时，一直积极开展远程教育和继续教育。中国人民大学在我国首创函授高等教育。1952年，校长吴玉章和成仿吾创办函授教育的报告得到了刘少奇的批复，并于1953年率先招生授课，为新建的共和国培养了一大批急需的专门人才。在20世纪90年代末，中国人民大学成立了网络教育学院，成为我国首批现代远程教育试点高校之一。经过短短几年的探索和发展，中国人民大学网络教育学院创建的“网上人大”品牌，被远程教育界、媒体和社会誉为网络远程教育的“人大模式”，即“面向在职成人，利用网络学习资源和虚拟学习社区，支持分布式学习和协作学习的现代远程教育模式”。成立于1955年的中国人民大学出版社是新中国建立后最早成立的大学出版社之一，是教育部指定的全国高等学校文科教材出版中心。在过去的几年中，中国人民大学出版社与中国人民大学网络教育学院合作策划、创作出版了国内第一套极富特色的“21世纪远程教育精品教材”。这些凝聚了中国人民大学、北京大学、北京师范大学等北京知名高校学者教授、教育技术专家、软件工程师、教学设计师和编辑们广博才智的精品课程系列教材，以印刷版、光盘版和网络版立体化教材的范式探索构建全新的远程学习优质教育资源，实现先进的教育教学理念与现代信息通信技术的有效结合。这些教材已经被国内其他高校和众多网络教育学院所选用。中国人民大学出版社基于“出教材学术精品，育人文社科英才”理念的努力探索及其初步成果已经得到了我国远程教育界的广泛认同，是值得肯定的。

2005年4月，我被邀请出席《中国远程教育》杂志与中国人民大学出版社联合主办的“远程教育教材的共建共享与一体化设计开发”研讨会并做主旨发言，会后受中国人民大学出版社的委托为“新编21世纪远程教育精品教材”撰写“总序”，这是我的荣幸。近几年来，我一直关注包括中国人民大学网络教育学院在内的我国高校现代远程教育试点工程。这次，更有机会全面了解和近距离接触中国人民大学出版社推出的“新编21世纪远程教育精品教材”及其编创人员。我想将我在上述研讨会上发言的主旨做进一步的发挥，并概括为若干原则作为我对包括中国人民大学出版社、中国人民大学网络教育学院在内的我国网络远程教育优质教育资源建设的期待和展望：

● 新编21世纪远程教育精品教材的教学内容要更加适应大众化高等教育面对在职成人、定位在应用型人才培养上的需要。

● 新编21世纪远程教育精品教材的教学设计要更加适应地域分散、特征多样的远程学生自主学习的需要，培养适应学习型社会的终身学习者。

● 在我国网络教学环境渐趋完善之前，印刷教材及其配套教学光盘依然是远程教材的主体，是多种媒体教材的基础和纽带，对其教学设计应该给予充分的重视。要在印刷教材的显要部位对课程教学目标和要求做明确、具体、可操作的陈述，要清晰地指导远程学生如何利用多种媒体教材进行自主学习和协作学习。

● 应组织相关人员对多种媒体的远程教材进行一体化设计和开发，要注重发挥多种媒体教材各自独特的教学功能，实现优势互补。要特别注重对学生学习活动、教学交互、学习评价及其反馈的设计和实现。

● 要将对多种媒体远程教材的创作纳入对整个远程教育课程教学系统的一体化设计和开发中去，以便使优质的教材资源在优化的教学系统、平台和环境中，在有效的教学模式、学习策略和学习支助服务的支撑下获得最佳的学习成效。

● 要充分发挥现代远程教育工程试点高校各自的学科资源优势，积极探索远程教育优质教材资源共建共享的机制和途径。

中华人民共和国教育部远程教育专家顾问

丁兴富

第二版前言

根据有关会计准则、制度的变化，以及调整教材结构及内容的需要，作者对教材第一版做了修订。除了根据新的会计准则、制度，尤其是根据财政部《企业产品成本核算制度（试行）》（2013），对教材有关术语、会计科目做了调整以外，本书主要做了如下修订：

1. 调整了教材结构。新版教材内容分为三大部分：第一篇，成本会计总论，重点阐述成本会计的基本概念；第二篇，基于财务报告的产品成本核算，主要以工业企业为例，阐述产品成本的核算方法；第三篇，面向企业内部管理的主要成本核算方法，包括变动成本法、标准成本法、作业成本法和目标成本法。教材使用者可以根据学时限制灵活选用教材内容。

2. 扩充了有关内容。主要包括：（1）增加了第三篇“面向企业内部管理的主要成本核算方法”，包括变动成本法、标准成本法、作业成本法和目标成本法；（2）第一章新增“成本会计的基本概念和术语”一节，对有关成本会计的基础概念进行了分析、梳理、界定及重构；（3）对第一章第一节内容做了扩充和调整，重点讨论了成本的内涵和概念界定问题；（4）第九章“产品成本核算的辅助方法”中新增了“各种产品成本核算方法的综合应用”一节。

3. 删减了原第十四章“期间费用的归集和结转”。

本书的修订主要由曹伟执笔，第十四章由曹伟和李润泽（中国人民大学商学院会计系博士生）联合执笔。

由于编写时间和水平所限，书中不当和错误在所难免，欢迎读者批评指正。

第一版前言

成本会计是研究如何提供成本信息、加强成本管理的一个会计分支。成本的内涵极其丰富，它既包括财务会计中所用的成本概念，又包括管理会计中所应用的一系列成本概念，因此绝不能将其等同于产品成本。

成本会计作为一门会计学分支学科，大致经历了早期成本会计、近代成本会计、现代成本会计三个阶段。现代成本会计（广义的成本会计）内容已经非常丰富，包括了成本管理的各个环节：成本预测、成本决策、成本计划、成本核算、成本控制、成本分析、成本考核等。它部分内容属于财务会计，大部分内容应当属于管理会计。从学科分工和便利教学角度考虑，同时由于受到课时限制，本课程主要涉及成本管理的基础环节——成本核算。成本会计课程着重讲授基本理论、基本方法和基本技能，其基本原理适用于各行业。通过本课程的学习，可以为进一步深入学习管理会计、成本管理等课程打下一个基础。

本书的一个显著特点是，对成本会计基本概念的界定和使用更趋严谨，比如，成本的理论内涵，成本的分类，关于“C＋V”，生产费用及其分类，生产费用与产品成本、期间费用的关系，要素费用及其与产品成本、辅助生产成本、期间费用的关系，产品成本核算的基本程序等。作为教科书，本书使用基本概念的主要依据还是国家统一的会计制度。

本书的另一个特点是，针对远程教育的特点，在教材中增加了“学习导航”“提示音”“超链接”等栏目，以方便自学。另外，随主教材还配备了成本会计学习光盘、成本会计模拟实验用纸等。光盘设置了“重点解析”“即时练习”“背景资料”“模拟实验”“例题分析”“关键概念”等栏目，其中的教学案例对于加深基本理论和方法的理解、提高感性认识和实际操作能力有很大的帮助。

由于编写时间和水平所限，书中难免有不当和错误之处，欢迎读者批评指正，以便进一步修改和补充。

编著者

目录

CONTENTS

第一篇　成本会计总论

第二篇　基于财务报告的产品成本核算

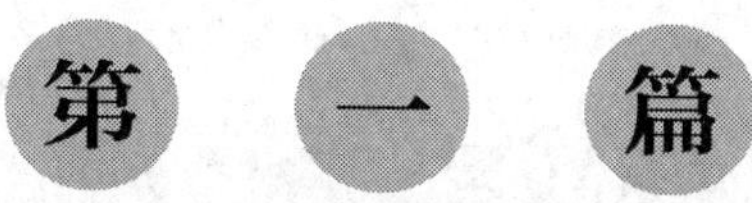

第一篇

成本会计总论

成本会计的基本概念

【学习导航】

⊙ 能够举例说明哪些成本属于财务成本、哪些成本属于管理成本；
⊙ 理解成本划分为财务成本和管理成本的依据和意义、财务成本和管理成本的主要区别；
⊙ 明确产品成本的内涵以及核算产品成本在财务会计中的意义；
⊙ 了解成本会计的三个发展阶段以及不同阶段成本会计的内容；
⊙ 了解现代成本会计的主要内容。

第一节　成本的含义和分类

一、成本的理论内涵及定义

按照马克思的劳动价值理论，产品的价值由三部分组成：生产中消耗的生产资料的价值（C）、劳动者为自己劳动所创造的价值（V），以及劳动者为社会劳动创造的价值（M）。对资本家而言，M是剩余价值，C＋V就是耗费，即产品成本。同样道理，对社会主义市场经济条件下的企业投资者而言，M是利润，C＋V就是需要补偿的价值，即产品成本。所以，从理论上说，产品成本是企业为生产一定种类和数量的产品所发生的生产资料耗费和工资耗费。这种产品成本我们可以称之为“理论产品成本”，它对于制造业的产品生产成本有着较好的解释力。

在实际操作中，财务会计中核算的产品成本的内容，由国家统一的会计制度规定；它是企业的基本生产车间为生产一定种类和数量的产品所发生的各种耗费。这种产品成本，一方面遵循了上述“理论产品成本”的理论内涵，另一方面又与“理论产品成本”有所偏离。这种偏离主要表现在：第一，为了促使工业企业加强经济核算，减少生产损失（例如废品损失、停工损失），生产损失虽不创造产品价值，但也计入产品成本；第二，为了简化成本核算工作，工业企业行政管理部门为组织和管理生产经营活动而发生的管理费用、为筹集资金而发生的财务费用，以及为销售产品而发生的销售费用，依据国际惯例，不计入产品成本，而是直接计入当期损益，从当期利润中扣除，因此，在实际工作中，财务会计中的产品成本，是依据特定会计制度所计算出来的产品的生产成本（制造成本），而不是产品的完全成本。

但是，不少教科书用C＋V作为成本的理论内涵，并将“C＋V”作为“理论成本”来看待，有失偏颇，犯了用具体的成本概念作为一般成本概念的逻辑错误。这个所谓的“理论成本”无法解释管理会计中的付现成本、沉没成本、机会成本等概念，也难以解释财务会计中的材料采购成本、外购固定资产等成本，以及作为期间费用处理的期间成本。因为材料采购成本、外购固定资产等成本，只是由于获得外购材料及其他资产而主要支付货币资金所付出的代价，它既非生产资料转移的价值（C），也不是劳动者为自己劳动创造的价值（V），这类成本很难用“C＋V”这样的理论成本来解释。作为期间费用处理的期间成本，其中不少具体的成本项目（比如确认为财务费用的利息费用、确认为管理费用的税金，以及作为单独利润表项目的所得税费用等），既不属于C也不属于V，严格说来属于M更为恰当，因此这类成本也很难用“C＋V”这样的理论成本来解释。至于管理会计中诸多成本概念则是更难以用“C＋V”来解释。

因此，我们必须寻求更具有一般性的成本概念。从最根本的属性上来讲，成本无非是为了实现特定目的而发生的代价或耗费。作为会计学中的成本概念，需要遵循会计学的基本假设和计量基础，因此成本会计学中的成本概念，还需要在成本的最基本属性（代价或耗费）的基础上增加一些限制条件：（1）必须能够用货币进行计量，因此成本是一项货币指标、综合性指标；（2）它是特定会计主体范围内所发生的代价或耗费；（3）一般需要按照会计期间连续地进行计量；（4）以权责发生制作为计量基础，所以成本既包括已经支付的代价或耗费，又包括可能付出但符合确认条件的代价或耗费。根据这样的分析，我们可以将成本概念定义如下：成本是会计主体为了一定目的付出的或可能付出的，用货币表现的耗费（或代价）。这一定义和美国会计学会1951年的定义基本相同。美国会计学会的定义是：成本是为了一定目的而付出的或可能付出的，用货币表现的价值牺牲。

■ 二、成本的基本分类：财务成本和管理成本

在现实生活和会计学科中，人们使用着多种多样的成本概念。这些成本按照其服务目的不同，可以分为财务成本和管理成本两大类。

财务成本是服务于对外财务报告目的的一系列成本概念的总称，如产品生产成本、材料采购成本、固定资产成本、无形资产成本、商品采购成本等。也可以说，财务成本是在财务会计中应用的成本。财务会计是主要面向企业外部信息使用者提供会计信息的一个分支，由于信息的提供者与使用者之间利益不一致，所以对财务会计信息的加工、生成、提供必须有统一的规范，这种规范在我国就是国家统一的会计制度。因此，财务成本是依据国家统一的会计制度核算出来的。

管理成本是服务于企业内部管理目的的一系列成本概念的总称，如机会成本、目标成本、可控成本、作业成本等。也可以说，管理成本是在管理会计中应用的成本。管理会计是面向企业内部管理提供信息的一个会计分支，由于信息提供者、使用者的利益基本一致，所以管理会计信息的加工、生成、提供不必遵循像财务会计那样统一的规范。因此，管理成本不受国家统一的会计制度的约束。

管理成本的内涵极其丰富，它不仅包括资产的成本，而且包括班组、工段、车间的成本，作业的成本，资金使用的成本等；不仅包括实际的成本，而且包括计划成本、标准成本、目标成本等非实际成本。即使是产品成本，为满足内部管理的需要，也经常需要经过改造后才能使用。

属于管理成本范畴的成本概念非常丰富，如目标成本、责任成本、标准成本、作业成本、研究与开发成本、售后服务成本、可控成本、不可控成本、机会成本、固定成本、变动成本、付现成本、沉没成本、质量成本、资金成本等。

财务成本和管理成本的区别可以归纳为如下几个方面：

1. 目的不同

财务成本服务于对外财务报告，而管理成本则服务于企业内部管理。

2. 内容不同

财务成本是指取得资产的实际成本，包括产品生产成本、材料采购成本、固定资产成本、无形资产成本、商品采购成本等。管理成本的内涵极其丰富，它不仅包括资产的成本，而且包括班组、工段、车间的成本，作业的成本，资金使用的成本等；不仅包括实际的成本，而且包括计划成本、标准成本、目标成本等非实际成本。即使是产品成本，为满足内部管理的需要，也经常需要经过改造后才能使用。

3. 依据不同

财务成本是依据国家统一的会计制度核算出来的；而管理成本则不受国家统一的会计制度的约束。

4. 核算期间不同

财务成本由于是满足对外财务报告的需要，所以其核算期间通常按照会计期间进行；而管理成本由于是满足内部管理的需要，所以其核算期间长短不一，通常要求及时性很高，有时需要按日提供。

5. 核算资料来源不同

财务成本核算的资料来源基本上是财务会计中的凭证、账簿等资料；而管理成本核算的资料来源除了财务会计中的凭证、账簿等资料以外，还经常需要业务资料、统计资料及企业外部资料等。

第二节　成本会计的基本概念和术语

新中国成立后的计划经济年代以及改革开放初期，会计制度沿用苏联会计制度，会计学科体系相应采用苏式会计学科体系，具体表现为会计学科的“老四门”，即会计原理、工业会计学（及其他若干行业会计学）、工业企业财务管理、工业企业经济活动分析。当时的成本会计学很少独立成科，一般是作为工业会计学（或其他行业会计学）的主要内容存在的。随着改革开放的深入以及社会主义商品经济（及其后的市场经济）体制的确立，以1992年国务院颁布的《企业会计准则》为主要标志，我国开始逐步改革会计制度，采用与国际惯例接轨的西方会计制度及会计学科体系。会计学专业的主干会计学学科，由原来苏式“老四门”演变为现在的财务会计学、管理会计学、成本会计学、财务管理学及审计学。其中，财务会计学、管理会计学、财务管理学、审计学基本采用西方国家（主要是指美国、英国等英语国家）相同学科的概念体系、理论和方法体系；唯独成本会计学（尤其是其中的面向财务报告的成本会计学部分）继续沿用了若干苏式成本会计学的概念体系和方法体系，而且这些数量不少的成本会计老概念，并未经过严格的定义和系统梳理，造成了成本老概念与财务会计学中新概念及西方成本会计学中的成本概念在逻辑上冲突、不协调的局面。这是很不利于成本会计学的教学及学科建设的，因此很有必要对有关成本会计学的基础概念进行分析、梳理、界定及重构。

一、生产费用、期间费用和营业外支出

我国成本会计在传统上使用成本概念时与美国相比有一个明显的不同之处：我国的成本一般都有明确的成本对象，比如产品的批别、步骤、品种、类别，或者班组、工段等，还没有归集到特定对象去的耗费，在过去苏式会计制度时期工业企业称之为生产费用，以及销售费用，在与国际惯例接轨、采用西方会计制度后仍然沿用了生产费用概念，但增加了期间费用概念；美国的成本概念不一定有明确的对象，只要是为一定目的发生的或可能发生的价值耗费，都叫作成本，当然其成本概念包括有特定对象的成本。

在我国传统的成本会计学中。生产费用是和产品生产成本是密切联系的一对概念：生产费用是一个期间概念，它归集和分配到特定产品上去就形成了产品生产成本（简称“产品成本”）。苏式会计学时期的生产费用的口径比现在要宽，除了现在的生产费用（直接材料、直接人工、制造费用）之外，还包括现在的管理费用（原来称为企业管理费）和财务费用。而且，在使用苏式会计学时期，我国还没有使用目前的与西方会计接轨的会计要素，尤其是费用要素。现在的费用有明确的而且和国际惯例一致的定义：费用是指企业在日常活动中发生的、会导致所有者权益减少的、与所有者分配利润无关的经济利益的总流出。在这种情况下再使用生产费用概念就需要非常小心，因为它很容易被误认为是费用概念的子概念，但其实生产费用是不符合费用的定义的，它其实是制造业在产品生产过程中发生的耗费，这些耗费很可能要计入产品生产成本。因此，如果要继续使用生产费用这一概念的话，最好称之为生产耗费，以免与真正费用（expenses）相混淆。

期间费用是与西方会计制度接轨后我国会计制度采用的新概念，初期主要是指管理费用、财务费用、销售费用三个不再分配进入产品成本，而是直接按照会计期间确认且直接与同期收入相配比的费用项目，其后资产减值损失项目从管理费用项目中独立出来，成为一个独立的期间费用项目。期间费用符合会计准则中费用的定义，它与生产费用不同，后者归集到产品生产成本上，形成存货，当存货销售、形成销售收入后，其存货的生产成本才转化为销售成本（或称营业成本），成为符合费用定义的真正费用。从成本会计角度来看，期间费用同生产耗费一样都是企业发生的耗费，区别在于，前者按照财务会计的准则（或制度）被确认为费用，并进入利润表，后者则基本被确认为存货或其他资产（如固定

资产、无形资产)，并进入资产负债表。

营业外支出属于现行会计制度中的一个利润表项目，它沿用了苏式会计制度时期的会计术语。严格说来，营业外支出属于损失（losses），不一定是一项支出（expenditures)。损失在美国会计准则的概念框架里是和费用并列的一个单独财务报表要素，区别只在于前者是偶发性的、非核心的交易或事项引起的，后者则是经常性的、核心的交易或事项引起的。在国际财务报告的概念框架中，损失是费用要素之下的一个次一级的要素，其含义与美国的损失要素相同。我国则是把损失置于所有者权益要素之下进行定义，但含义与美国及国际财务报告准则相同。按照我国会计准则，我国对部分损失确认为营业外支出，从而进入了利润表；部分损失则是直接冲减所有者权益，没有影响利润表。“支出”概念一般是指资产（尤其是货币资金）流出企业，支出可能会导致损失，也可能会导致费用、资产的增加，还可能会导致负债或所有者权益的减少，从这个意义上来说，“营业外支出”这个称谓并未准确地表达其内涵，而称之为“营业外损失”似乎更为恰当。另外，营业外支出作为一种损失符合广义的成本定义。

二、费用要素和要素费用

苏式成本会计学时期，常常应用费用要素和要素费用的概念，我国许多成本会计学教材仍然在使用这对概念，而且财政部会计司编写的《〈企业产品成本核算制度（试行）〉讲解》也使用了这对概念，所以对于这两个概念还须认真辨析，规范使用。“费用要素”并非现行会计准则中作为会计要素（财务报表要素）之一的费用要素，它实际是“生产费用要素”的简称。按照马克思的劳动价值论学说，生产需要具备劳动资料、劳动对象和劳动者三大要素，对于资本家获得的剩余价值而言，在三大生产要素上的耗费可以归结为：C_1+C_2+V，其中，C_1 是补偿劳动对象消耗的价值，C_2 是补偿劳动资料消耗的价值，V 是补偿用于劳动者的工资。按照这种耗费的分类所做的进一步细分，称为费用要素。苏式会计学时期，一般分为如下 9 个费用要素：（1）外购材料；（2）外购燃料；（3）外购动力；（4）工资；（5）计提的职工福利费；（6）折旧费；（7）利息费用；（8）税金；（9）其他费用。采用与国际惯例接轨的新会计制度以后，产品生产成本的口径缩小，利息费用一般确认为财务费用，税金一般或者确认为管理费用，或者确认为税金及附加，或者确认为所得税，所以这两个项目一般不再进入生产成本，相应地，生产费用的口径也随之缩小。因此，《〈企业产品成本核算制度（试行）〉讲解》一书将生产费用要素（费用要素）划分为如下 6 项：（1）外购材料；（2）外购燃料；（3）外购动力；（4）职工薪酬；（5）折旧费；（6）其他支出。

应当指出，在制造业中对生产费用按照其主要内容做这样的分类还是有一定意义的，因为在产品生产成本中，材料费、燃料和动力费、工资费、折旧费等还是占据相当大的比重。但是，还应当看到，这种要素费用的分类，在制造业以外的其他行业中并非有太强的意义，因为在这些行业的经营耗费中，很少像制造业一样发生比重较大的材料费、燃料和动力费，而是大量的耗费表现为以货币资金开支的其他耗费项目。因此，生产费用及费用要素概念并非是一般性很强的概念，它们只有在制造业中比较具有使用意义。如果考虑到概念的一般性，而且不想把尚无明确对象的耗费直接称为成本的话，那么“生产经营耗费”是比生产费用更具有一般性且更不容易被误解的概念。我们可以将生产经营耗费进一步分为生产耗费和经营耗费，前者用于制造业的生产耗费，后者用于制造业生产耗费以外有目的的耗费，以及制造业以外的行业所发生的有目的的耗费。

另外，即使在苏式会计学时期，费用要素和要素费用并未作明确区分，两个概念常常互换使用。从更加严谨的意义上来看，前述费用要素的种类（比如外购材料、外购燃料、外购动力等）并非是具体的耗费，前两者属于资产，后者属于一种劳务支出，所以，无论将其称为费用还是耗费都不够恰当，就像不能够将“C+V”中的C称为生产资料、V称为劳动者是同样的道理。因此，是称“费用要素”还是“要素费用”并无多少差别，更重要的是，将费用要素（或称要素费用）分为如下种类更为准确：（1）材料费；（2）燃料费；（3）动力费；（4）职工薪酬费；（5）折旧费；（6）其他耗费。而且称“要素耗费”比“要素费用”更为准确，因为耗费本身不一定被确认为真正的费用，这样可以避免与“费用”术语相混淆。

三、关于产品成本核算程序所用术语及表述方式

（一）我国常用术语及表述方式

我国成本会计制度及有关教科书在说明产品成本核算程序时，常常表述为一系列费用的归集和分配过程。所用术语通常有：要素费用、辅助生产费用、制造费用、基本生产费用，以及归集、分配等。辅助生产费用的定义是：辅助生产车间所发生的生产费用。制造费用的定义通常是：企业生产车间（部门）为生产产品和提供劳务而发生的各项间接费用。事实上，按照现行制度，制造费用分为基本生产车间制造费用和辅助生产车间制造费用，其核算内容决定于“基本生产成本”或“辅助生产成本”账户成本项目的设置方式，比如“基本生产成本”账户设置“直接材料”“直接人工”“制造费用”三个成本项目，那么制造费用的核算内容就是：除了直接材料、直接人工以外的其他相关费用。因此制造费用的内容不一定全部属于间接费用，也可能包括直接费用。基本生产费用的定义是：基本生产车间发生的生产费用。该费用一般归集在“基本生产成本”账户的借方。“归集”的定义通常是：在核算综合费用的有关账户的借方确认和记录有关费用，比如在“辅助生产成本”账户借方确认和记录辅助生产费用，在“制造费用”账户借方确认和记录制造费用。“分配”一般有广义和狭义两种用法：广义的用法一般是，将要素费用或综合费用的金额转入有关收益部门或产品成本对象，并确定金额的过程；狭义的用法一般是，将要素费用或综合费用的有关金额通过一定的方法在两个以上的受益对象上确定金额的过程。

现根据上述术语说明产品成本的核算程序如下：（1）分配要素费用；（2）归集和分配辅助生产费用；（3）归集和分配基本生产车间制造费用；（4）归集基本生产费用，并将基本生产费用的累计数在完工产品和在产品之间进行分配。

（二）西方常用术语及表述方式

西方成本会计不像我国传统的成本会计那样，借助于一个具有一般性的“费用”概念（严格地说是“耗费”）；它的“费用”（expenses）概念与“成本”（cost）概念是严格区分的：成本是因特定目的所发生的代价（价值牺牲），而费用则是已消失的成本；每个会计期间的费用在利润表上用来抵销收入；未消失的成本作为资产列示在资产负债表上。

西方成本会计在表述产品成本核算程序时所用的术语通常有：成本（cost）；成本池（cost pool）；成本对象（cost object）；成本归集（cost accumulation）；成本分配（cost assignment)；成本动因（cost driver)；直接成本（direct cost)、间接成本（indirect cost)；直接追溯（direct tracing)、动因追溯（driver tracing)、主观分配（subjective allocation)。

成本池（cost pool）就是具有一定意义的成本归类，比如通过部门（如部门1、部门2)、责任（如经理1、经理2）或成本类型（人工成本、材料成本）归类等。成本对象(cost object)，是指为了某种管理目的而向其分配成本的任何产品、服务或组织单位。成本池可以作为成本对象，但往往又与最终的成本对象相区分。

直接成本，是指那些易于精确地追溯到成本对象的成本。间接成本，是指那些不易于精确地追溯到成本对象的成本。直接成本与间接成本的划分具有相对性，而且，如果变换成本对象，一种成本对象之下的直接成本可能是另一类成本对象之下的间接成本。例如，如果一个工厂是成本对象，那么加热和冷却工厂的成本是直接成本，但如果成本对象是工厂生产的产品，那么动力成本是间接成本。再比如，如果车间生产数种产品，那么车间管理人员工资属于间接成本，但如果车间只生产一种产品，那么管理人员工资就是直接成本。按照向成本对象追溯成本的方式不同，追溯可分为：(1）直接追溯；(2）动因追溯；(3）主观分配。直接追溯是指成本与成本对象之间具有特定的或实务性联系，它经常伴随着实务观察。动因追溯是在直接追溯不可能时通过利用因果分析来识别因果关系的因素（driver）来向成本对象分配成本。主观分配是指直接追溯或动因追溯不可能或经济上不可行时，采用某些方便的基础或假设的关系分配成本到成本对象的方式。例如，生产多种产品的企业，将公司监督成本分配到每一种产品成本上，就可能要采用主观分配。从直接追溯一直到主观分配，成本分配的精确度依次减低。

成本归集，是指成本的确认和记录。成本分配，是指将成本与成本对象或成本池联系在一起，从而确定特定成本归属到特定成本对象或成本池的金额。

西方成本会计说明产品成本核算的程序通常是：(1）直接材料的归集和分配；(2）直接人工的归集和分配；(3）间接费用（overhead）的归集和分配。

（三）中西方主要差别

我国传统成本会计术语与西方成本会计相比，主要有如下几点不同：

(1）我国的成本概念通常指具有特定对象的成本，尤其强调产品成本；而西方成本概念在用法上比较宽泛，既指尚无特定对象的成本，又指具有特定对象的成本（如成本对象、成本池)。我国尚借助于“费用”概念来说明和核算成本，但此“费用”概念容易与财务会计中的“费用”概念混淆。

(2）西方成本会计是从成本的可追溯性角度定义直接成本和间接成本；我国则从耗费与产品工艺相联系的角度定义直接成本和间接成本，而且常常使用直接计入成本和间接计入成本两个概念。我国直接成本和间接成本定义存在模糊和不够明确的缺陷，而且应用性不够强。另外，从计量成本的精确性上来看，我国的“直接计入”和“间接计入”与西方成本会计的“直接追溯”、“间接追溯”及“主观分配”相比，显得粗糙、逻辑性不强。

(3）西方成本会计定义的成本池、成本对象使得成本核算易于满足广泛的管理目的，而我国的成本概念则比较狭窄。另外，成本动因概念增强了成本分配的维度和准确性。

(4）西方成本会计的成本归集概念比我国传统的相同概念要宽泛，成本分配概念与我国类似。

（5）我国所用产品成本核算术语和表述方式与西方相比，既有不足也有某种程度的优点：不足之处主要是逻辑性和普适性相对较差；优点是，用于说明制造业产品成本核算程序时，更加明晰和易懂。

第三节　成本会计的发展阶段

成本会计是随着商品经济的发展而逐步形成和完善起来的。按照多数学者的意见，成本会计的发展可以概括为早期成本会计、近代成本会计、现代成本会计三个阶段。

一、早期成本会计阶段（1880—1920 年）

成本会计起源于英国，后来传入美国及其他国家。当时，英国是资本主义最发达的国家。随着英国产业革命的完成，机器生产代替了手工劳动，工厂制代替了手工工场。这样，企业规模逐渐扩大，竞争加剧。由于机器设备等固定资产在生产中的作用增强，固定资产的折旧费对产品成本的影响也增强了，产品成本的计算和确定复杂了；而且由于竞争的加剧，对产品成本信息也更加需要。

英国会计人员为了满足企业管理的需要，对成本计算进行了研究。起初是在会计账簿之外，用统计方法来计算成本。为了提高成本计算的精确性，适应外部审计人员的要求，在这一阶段将成本计算纳入复式簿记系统，同普通会计结合起来，形成了成本会计。

这一时期是成本会计的初创阶段，会计师和工程师携手为成本会计的建立做出了重要的贡献。由于当时的成本会计仅限于对生产过程中的生产耗费进行系统的汇集和计算，从而确定产品成本和销售成本，所以，此时的成本会计可以称为记录型成本会计。

早期研究成本会计的专家劳伦斯（W. B. Lawrence）对成本会计的定义是：应用普通会计的原理、原则，系统地记录某一工厂生产和销售产品时所发生的一切费用，并确定各种产品或劳务的单位成本和总成本，以供工厂管理当局决定经济有效的产销政策时参考。

二、近代成本会计阶段（1921—1945 年）

20 世纪初，西方企业开始奉行泰罗制度。泰罗制度的核心是强调提高生产和工作效率，即通过所谓时间研究、动作研究等来制定在一定条件下既能够实现又最有效率的标准，作为评价和考核的依据。泰罗制度推动了资本主义的发展。泰罗制度的广泛实施也对会计提出了迫切的要求。于是，与泰罗制度直接联系的技术方法，如“标准成本”“预算控制”“差异分析”等开始引进到会计中来，成为成本会计的组成部分。这样，成本会计的职能扩大了，它从事后的成本计算和成本分析扩展到事前和事中的成本控制。

在这一时期，成本会计的应用范围也从原来的工业企业扩大到各种行业，并深入应用到一个企业内部的各主要部门，特别是应用到企业经营的销售方面。

这一时期的成本会计的定义，可引用英国会计学家杰·贝蒂（J. Batty）的表述：“成本会计是用来详细地描述企业对其资源（指资产、设备、人员及所耗的各种材料和劳动）进行预算和控制方面的原理、惯例、技术和制度的一种综合术语。”

三、现代成本会计阶段（1945 年以后）

第二次世界大战后，资本主义经济有许多新特点，主要表现在：一方面，生产力获得十分迅速的发展；另一方面，企业规模越来越大，跨国公司大量涌现，生产经营日趋复杂，企业外部市场情况瞬息万变，竞争更加激烈。这些新的条件和环境要求企业更加注重市场反应能力，更加注重企业管理的全局，更加注重企业战略定位、企业的预测和决策。所谓“管理的重心在经营，经营的重心在决策”，正是为适应新的情况而提出来的企业管理的新的指导方针。

成本会计在这一阶段发展到一个新阶段，即成本会计发展重点已由事中控制成本、事后计算和分析成本，转移到如何预测、决策和规划成本，形成了新型的着重管理的成本会计。

这一阶段成本会计的主要内容有：

（1）开展成本的预测和决策。

（2）实行目标成本计算。随着目标管理理论的应用，成本会计有了新的发展。在产品设计之前，按照客户能够接受的价格确定产品的售价和目标利润，然后倒推出目标成本，并以此控制产品设计成本，使产品设计方案达到技术适用、经济合理的要求。这样，成本会计扩展到技术领域，把技术与经济结合起来，有效地降低了成本。

（3）实施责任成本计算。为了加强企业内部各级单位的业绩考核，1952 年，美国会计学家希琴斯（J. A. Hig-gings）倡导了责任会计，将目标成本进一步分解为各级责任单位的责任成本，进行责任成本核算，使成本控制更为有效。

（4）实行变动成本计算法。这种成本计算模式将成本分为变动成本和固定成本，它只把变动成本计入产品成本，而把当期固定成本从销售收入中扣除，不再将其分配计入产品成本。这种方法为企业进行短期预测和决策创造了便利条件。

（5）推行和完善质量成本计算法。随着工业生产的发展，企业对质量管理日益重视。到 20 世纪 60 年代末，质量成本的概念基本形成，并开展了质量成本的计算和分析，从而扩大了成本会计的研究领域。

（6）实行以作业为基础的成本计算制度（activity-based-costing system，简称“ABC 制度”）。这种方法在西方国家人工成本比重低、制造费用比重高的高新技术企业，得到了广泛的应用。它将制造费用按作业类别归集到不同的成本库中，然后按不同成本库采用不同的分配标准，将制造费用分配给各产品。该制度的特点是大大明细了制造费用的核算过程，从而能提供更加精确的成本信息，对正确进行经营决策、加强成本控制、促进成本的降低，具有重要的意义。

（7）成本会计对电子计算机的应用。成本会计电算化不仅使计算更快捷准确，而且能进行手工所不能做的计算，从而为成本会计适应现代化管理对成本信息日益膨胀的需求提供了有利条件，充分发挥了成本会计的作用。

第四节　成本会计的内容

人们通常对成本会计有狭义和广义两种理解。狭义的成本会计，其内容主要是指产品成本核算，其中的产品成本属于财务成本，其核算必须遵循会计准则和会计制度，所以狭义的成本会计包括许多财务会计内容。广义的成本会计与管理紧密结合，所以它实际已包括成本管理的各个环节，其内容包括成本预测、成本决策、成本计划、成本控制、成本核算、成本分析、成本考核等。现将广义成本会计（现代成本会计）的内容概述如下。

一、成本预测

成本预测是指根据成本数据和具体情况，运用一定的专门方法对未来的成本水平及其发展趋势做出科学的估计。通过成本预测，有助于企业管理人员了解成本发展的前景，提高降低成本的自觉性。

成本预测包括对新的项目（如基建项目、新产品生产、新技术的采用、产品结构变化等）的成本进行预测。在成本预测时，既要参考历史成本资料，又要与同行业、同类型企业的有关成本资料进行分析、比较，还要分析研究有关价格变化趋势和人力、物力等资源情况以及产品销售市场的情况与前景。进行成本预测，必须进行周密的调查，具体的计算、分析和考察，以期做出尽可能正确的预测。为了求得更好的效果，最好做出若干不同方案的成本预测，以供决策时选择。

成本预测既要在计划期开始的成本决策之前进行，还要在成本计划执行过程中经常地进行。在成本决策之前进行成本预测，可以为成本决策提供数据，有助于正确确定目标成本、正确编制成本计划；在成本计划执行过程中经常地进行成本预测（如成本的日测、周测或旬测），可以经常地掌握成本、费用变化的趋势，有效地进行成本控制，保证成本计划的执行。

二、成本决策

成本决策是根据成本预测提供的数据和其他有关资料，在若干个与生产经营和成本有关的方案中选择最优方案，确定目标成本。

为了进行成本决策，应该在成本预测的基础上，拟订各种提高生产、改进技术、改善经营管理和降低成本、费用的方案，并且采用一定的专门方法对各方案进行可行性研究和技术经济分析，据以做出最优化的成本决策，确定目标成本。

进行成本决策、确定目标成本是编制成本计划的前提，也是实现成本的事前控制、提高经济效益的重要途径。

三、成本计划

成本计划是根据成本决策所确定的目标成本，具体规定在计划期内为完成生产经营任务所应发生的成本、费用，并提出为达到规定的成本、费用水平所应采取的各项措施。

成本计划是降低成本、费用的具体目标，也是进行成本控制、成本分析和成本考核的依据。成本计划的编制过程也是进一步挖掘降低成本、费用潜力的过程。

四、成本控制

成本控制一般是指在生产经营过程中，根据成本计划对各项实际发生或将要发生的成本、费用进行审核、控制，将其限制在计划成本之内，防止超支、浪费和损失的发生，以保证成本计划的执行。

为了便于进行成本控制，应该根据成本计划等有关资料，具体制定原材料、燃料、动力和工时等消耗定额和各项费用定额。因此，在实际工作中，成本控制一般是根据这些消耗定额和费用定额进行的。对于国家或主管企业的上级机构规定有开支范围或开支标准的成本、费用，还应根据这些规定进行控制。

上述这种成本控制也称成本的事中控制。成本的事中控制可以揭示成本、费用脱离定额或计划的差异，从而采取措施降低成本、费用，完成和超额完成成本计划。

为了更全面、更有效地控制成本，在进行成本预测、成本决策和编制成本计划的过程中也应进行成本控制，以保证确定的目标成本和成本计划既先进又切实可行。这种成本控制也称成本的事前控制。这种控制对于最大限度地挖掘降低成本、费用的潜力和提高经济效益有着重要意义。

五、成本核算

成本核算有广义和狭义之分，狭义的成本核算一般指按照财务会计编制财务报表的要求所进行的产品（或劳务）成本的核算，这类成本核算应遵循财务会计准则及有关制度的要求，其主要目的在于满足为编制财务报表对资产计价的要求。

广义的成本核算除了包括上述狭义的成本核算之外，还包括为了满足企业（或组织）内部成本管理的要求所进行的一系列成本核算（或称成本计算），如主要着眼于生产经营预测和决策的变动成本核算；主要着眼于生产过程成本控制的标准成本核算；主要着眼于产品策划和设计阶段成本控制的目标成本核算；主要着眼于成本核算准确性、精细化及作业管理的作业成本核算，等等。

六、成本分析

成本分析是根据成本核算提供的成本数据和其他有关资料，与本期计划成本、上年同期实际成本、本企业历史先进的成本水平以及国内外先进企业的成本等进行比较，确定成本差异，并且分析差异的原因，查明成本超支的责任，以便采取措施，改进生产经营管理，降低成本、费用，提高经济效益。

成本分析一般在期末（如月末、季末、年末），即事后定期进行。在成本、费用发生的当时就核算其差异的企业中，为了配合成本的事中控制，还应根据这些日常的成本、费用差异数据，进行成本的事中分析，以便确定成本、费用超支是否有正当的理由，应否发生，从而及时、有效地控制成本。

成本分析提供的信息应该及时反馈。对于实际成本、费用中存在的超支和浪费，应该及时采取措施，改进工作，消除超支和浪费；对于成本计划、消耗定额本身存在的问题，应该按照规定修订计划、定额。

通过成本分析，还可以为成本考核提供依据，为未来成本的预测和决策以及编制新的成本计划提供资料。

七、成本考核

成本考核是在成本分析的基础上，定期对成本计划的执行结果进行评定和考核。

在没有上级机构下达的成本计划指标的企业中，成本考核应该自我进行；在有上级机构下达的成本计划指标的企业中，应该首先接受上级机构的考核。在后一种企业中，不论是进行成本预测、决策，还是编制成本计划，都应以上级机构下达的成本计划指标作为制约因素。

企业为了实行成本计划管理，不论有无上级机构下达的成本计划指标，都应编制成本计划，并且将其分解、落实到企业内部各单位以至职工个人，作为各单位或个人的责任成本指标，由其负责完成。企业内部应该逐级对下属单位或职工的责任成本指标执行结果进行考核。

为了分清经济责任，使成本考核更加合理，在对企业成本计划和企业内部各责任成本指标的执行结果进行考核时，都应剔除客观因素（即不可控因素）对成本变动的影响。成本考核应与奖惩制度相结合，根据成本考核的结果进行奖惩，以便充分调动企业职工执行成本计划、提高经济效益的积极性。

综上所述，可以看出，成本会计的各项内容是相互联系、相互补充的。在成本会计的各项内容中，成本核算是基础；没有成本核算，成本的预测、决策、计划、控制、分析和考核都无法进行，因而也就没有了成本会计；成本会计的其他内容，是在成本核算的基础上，随着企业经营管理要求的提高和管理科学的发展，随着成本会计与管理科学相结合，逐步发展形成的。因此，成本核算是狭义的成本会计，而包括上述各项内容的成本会计则是广义的成本会计（成本管理）。本书侧重于讲述成本核算的内容。

【历史浏览】

按照以下提示回顾本章内容：

1. 在现实生活和会计学科中所使用的多种多样的成本概念，按照其服务目的不同，可以分为财务成本和管理成本两大类。

2. 财务成本是服务于对外财务报告目的的一系列成本概念的总称，它是依据国家统一的会计制度核算出来的。

3. 管理成本是服务于企业内部管理目的的一系列成本概念的总称，它不受国家统一的会计制度的约束。

4. 管理成本的内涵极其丰富，它不仅包括资产的成本，而且包括班组、工段、车间的成本，作业的成本，资金使用的成本等；不仅包括实际的成本，而且包括计划成本、标准成本、目标成本等非实际成本。即使是产品成本，为满足内部管理的需要，也经常需要经过改造后才能使用。

5. 产品成本是财务成本的核心内容。核算产品生产成本的首要目的是按照国际惯例对产成品、自制半成品、在产品等存货进行计价，从而为确定盈亏，进而编制利润表、资产负债表服务。

6. 成本会计的发展可以概括为早期成本会计、近代成本会计、现代成本会计三个阶段。

7. 狭义的成本会计，其内容主要是指产品成本核算。广义的成本会计与管理紧密结合，所以它实际已包括成本管理的各个环节，其内容包括成本预测、成本决策、成本计划、成本控制、成本核算、成本分析、成本考核等；其成本概念既包括财务成本又包括管理成本。

【复习思考题】

1. 如何理解成本的内涵？如何为成本下一个你认为满意的定义？

2. 什么是财务成本？什么是管理成本？区分财务成本和管理成本的依据和意义是什么？

3. 财务成本和管理成本有哪些共同点和异同点？

4. 如何理解产品成本的内涵？核算产品成本在财务会计中的意义是什么？

5. 如何理解成本会计的三个发展阶段与经济环境变化之间的关系？

6. 现代成本会计的内容有哪些？

第二篇

基于财务报告的产品成本核算

第二章

工业企业产品成本核算的基本程序和基础工作

【学习导航】

⊙ 理解生产耗费的含义以及生产耗费与产品成本的联系与区别；
⊙ 理解生产耗费的各种分类方法；
⊙ 理解划分产品成本项目的原则和意义；
⊙ 了解核算产品成本设置的主要账户及其意义；
⊙ 能够使用账户说明产品成本核算的基本程序；
⊙ 了解成本核算的基础工作对于做好成本会计工作的意义。

第一节　生产耗费与产品成本

一、什么是生产耗费

在工业企业中，企业为了组织产品的生产，设置基本生产车间。基本生产车间是生产企业商品产品的车间，如纺纱厂的纺纱、织布车间，机器制造厂的铸造、锻压、金工、装配车间，钢铁企业的炼铁、炼钢、轧钢车间等。此外，有些企业还设置辅助生产车间。辅助生产车间是为了保证企业商品产品生产的正常进行而向基本生产车间和行政管理部门提供服务的生产车间，如为基本生产车间提供修理作业的修理车间，为基本生产车间提供运输劳务的运输车间，为基本生产车间提供供气劳务的供气车间，为基本生产提供工具、模具的生产车间等。

不管是基本生产车间还是辅助生产车间，在生产产品和提供劳务的过程中都会发生人、财、物的耗费，比如向生产工人、车间管理人员支付工资，机器设备、厂房建筑物的折旧费，发生的各种材料耗费，支付的水电费等。基本生产车间、辅助生产车间为生产产品或提供劳务而发生的各种耗费，就是生产费用。其中，基本生产车间发生的耗费称为基本生产耗费，辅助生产车间发生的耗费称为辅助生产耗费。

二、生产耗费与产品成本的关系

基本生产车间发生的基本生产耗费，归集到其生产的产品上去，就是产品的生产成本，简称产品成本。如果某基本生产车间只生产一种产品，那么该车间发生的基本生产费用都是该种产品的成本；如果某基本生产车间生产两种或两种以上的产品，那么该车间发生的基本生产耗费还需要分配到各种产品头上，才能够计算出各种产品的生产成本。

辅助生产车间发生的辅助生产耗费不能直接归集到产品成本上去。如果某辅助生产车间生产的是工具、模具等，那么该辅助生产车间发生的辅助生产费用，归集到其生产的工具、模具上去，就是工具、模具的生产成本。但是，工具、模具不是企业的商品产品，所以工具、模具的生产成本不是产品成本；只有当基本生产车间为生产商品产品而领用工具、模具时，工具、模具的生产成本才转化为基本生产耗费，从而归集到产品成本上去。如果某辅助生产车间提供的是劳务，而且该辅助生产车间向基本生产车间提供了劳务，那么该辅助生产车间发生的辅助生产耗费就转化为接受劳务的基本生产车间的基本生产耗费，从而转化为产品成本；该辅助生产车间向企业行政管理部门提供了劳务，那么辅助生产费用就转化为管理费用。由此可见，辅助生产耗费不一定构成产品成本。

三、生产耗费的分类

（一）生产耗费按其发生的车间性质分类

按照发生生产耗费的生产车间的性质不同，生产耗费分为基本生产耗费、辅助生产耗费。基本生产车间为生产产品或提供劳务而发生的各种耗费，称为基本生产耗费；辅助生产车间为生产产品或提供劳务而发生的各种耗费，称为辅助生产耗费。

（二）生产耗费按其经济内容分类

按照构成生产耗费的经济内容的不同，生产耗费可以分为材料费、动力费、职工薪酬费、折旧费、其他耗费。这些耗费属于要素耗费。所谓要素耗费，是指从经济内容来看企业在某一会计期间所发生的生产经营耗费。

材料费，是指由于生产车间消耗材料而发生的费用，具体包括消耗原料及主要材料、辅助材料、燃料、修理用备件、外购商品、包装物、低值易耗品等发生的耗费。

动力费，是指由于生产车间消耗电、气、水等动力而发生的耗费。

职工薪酬费，是指生产车间必须向全体职工支付职工薪酬而发生的耗费。

折旧费，是指由生产车间的固定资产转化而来的折旧耗费。

其他耗费，是指生产耗费中除了上述耗费以外的保险费、租赁费、办公费、差旅费等耗费。

（三）生产耗费按其与生产工艺的关系分类

按照与生产工艺的关系的不同，生产耗费可以分为直接耗费和间接耗费两大类。

直接耗费，是指与产品生产工艺有直接关系的生产耗费，如原料及主要材料费、生产工人职工薪酬费、机器设备折旧费、某些设计制图费等。

间接耗费，是指与产品生产工艺没有直接关系的生产耗费，如车间管理人员职工薪酬费、办公费、差旅费、辅助人员职工薪酬费、保险费、仓库经费、警卫消防费等。

（四）生产耗费按其与计入产品成本的方式分类

对于构成产品生产成本的生产耗费，按照它计入产品成本的方式的不同，可以分为直接计入耗费和间接计入耗费。

直接计入耗费，是指能够直接根据原始凭证分清楚某一产品耗用多少的基本生产耗费，如分别产品品种领用的原料及主要材料、计件工人工资等。

间接计入耗费，是指不能够直接根据原始凭证分清楚某一产品耗用多少而必须按照一定标准分配计入有关产品成本的基本生产耗费，如几件产品共同领用的化工原料、车间管理人员职工薪酬费、办公费、保险费、修理费等。

提示音

直接耗费可能是直接计入耗费，也可能是间接计入耗费；间接费用在车间只生产一种产品的情况下也是直接计入耗费。

四、生产耗费与期间费用的区别

生产耗费与期间费用有不同的性质，必须注意二者的区别。生产耗费是生产车间为生产产品和提供劳务发生的各种耗费。在工业企业，期间费用特指管理费用、营业费用、财务费用。基本生产耗费归集、分配到产品上去以后，形成了产成品成本和在产品成本；而产成品和在产品分别是按照产成品成本、在产品成本计量的。所以，基本生产耗费资本化到产成品、在产品这些存货上去了。如果辅助生产车间生产的是工具、模具等，辅助生产费用就资本化到材料存货上去了；如果辅助生产车间提供的是劳务，那么随着这些劳务提供给基本生产车间、企业行政管理部门、专职销售机构等，辅助生产耗费分别分配到这些部门，成为基本生产耗费、管理费用、销售费用等。也就是说，辅助生产耗费可能转化到产成品、在产品上去了，也可能转化成管理费用、销售费用等期间费用了。期间费用是真正的费用，它符合费用的定义，这种费用必须与收入相配比，计入当期损益。

五、产品成本项目

基本生产耗费归集、分配到一定种类和数量的产品上去就是该产品的成本。为了进一步反映和分析产品成本的构成，按照基本生产费用在生产过程中的经济用途不同，划分为若干项目，称为产品成本项目（简称“成本项目”）。

产品成本项目的设置方式不一，通常采用的设置方式有如下几种：

（一）直接材料、直接人工、制造费用

（1）直接材料，是指直接用于产品生产、构成产品实体的原料、主要材料以及有助于产品形成的辅助材料。

（2）直接人工，也称职工薪酬费，是指直接参加产品生产的工人工资以及按生产工人工资和规定的比例计提的职工福利费及其他职工薪酬。

（3）制造费用，是指直接用于产品生产，但不便于直接计入产品成本，因而没有专设成本项目的耗费（例如机器设备折旧费），以及间接用于产品生产的各项耗费（例如机物料消耗、车间厂房折旧费等）。

（二）原材料、燃料和动力、职工薪酬费、制造费用

（1）原材料，也称直接材料，是指直接用于产品生产、构成产品实体的原料、主要材料以及有助于产品形成的辅助材料。

（2）燃料及动力，是指直接用于产品生产的外购和自制的燃料和动力。

（3）职工薪酬费，也称直接人工，是指直接参加产品生产的工人工资以及按生产工人工资和规定的比例计提的职工福利费及其他职工薪酬。

（4）制造费用，是指直接用于产品生产，但不便于直接计入产品成本，因而没有专设成本项目的耗费（如机器设备折旧费），以及间接用于产品生产的各项耗费（如机物料消耗、车间厂房折旧费用等）。

（三）原材料、燃料和动力、职工薪酬费、废品损失、停工损失、制造费用

这种设置方式的特点是，将“废品损失”“停工损失”作为单独的成本项目。如果废品损失或停工损失在产品成本中的比重比较大，需要作为一项重点进行核算和管理，则可以增设“废品损失”“停工损失”成本项目；如果没有废品或者废品损失、停工损失不大，则不必增设这两个成本项目。

还有些企业根据其生产特点和管理要求，按照所发生耗费的经济内容设置成本项目。如我国《输配电成本核算办法（试行）》规定，输配电企业应设置材料费、工资、福利费、折旧费、修理费和其他费用等成本项目。为了使成本项目更好地适应工业企业的生产特点和管理要求，工业企业或主管企业的上级机构可以对上述成本项目进行适当的调整。在规定或者调整成本项目时，应该考虑以下几个问题：（1）某种耗费在管理上有无单独反映、控制和考核的需要；（2）耗费在产品成本中比重的大小；（3）为某种耗费专设成本项目所增加的核算工作量的大小。

提示音

对于管理上需要单独反映、控制和考核的费用以及产品成本中比重较大的费用，应该专设成本项目，否则，为了简化核算工作，不必专设成本项目。例如，我国的能源比较紧张，因而一般应按产品制定工艺用燃料和动力的消耗定额，并且专设“燃料及动力”成本项目，以便单独进行反映、控制和考核。但如果工艺上耗用的燃料和动力不多，为了简化核算工作，可以将工艺用燃料（即直接燃料）费并入“原材料”成本项目，将工艺用动力费用并入“制造费用”成本项目。

将计入产品成本的生产费用划分为若干成本项目，可以按照耗费用途或耗费的经济内容考核各项耗费定额或计划的执行情况，分析费用是否合理、节约。因此，产品成本不仅要分产品核算，而且要分成本项目核算。

第二节　产品成本核算的账户设置

一、“基本生产成本”账户

为了核算基本生产车间所生产的商品产品的生产成本，可设置“基本生产成本”账户。该账户借方登记企业为生产产品所发生的基本生产耗费；贷方登记转出的完工入库的产品成本；余额在借方，表示在产品成本。

“基本生产成本”还应按产品品种等成本计算的对象分设基本生产成本明细账，该账也称产品成本明细账或产品成本计算单，账内按产品成本项目设专栏或专行。

基本生产成本明细账的基本格式如表2-1、表2-2所示：

表2-1　产品成本明细账

产品名称：111号产品　　　　单位：元

202×年		摘　要	产量（件）	成本项目				合　计
月	日			原材料	燃料及动力	职工薪酬费	制造费用	
8	31	本月生产耗费		120 000	24 000	16 000	20 000	180 000
8	31	转出完工产品成本	1 000	120 000	24 000	16 000	20 000	180 000
8	31	完工产品单位成本		120	24	16	20	180

表2-2　产品成本明细账

产品名称：112号产品　　　　单位：元

202×年		摘　要	产量（件）	成本项目				合　计
月	日			原材料	燃料及动力	职工薪酬费	制造费用	
7	31	在产品成本		30 000	12 000	8 000	10 000	60 000
8	31	本月生产耗费		150 000	58 000	28 000	60 000	296 000
8	31	合　计		180 000	70 000	36 000	70 000	356 000
8	31	转出完工产品成本	2 000	144 000	54 600	22 680	60 000	281 280
8	31	完工产品单位成本		72	27.30	11.34	30	140.64
8	31	在产品成本		36 000	15 400	13 320	10 000	74 720

基本生产成本明细账虽然没有标明借方、贷方和余额，但其基本结构不外乎这三个部分。其中月初（即上月末）在产品成本为月初借方余额，系上月末所记；本月生产耗费为本月借方发生额，根据本月各种耗费分配表登记（以后述及）；本月完工产品成本为贷方发生额，月末在产品成本为月末借方余额。

如果企业设置的车间和生产的产品品种较多，为了按照成本项目（或者既按车间又按成本项目）汇总反映全部产品的总成本，并便于核对账目，还可设立“基本生产成本”账户的二级账。这种二级账的格式举例如表 2-3 所示。

表 2-3　基本生产成本二级账

车间：第一车间　　　　单位：元

202×年		摘　要	产量（件）	成本项目				合　计
月	日			原材料	燃料及动力	职工薪酬费	制造费用	
7	31	在产品成本		30 000	12 000	8 000	10 000	60 000
8	31	本月生产耗费		270 000	82 000	44 000	80 000	476 000
8	31	合　计		300 000	94 000	52 000	90 000	536 000
8	31	转出完工产品成本	2 000	264 000	78 600	38 680	80 000	461 280
8	31	在产品成本		36 000	15 400	13 320	10 000	74 720

在设有基本生产成本二级账的情况下，对于“基本生产成本”总账、基本生产成本二级账和基本生产成本明细账，都要按照平行登记的原则进行登记。这样，基本生产成本二级账就可以作为“基本生产成本”总账与基本生产成本明细账之间校对账目的中介（上列第一车间基本生产成本二级账各项金额，与前列该车间 111 号、112 号两种产品的基本生产成本明细账各相应金额之和，应核对相符）。在按车间和成本项目设置基本生产成本二级账的情况下，该账还可以配合车间经济核算，为考核和分析各该车间产品总成本提供资料。

“基本生产成本”账户是核算产品成本最核心的账户。

二、“制造费用（基本生产）”账户

“制造费用（基本生产）”账户核算的内容取决于“基本生产成本”账户中成本项目如何设置。如果“基本生产成本”账户设置原材料、燃料和动力、职工薪酬费、制造费用四个成本项目，那么“制造费用（基本生产）”账户核算的内容，就是基本生产车间所发生的除了原材料、燃料和动力、职工薪酬费三个项目以外的基本生产费用。如果“基本生产成本”账户设置直接材料、直接人工、制造费用三个成本项目，那么“制造费用（基本生产）”账户核算的内容，就是基本生产车间所发生的除了直接材料、直接人工两个项目以外的基本生产费用。

“制造费用（基本生产）”账户一般按照基本生产车间设置，账内按照制造费用项目设置专栏。该账户借方登记制造费用的发生额，贷方登记分配转入“基本生产成本”账户的金额，月末一般无余额。

三、“辅助生产成本”账户

“辅助生产成本”账户核算辅助生产车间为了提供劳务、生产材料而发生的辅助生产费用，如材料费、人工费、折旧费、修理费、水电费、办公费等。该账户按照辅助生产车间、劳务种类或所生产材料品种设置明细账，账内按照费用项目设置专栏。

“辅助生产成本”账户，借方登记辅助生产车间所发生的辅助生产耗费，贷方如何登记视辅助生产的内容而定：如果生产的是工具、模具等材料，那么贷方登记完工转出的材料成本；如果提供的是供水、供电等劳务，那么贷方登记的是分配到受益部门的辅助生产耗费。该账户的余额表示尚未生产完工的材料的成本。

为了归集和结转销售费用、管理费用和财务费用，应该分别设置“销售费用”“管理费用”“财务费用”账户。企业如果单独核算废品损失和停工损失，还可以增设“废品损失”“停工损失”账户。这些账户的结构和明细账的设立将在以后逐一述及。

提示音

企业也可以设置“生产成本”总账，为了分别核算基本生产成本和辅助生产成本，还应在该总账之下分别设立“基本生产成本”和“辅助生产成本”两个二级账户。为了减少二级账户，简化会计分录，也可以将“生产成本”总账分为“基本生产成本”和“辅助生产成本”两个总账或者“基本生产”和“辅助生产”两个总账。本教材按分设后两个总账科目进行讲述。

在小型工业企业中，也可以将“生产成本”和“制造费用（基本生产）”两个总账账户合并为“生产耗费”一个总账账户，下设“基本生产成本”“辅助生产成本”“制造费用（基本生产）”三个二级账户，其核算原理仍与上述相同。

此外，为了将销售费用、管理费用和财务费用直接计入当月损益，还涉及“本年利润”账户；为了核算在建工程的耗费和在建工程成本等，还涉及“在建工程”等账户。

超链接

学习财政部会计司：《〈企业产品成本核算制度〉讲解》，北京，中国财政经济出版社，2014。

第三节　产品成本核算的基本程序

一、产品成本核算的实质

产品成本是由生产该产品的基本生产车间的生产耗费构成的。基本生产车间发生的生产耗费最终要归集到“基本生产成本”账户，但不是一步归集到位的。形成基本生产耗费的源头是生产耗费要素，如材料、工资、动力、折旧等。有些生产耗费要素被基本生产车间耗用后（如构成产品实体的原材料、直接加工产品的工人的工资）直接记入“基本生产成本”账户，因为“基本生产成本”账户中设有“原材料”（或“直接材料”）、“职工薪酬费”（或“直接人工”）成本项目。有些生产耗费要素被基本生产车间耗用后（如车间管理人员工资、折旧费、修理费等）首先记入“制造费用（基本生产）”集合账户，然后再从“制造费用（基本生产）”账户分配到“基本生产成本”账户。有些生产耗费要素被辅助生产车间耗用后，记入“辅助生产成本”账户，若辅助生产车间为基本生产车间提供了劳务，再从“辅助生产成本”账户分配到“基本生产成本”账户或“制造费用（基本生产）”账户。最后，基本生产耗费都归集到“基本生产成本”账户借方后，再将基本生产耗费在完工产品与在产品之间分配，最终核算出产成品和在产品的成本。

可以看出，产品成本核算实质是基本生产耗费的归集和分配过程。

二、产品成本核算的基本程序

假设我们根据企业生产特点和管理要求，设置“基本生产成本”总账，并按产品品种设置明细账，账内设置如下四个成本项目：原材料、燃料和动力、职工薪酬费、制造费用；设置“制造费用（基本生产）”总账，并按基本生产车间设置明细账，账内按费用项目设专栏；设置“辅助生产成本”总账，并按辅助生产车间设置明细账，账内按费用项目设专栏。产品成本核算的基本程序如下：

第一，先分配要素耗费，即分配材料耗费、动力耗费、工资耗费、折旧耗费等。借记“基本生产成本”“制造费用（基本生产）”“辅助生产成本”“管理费用”“销售费用”“财务费用”“在建工程”等账户，贷记“原材料”“燃料”“低值易耗品”“应付职工薪酬”“累计折旧”“银行存款”“现金”等账户。为什么先分配要素耗费呢？因为要素耗费是按照经济内容对生产经营耗费所做的分类，它是由若干项单一的耗费构成的，是生产经营耗费的源头。

第二，分配辅助生产耗费。借记“基本生产成本”“制造费用（基本生产）”“管理费用”“销售费用”“在建工程”等账户，贷记“辅助生产成本”账户。相对于要素耗费而言，辅助生产耗费、基本生产车间的制造费用就属于综合耗费了，它们也是由要素耗费构成的。因此，辅助生产耗费以及基本生产车间的制造费用的分配属于再分配，应在要素耗费的分配之后。对于辅助生产耗费、基本生产车间的制造费用这两项综合性耗费的分配次序而言，应当是先分配辅助生产耗费，而后分配基本生产车间的制造费用。因为辅助生产车间要为基本生产车间提供服务，也就是说，基本生产车间的基本生产耗费可能包含辅助生产耗费。可以看出，辅助生产耗费的分配是第二次分配。

第三，分配基本生产车间的制造费用。借记“基本生产成本”账户，贷记“制造费用（基本生产）”账户。基本生产车间的制造费用属于构成产品成本的基本生产耗费，所以它都应分配到“基本生产成本”账户。基本生产车间的制造费用的分配是第三次分配。

第四，基本生产耗费的合计数在完工产品和在产品之间进行分配。月末，基本生产耗费全部归集到“基本生产成本”账户后，基本生产耗费的合计数就是产品成本。但是，该月末的产品很可能既有完工产品又有未完工的在产品，所以它还需要在完工产品和在产品之间进行分配，从而核算出完工产品的成本。这个分配属于第四次分配。

第五，计算和结转完工产品成本。借记“产成品”或“自制半成品”账户，贷记“基本生产成本”账户。“基本生产成本”账户的借方余额就是在产品成本。

第四节　产品成本核算的基础工作

产品成本核算的基础工作是保证成本核算正常进行的前提条件。不重视产品成本核算的基础工作，成本会计就不能顺利开展。产品成本核算的基础工作包括以下内容。

一、原始记录

原始记录是企业最初记载各项业务实际情况的书面证明。健全、正确、及时的原始记录是顺利进行成本核算以及保证成本核算信息真实性的前提条件之一，因为原始记录记载了生产资料和生产力消耗情况的原始资料，以及成本在企业的流转情况。

与成本会计有关的原始记录一般有：（1）反映物资方面的原始记录，如限额领料单、领料单、补料单、退库单、废料回收（交库）单、自制原材料入库单等；（2）反映生产方面的原始记录，包括生产命令通知单，产量与工时记录单，停工通知单，废品通知单，劳务委托书，完工通知单，半成品入库、调拨、报废及盈亏报告单，在产品移转交接单，能源耗用记录单等；（3）反映产成品方面的原始记录，如产成品入库单、产成品报废单、产成品盈亏报告单等；（4）反映人力资源方面的原始记录，包括职工录用通知单、职工调动通知单、请假单、考勤记录表、加班加点申请书及记录单、工资和奖金支付单等；（5）反映货币资金收付方面的原始记录，包括现金支付凭证、报销单、发票等。

企业应健全原始记录制度，制定各种原始记录的传递程序，包括凭证传递所流经部门、各部门对凭证的处理程序等。为了清楚地反映凭证的流程，这种凭证传递流程最好用流程图来表示。原始记录要符合成本管理的要求，有利于班组经济核算的开展，力求简明，讲求实效，并根据实际使用情况及时修改，以充分发挥其作用。

二、定额管理

定额是企业对人力、物力、财力的消耗、利用等方面应遵循的标准。定额按其内容主要有：有关劳动的定额，如工时消耗定额、产量定额、停工率、缺勤率等；有关材料、燃料、动力、工具等的消耗定额；有关固定资产利用的定额，如生产设备利用率、固定资产利用率；等等。

定额既要先进，又要切合实际，并应随着生产技术水平的提高而定期修订。制定合理的消耗定额是编制成本计划，进行成本核算、成本控制和成本分析的重要基础。

三、内部结算价格

为了明确企业内部各个单位的经济责任，企业内部对材料、半成品、产成品在责任单位之间的流转以及责任单位之间相互提供劳务，可以采用内部结算的形式进行核算和管理，厂内计划价格是企业内部结算的依据。工业企业对原材料、辅助材料、工具、动力、配件、在产品、半成品和劳务等应制定合理的厂内结算价格。

企业一般以计划单位成本（或定额单位成本）作为内部结算价格，也有些企业在计划单位成本（或定额单位成本）基础上加上一定的利润作为内部结算价格。企业制定的内部结算价格应相对稳定。

四、规章制度

工业企业应按照国家统一的会计制度制定内部成本核算制度，内容包括成本核算对象、核算方法的确定，成本项目的设置，间接计入耗费的分配标准，生产耗费在完工产品和在产品之间的划分方法等。

除此以外，企业内与成本会计有关的规章制度还有计量验收制度、定额管理制度、考勤制度、质量检验制度、材料收发领用制度、物资盘存制度等。

【历史浏览】

按照以下提示回顾本章内容：

1. 基本生产车间、辅助生产车间为生产产品或提供劳务而发生的各种耗费，就是生产耗费。其中，基本生产车间发生的耗费称为基本生产耗费，辅助生产车间发生的耗费称为辅助生产耗费。

2. 基本生产车间发生的基本生产耗费归集到其生产的产品上去，就是产品的生产成本，简称产品成本。

3. 要素耗费是指从经济内容来看企业在某一会计期间内所发生的生产经营耗费。

4. 为了进一步反映和分析产品成本的构成，按照基本生产耗费在生产过程中的经济用途不同，划分为若干项目，称为产品成本项目（简称“成本项目”）。将计入产品成本的生产耗费划分为若干成本项目，可以按照耗费用途或耗费的经济内容考核各项费用定额或计划的执行情况，分析成本是否合理、节约。因此，产品成本不仅要分产品核算，而且要分成本项目核算。

5. 核算产品成本的主要账户是“基本生产成本”“辅助生产成本”“制造费用（基本生产）”账户。

6. 产品成本核算的实质是基本生产耗费的归集和分配过程。

7. 产品成本核算的基本程序如下：先分配要素耗费；再分配辅助生产耗费；再分配基本生产车间的制造费用；然后是基本生产耗费的合计数在完工产品和在产品之间进行分配；最后计算和结转完工产品成本。

8. 产品成本核算的基础工作是保证成本核算正常进行的前提条件。

【复习思考题】

1. 什么是生产耗费？生产耗费与产品生产成本是什么关系？生产耗费与期间费用有什么区别？

2. 什么是要素耗费？要素耗费与生产耗费是什么关系？

3. 什么是成本项目？设置成本项目的原则和意义是什么？

4. 核算产品成本的主要账户有哪些？如何设置产品成本账户？这些账户之间的关系

是什么？

5. “基本生产成本”“辅助生产成本”账户有余额吗？如果有余额，其性质是什么？

6. 为什么核算产品成本从分配要素耗费开始？

7. 为什么先分配辅助生产耗费，而后分配基本生产车间的制造费用？

8. 产品成本核算的基础工作有哪些？为什么说产品成本核算的基础工作是保证成本核算正常进行的前提条件？

第三章

要素耗费的分配

【学习导航】

⊙ 理解要素耗费分配包括的内容；
⊙ 了解材料耗费的分配包括的内容；
⊙ 掌握原材料耗费的分配方法、分配去向、原材料耗费分配表的编制；
⊙ 掌握职工薪酬的计量和分配方法及分配表的编制；
⊙ 掌握外购动力支付和分配的核算；
⊙ 掌握折旧耗费的计提方法、分配去向及分配表的编制；
⊙ 理解待摊耗费和预提耗费。

第一节　材料耗费的分配

一、材料的分类

工业生产用的材料按其在生产中的不同用途，可以分为如下几大类：

(1) 原料及主要材料，是指经过加工后能够构成产品主要实体的各种原料和材料，如制造机器用的金属材料、炼铁用的矿石和纺纱用的原棉等。

(2) 辅助材料，是指直接用于生产或有助于产品形成，但不构成产品实体的各种材料，如润滑油、防锈剂、染料、油漆以及工作地点清洁用的各种用具等。

(3) 外购半成品，是指从外部购入需要本企业进一步加工或装配，并经外单位加工过的原材料，如织布厂外购的棉纱、轧钢厂外购的钢锭、汽车制造厂外购的轮胎。外购半成品也可列为原料及主要材料一类，因为对购入的企业来说，外购半成品同其他原材料一样，都是用来继续加工构成产品主要实体的劳动对象。

（4）燃料，包括固体燃料（如煤）、液体燃料（如汽油）和气体燃料（如液化气）。由于燃料是工业生产的重要能源，它在现代工业企业中占有重要的地位，而且在收发和保管上又和一般材料不同，因此，需要单独列为一类，进行专门的管理。按照燃料在生产中的作用不同，又可分为：1）生产工艺过程用的燃料，如铸造车间的用煤；2）动力用的燃料，如发电车间的用煤；3）为创造正常劳动条件用的燃料，如取暖用煤等。

（5）修理用备件，是指为修理本企业机器设备和运输工具所专用的各种备件，如轴承、齿轮等。把修理专用的备件单独列为一类，是因为它们在保证机器设备和运输工具的正常运转方面起着重要的作用。至于修理用的一般零件，则可归为辅助材料一类。

（6）包装物，是指为包装本企业产品，并准备随同产品一同出售，或在销售过程中借给或租给购货单位使用的各种包装物品，如箱、桶、瓶、坛、袋等。把这些物品单独归为一类，是因为它们对于完成产品的销售过程起着重要的作用；而且有些包装物又和一般的材料不同，它们在销售后还可以从购买者手中收回重新再用。至于各种包装用的材料，如纸张、麻绳、铁丝、铁皮等，可归为辅助材料一类。用来储备和保管本企业的产品或材料且不准备出售、外借或出租的包装物品，可按其价值大小和使用年限长短，分别列为固定资产和低值易耗品。

（7）低值易耗品，是指不作为固定资产核算和管理的各种劳动资料，包括工具、管理用具、玻璃器皿等。将具有固定资产性质的低值易耗品作为材料进行核算和管理体现了会计上的重要性原则。

如果企业所需用的修理用备件或包装物的数量不大，资金占用不多，也可以将其并入辅助材料一类。

企业通常设置“原材料”“燃料”“包装物”“低值易耗品”等账户对上述各种材料进行核算。其中，“原材料”账户通常核算原料及主要材料、辅助材料、修理用备件、外购半成品等材料的增加、减少和结存情况。

材料的核算本应包括材料的收入、发出以及材料耗费分配的核算，但产品成本的核算主要涉及材料耗费分配的核算，所以本节重点讲述在产品成本中占有较大比重的原材料耗费、燃料耗费的分配和低值易耗品摊销的核算。所谓材料耗费，是指企业在生产经营过程中实际消耗的各种原料及主要材料、辅助材料、外购半成品、修理用备件、燃料、包装物、低值易耗品等。所谓材料耗费的分配，是指定期根据审核后的领退料凭证，按照材料的用途进行归类，并将其中应计入产品成本的材料耗费计入产品成本，不应计入产品成本的材料耗费记入有关账户的过程。

二、原材料耗费分配的核算

产品成本中的原材料费用所占比重较大，所以产品成本总账和明细账中设置有专门的成本项目：“原材料”或“直接材料”。“原材料”成本项目是指直接用于产品生产、构成产品实体的原料及主要材料、外购半成品以及有助于产品形成的辅助材料等耗费。

构成产品实体的原料及主要材料，如纺织用棉、冶炼用矿石和制造机械用的钢材等，通常分产品领用。这些原料及主要材料耗费属于直接计入耗费，应根据领料凭证直接计入各种产品成本的“原材料”成本项目。原料及主要材料也有不能分产品领用的，如化工生产中为几种产品共同耗用的原料。这种原材料耗费属于间接计入耗费，需要采用既合理又简便的分配方法，分配计入各种产品成本。所谓分配方法的合理，即指这种方法所采用的分配标准与所应分配的费用大小有比较密切的联系。例如，各种铁铸件所用的生铁，其耗用量的大小与铁铸件的重量有密切联系，因而可以按照铁铸件的重量进行分配；各种木器所用的木材，其耗用量的大小与木器的净材料体积有密切联系，因而可以按照木器的净材料体积进行分配。所谓分配方法的简便，是指作为分配标准的资料比较容易取得，而且尽量采用单一的分配标准。但在必要时，也可以采用复合的分配标准，如体积乘以重量等进行分配。

在材料消耗定额比较准确的情况下，原料和主要材料耗费可以按照产品的原材料定额消耗量的比例或原材料定额费用的比例进行分配。按原材料定额消耗量比例分配材料耗费的计算公式如下：

$$某种产品原材料定额消耗量=\begin{matrix}该种产品\\实际产量\end{matrix}\times\begin{matrix}单位产品\\材料消耗定额\end{matrix}$$

$$原材料消耗量分配率=\frac{原材料实际总消耗量}{各种产品材料定额消耗量之和}$$

$$某种产品应分配的原材料数量=\begin{matrix}该种产品的\\原材料定额消耗量\end{matrix}\times\begin{matrix}原材料\\消耗量分配率\end{matrix}$$

$$某种产品应分配的原材料耗费=\begin{matrix}该种产品应分配的\\原材料数量\end{matrix}\times原材料单价$$

［**例 3－1**］　领用某种原料 1 053 千克，单价 2 元，原料耗费合计 2 106 元，共生产甲产品 400 件，乙产品 300 件。甲产品消耗定额为 1.2 千克，乙产品消耗定额为 1.1 千克。分配结果如下：

甲产品原料定额消耗量＝400×1.2＝480（千克）
乙产品原料定额消耗量＝300×1.1＝330（千克）
原料消耗量分配率＝1 053/(480＋330)＝1.3
甲产品应分配的原料数量＝480×1.3＝624（千克）
乙产品应分配的原料数量＝330×1.3＝429（千克）
合计　　1 053（千克）
甲产品应分配的原料费用＝624×2＝1 248（元）
乙产品应分配的原料费用＝429×2＝858（元）
合计　　2 106（元）

上述分配计算的程序是：先按原材料定额消耗量分配计算各种产品的原材料实际消耗量，再乘以原材料单价，计算各该产品的实际原材料耗费。这样分配，可以考核原材料消耗定额的执行情况，有利于进行原材料消耗的实物管理，但分配计算的工作量较大。为了简化分配计算工作，也可以按原材料定额消耗量直接分配材料耗费。仍以上列资料分配计算如下：

原材料费用分配率＝2 106/(480＋330)＝2.6

甲产品应分配的原材料耗费＝480×2.6＝1 248（元）
乙产品应分配的原材料耗费＝330×2.6＝858（元）
合计　2 106（元）

上述两种分配程序的计算结果相同，但后一种分配程序不能反映各种产品所应负担的材料消耗数量，不利于加强材料消耗的实物管理。

在各种产品共同耗用原材料的种类较多的情况下，为了进一步简化分配计算工作，也可以按照各种原材料的定额耗费的比例分配原材料实际耗费，其分配计算的公式如下：

$$\text{某种产品某种原材料定额耗费}=\text{该种产品实际产量}\times\text{单位产品该种原材料耗费定额}=\text{该种产品实际产量}\times\text{单位产品该种原材料消耗定额}\times\text{该种原材料计划单价}$$

$$\text{原材料耗费分配率}=\frac{\text{各种材料实际耗费总额}}{\text{各种产品各种原材料定额耗费之和}}$$

$$\text{某种产品分配的原材料耗费}=\text{该种产品各种原材料定额耗费之和}\times\text{原材料费用分配率}$$

［**例 3-2**］ 甲、乙两种产品领用 A、B 两种主要材料，共计 66 480 元。本月投产甲种产品 200 件，乙种产品 100 件。甲产品的消耗定额为：A 材料 5 千克，B 材料 8 千克；乙产品的材料消耗定额为：A 材料 7 千克，B 材料 9 千克。A、B 两种材料的计划单价分别为 12 元和 14 元。分配计算如下：

甲种产品 A 种材料定额耗费＝200×5×12＝12 000（元）
甲种产品 B 种材料定额耗费＝200×8×14＝22 400（元）
甲种产品材料定额耗费合计　34 400（元）
乙种产品 A 种材料定额耗费＝100×7×12＝8 400（元）
乙种产品 B 种材料定额耗费＝100×9×14＝12 600（元）
乙种产品材料定额耗费合计　21 000（元）
材料费用分配率＝66 480/(34 400＋21 000)＝1.2
甲种产品分配负担材料耗费＝34 400×1.2＝41 280（元）
乙种产品分配负担材料耗费＝21 000×1.2＝25 200（元）
各种产品各种材料耗费合计　66 480（元）

直接用于产品生产、有助于产品形成的辅助材料，如果是直接计入耗费，应该直接计入各种产品成本的“原材料”项目。但在一般情况下，辅助材料属于几种产品共同耗用的间接计入耗费，需要采用间接分配的方法分配。对于耗用在原料和主要材料上的辅助材料，如油漆、染料、电镀材料等，应按原料和主要材料耗用量的比例分配；对于与产品产量直接有联系的辅助材料，如某些包装材料，可按产品产量比例分配。在辅助材料消耗定额比较准确的情况下，也可按照产品定额消耗量或定额耗费的比例分配辅助材料费用。

［**例 3-3**］ 新兴工厂 202×年 8 月生产甲、乙两种产品，其直接用于产品生产的主要材料是直接计入耗费，可以直接计入该两种产品成本的“原材料”项目。直接用于产品生产的辅助材料是间接计入耗费，其耗用量与主要材料的耗用量密切相关，因而规定

按直接计入的主要材料费用的比例进行分配。其主要材料费用的比例为：甲产品75 600元，乙产品41 700元；两种产品共同耗用的辅助材料耗费为35 190元。分配计算如下：

辅助材料耗费分配率＝35 190/（75 600＋41 700）＝0.3

甲产品辅助材料耗费＝75 600×0.3＝22 680（元）

乙产品辅助材料耗费＝41 700×0.3＝12 510（元）

原材料耗费的分配可以归纳如下：

直接用于产品生产的各种原材料耗费，应记入“基本生产成本”总账及其所属明细账借方的“原材料”成本项目；用于辅助生产的原材料耗费，应记入“辅助生产成本”总账及其所属明细账借方的相应成本（或耗费）项目；用于基本生产车间管理的原材料耗费，应记入“制造费用（基本生产）”账户的借方；用于厂部组织和管理生产经营活动等方面的原材料耗费，应记入“管理费用”账户的借方；用于产品销售的原材料耗费，应记入“销售费用”账户的借方；已发生的各种原材料耗费总额，应记入“原材料”账户的贷方。

在实际工作中，原材料费用的分配是通过编制原材料耗费分配表进行的。该表根据归类后的领退料凭证和其他有关资料编制。其中退料凭证的数额可以从相应的领料凭证中扣除。原材料耗费分配表的格式及举例如表3-1所示。

表3-1　原材料耗费分配表

车间或部门：　　202×年8月　　单位：元

应借科目		直接计入金额	分配计入		原材料耗费合计
			定额消耗量（千克）	分配金额（分配率1.8）	
基本生产成本	甲产品	1 520	3 600	6 480	8 000
	乙产品	740	1 200	2 160	2 900
	小　计	2 260	4 800	8 640	10 900
辅助生产成本	供电车间	450			450
	供水车间	650			650
	小　计	1 100			1 100
制造费用（基本生产）		200			200
管理费用		200			200
销售费用		180			180
合　计		3 940		8 640	12 580

分录如下：

借：基本生产成本　　10 900

　　辅助生产成本　　1 100

　　制造费用（基本生产）　　200

　　管理费用　　　　200
　　销售费用　　　　180
　贷：原材料　　　　12 580

上列原材料耗费分配表和会计分录是原材料按实际成本进行核算时的情形。如果原材料按计划成本进行核算，上述分配表和会计分录还需要考虑分配原材料成本差异。

三、燃料耗费的分配

燃料耗费分配的程序和方法与上述原材料费用分配的程序和方法相同。在燃料耗费比重较大并与动力费用一起专设“燃料及动力”成本项目的情况下，应增设“燃料”一级账户，并将燃料耗费单独进行分配。

所谓燃料耗费的分配，是指对于车间、部门领用并消耗掉的燃料，根据燃料的去向和用途，计入成本、费用的过程。

直接用于产品生产的燃料耗费，应记入“基本生产成本”总账和所属明细账借方的“燃料及动力”成本项目。如果燃料分产品领用，应根据领退料凭证直接计入各该产品成本的“燃料及动力”成本项目；如果不能分产品领用，应采用适当的分配方法，分配计入各有关产品成本的这一成本项目。分配标准一般有产品的重量、体积、所耗原材料的数量或费用以及燃料的定额消耗量或定额费用等。

车间管理消耗的燃料耗费、辅助生产消耗的燃料耗费、厂部进行生产经营管理消耗的燃料耗费、进行产品销售消耗的燃料耗费等，应分别记入“制造费用（基本生产）”“辅助生产成本”“管理费用”“销售费用”等账户的耗费（或成本）项目。已领用的燃料总额，应记入“燃料”账户的贷方。

燃料耗费分配表的编制方法见表 3－2。

表 3－2　燃料耗费分配表

车间或部门名称：　　　　202×年×月　　　　单位：元

应借科目		成本或费用项目	直接计入	分配计入		燃料耗费合计
				定额燃料费用	分配金额(分配率 1.1)	
基本生产成本	甲产品	燃料及动力		3 210	3 531	3 531
	乙产品	燃料及动力		2 480	2 728	2 728
	小　计			5 690	6 259	6 259
辅助生产成本	运输车间	燃料及动力	3 850			3 850
合　计			3 850		6 259	10 109

根据上列费用分配表，编制会计分录如下：

借：基本生产成本　　　　6 259
　　辅助生产成本　　　　3 850
　贷：燃料　　　　10 109

四、低值易耗品的摊销

低值易耗品的价值转移方式与原材料不同，作为劳动资料，其价值是逐渐转移到产品成本或转化为期间费用的。低值易耗品价值的转移，会计上称之为摊销。尽管低值易耗品与固定资产都属于劳动资料，但是，因为低值易耗品价值较低，并作为流动资产核算和管理，所以低值易耗品摊销的核算与固定资产折旧的核算不同，会计上对其采用了相对简化的处理方法。低值易耗品的摊销方法通常包括一次摊销法、分次摊销法和五五摊销法。低值易耗品的摊销额在产品成本中所占比重较小，没有专设成本项目。根据现行会计制度，产品生产用的低值易耗品摊销额记入“制造费用（基本生产）”账户，厂部管理用低值易耗品的摊销额记入“管理费用”账户。

第二节　应付职工薪酬的分配

一、应付职工薪酬的内容

职工薪酬是指企业为获得职工提供的服务而给予各种形式的报酬以及其他相关支出，由此形成的负债称为应付职工薪酬。

职工薪酬是企业因职工提供服务而必需产生的人力成本，因此职工薪酬属于企业成本费用的组成部分，企业核算成本费用必须进行应付职工薪酬的分配。职工薪酬主要包括以下内容：

（1）职工工资、奖金、津贴和补贴，是指按照国家统计局《关于职工工资总额组成的规定》，构成工资总额的计时工资、计件工资、支付给职工的超额劳动报酬和增收节支的劳动报酬、为了补偿职工特殊或额外的劳动消耗和因其他特殊原因支付给职工的津贴，以及为了保证职工工资水平不受物价影响支付给职工的物价补贴等。

（2）职工福利费，是指企业为职工集体提供的福利，如补助生活困难职工等。

（3）医疗保险费、养老保险费、失业保险费、工伤保险费和生育保险费等社会保险费，是指企业按照国务院、各地方政府规定的基准和比例计算，向社会保险经办机构缴纳的医疗保险费、养老保险费、失业保险费、工伤保险费和生育保险费。企业按照年金计划规定的基准和比例计算，向有关单位（企业年金基金账户管理人）缴纳的补充养老保险。此外，以商业保险形式提供给职工的各种保险待遇也属于企业提供的职工薪酬。

（4）住房公积金，是指企业按照国家规定的基准和比例计算，向住房公积金管理机构缴存的住房公积金。

（5）工会经费和职工教育经费，是指企业为了改善职工文化生活、为职工学习先进技术和提高文化水平和业务素质，用于开展工会活动和职工教育及职业技能培训，根据国家规定的基准和比例，从成本费用中提取的金额。

（6）非货币性福利，包括企业以自己的产品或其他资产给职工作为福利、企业提供给职工无偿使用自己拥有的资产或租赁资产供职工无偿使用（比如提供给企业高级管理人员使用的住房等）、免费为职工提供诸如医疗保健服务或向职工提供企业支付了一定补贴的商品或服务等（比如以低于成本的价格向职工出售住房等）。

(7) 因解除与职工的劳动关系给予的补偿（又称辞退福利）。

(8) 其他与获得职工提供的服务相关的支出，是指除上述七种薪酬以外的其他为获得职工提供的服务而给予的薪酬，比如企业提供给职工以权益形式结算的认股权、以现金形式结算但以权益工具公允价值为基础确定的现金股票增值权等。

总之，从薪酬的涵盖时间和支付形式来看，职工薪酬包括企业在职工在职期间和离职后给予的所有货币性薪酬和非货币性福利；从薪酬的支付对象来看，职工薪酬包括提供给职工本人及其配偶、子女或其他被赡养人的福利，比如支付给因公伤亡职工的配偶、子女或其他被赡养人的抚恤金。

二、应付职工薪酬的计量和分配

企业应通过“应付职工薪酬”科目，核算应付职工薪酬的分配、结算、使用等情况。该科目的贷方登记已分配计入有关成本费用项目的职工薪酬的金额，借方登记实际发放职工薪酬的金额；该科目贷方余额，反映企业应付未付的职工薪酬金额。“应付职工薪酬”科目应当按照“工资”“职工福利”“社会保险费”“住房公积金”“工会经费”“职工教育经费”“非货币性福利”等应付职工薪酬项目设置明细科目，进行明细核算。

职工薪酬的分配是指将企业发放的职工薪酬，于月末按照职工薪酬用途计入有关账户的过程。企业应当在职工为其提供服务的会计期间，将应付的职工薪酬确认为负债，并根据职工提供服务的受益对象，分别下列情况处理：

(1) 应由生产产品、提供劳务负担的职工薪酬，计入产品成本或劳务成本。生产产品、提供劳务中的直接生产人员和直接提供劳务人员发生的职工薪酬，计入存货成本，但非正常消耗的直接生产人员和直接提供劳务人员的职工薪酬，应当在发生时确认为当期损益。

(2) 应由在建工程、无形资产负担的职工薪酬，计入建造固定资产或无形资产成本。自行建造固定资产和自行研究开发无形资产过程中发生的职工薪酬，能否计入固定资产或无形资产成本，取决于相关资产的成本确定原则。比如企业在研究阶段发生的职工薪酬不能计入自行开发无形资产的成本；在开发阶段发生的职工薪酬，符合无形资产资本化条件的，应当计入自行开发无形资产的成本。

(3) 上述两项之外的其他职工薪酬，计入当期损益。除直接生产人员、直接提供劳务人员、符合准则规定条件的建造固定资产人员、开发无形资产人员以外的职工，包括公司总部管理人员、董事会成员、监事会成员等人员相关的职工薪酬，因难以确定直接对应的受益对象，均应当在发生时计入当期损益。

以下仅以货币性职工薪酬为例说明应付职工薪酬的计量和分配。

对于货币性薪酬，企业一般应当根据职工提供服务情况和职工货币薪酬的标准，计算应计入职工薪酬的金额，按照受益对象计入相关成本或当期费用，借记“生产成本”“管理费用”等账户，贷记“应付职工薪酬”账户，发放时，借记“应付职工薪酬”账户，贷记“银行存款”等账户。在确定应付职工薪酬和应当计入成本费用的职工薪酬金额时，企业还应考虑如下两种情况：

(1) 对于国家或经批准的企业年金计划规定了计提基础和计提比例的职工薪酬项目，企业应当按照规定的计提标准，计量企业承担的职工薪酬和计入成本费用的职工薪酬。其中：1）医疗保险费、养老保险费、失业保险费、工伤保险费、生育保险费和住房公积金（“五险一金”），企业应当按照国务院、所在地政府或企业年金计划规定的标准计量应付职工薪酬义务和相应计入成本费用的薪酬金额。2）对于工会经费和职工教育经费。企业应当按照国家相关规定，分别按照职工工资总额的2%和1.5%计量应付职工薪酬（工会经费、职工教育经费）义务金额和应相应计入成本费用的薪酬金额；从业人员技术要求高、培训任务重、经济效益好的企业，可根据国家相关规定，按照职工工资总额的2.5%计量应计入成本费用的职工教育经费。按照明确标准计算确定应承担的职工薪酬义务后，再根据受益对象计入相关资产的成本或当期费用。

（2）对于国家相关法律法规没有明确规定计提基础和计提比例的职工福利费，企业应当根据历史经验数据和自身实际情况，预计应付职工薪酬金额和应计入成本费用的薪酬金额；每个资产负债表日，企业应当对实际发生的福利费金额和预计金额进行调整。

［例3-4］ 202×年6月，甲公司当月应发工资总额4 000万元，工资费用分配汇总表列示的有关人员工资如下：基本生产部门直接生产人员工资2 000万元；生产部门管理人员工资400万元；公司管理部门人员工资720万元；公司专设产品销售机构人员工资200万元；建造厂房人员工资440万元；内部开发存货管理系统人员工资240万元。

另外，根据所在地政府规定，公司分别按照职工工资总额的10%、12%、2%和10.5%计提医疗保险费、养老保险费、失业保险费和住房公积金，缴纳给当地社会保险经办机构和住房公积金管理机构；公司预计202×年应承担的职工福利费义务金额为职工工资总额的2%，职工福利的受益对象为上述所有人员；公司分别按照职工工资总额的2%和1.5%计提工会经费和职工教育经费。假定公司存货管理系统已处于开发阶段，并符合资本化为无形资产的条件。

应计入基本生产成本的职工薪酬金额＝2 000＋2 000×（10%＋12%＋2%＋10.5%＋2%＋2%＋1.5%）
＝2 800（万元）

应计入制造费用的职工薪酬金额＝400＋400×（10%＋12%＋2%＋10.5%＋2%＋2%＋1.5%）
＝560（万元）

应计入管理费用的职工薪酬金额＝720＋720×（10%＋12%＋2%＋10.5%＋2%＋2%＋1.5%）
＝1 008（万元）

应计入销售费用的职工薪酬金额＝200＋200×（10%＋12%＋2%＋10.5%＋2%＋2%＋1.5%）
＝280（万元）

应计入在建工程成本的职工薪酬金额＝440＋440×（10%＋12%＋2%＋10.5%＋2%＋2%＋1.5%）
＝616（万元）

应计入无形资产成本的职工薪酬金额＝240＋240×（10%＋12%＋2%＋1.5%＋2%＋2%＋1.5%）
＝336（万元）

职工薪酬的分配，应通过职工薪酬分配表进行。该表应根据工资结算单等有关资料编制。职工福利费分配汇总表，如表 3-3 所示。

表 3-3　职工福利费分配汇总表

202×年 6 月

单位：万元

借记科目	成本或费用项目	工资总额	职工福利费	社会保险费	住房公积金	工会经费	职工教育经费	合计
基本生产成本	职工薪酬	2 000	40	480	210	40	30	2 800
制造费用	职工薪酬	400	8	96	42	8	6	560
管理费用	职工薪酬	720	14.4	172.8	75.6	14.4	10.8	1 008
销售费用	职工薪酬	200	4	48	21	4	3	280
在建工程	职工薪酬	440	8.8	105.6	46.2	8.8	6.6	616
研发支出	职工薪酬	240	4.8	57.6	25.2	4.8	3.6	336
合计		4 000	80	960	420	80	60	5 600

甲公司根据上述职工薪酬分配表做如下账务处理：

借：基本生产成本　　28 000 000
　　制造费用　　5 600 000
　　管理费用　　10 080 000
　　销售费用　　2 800 000
　　在建工程　　6 160 000
　　研发支出——资本化支出　　3 360 000
　　贷：应付职工薪酬——工资　　40 000 000
　　　　　　　　　　——职工福利费　　800 000
　　　　　　　　　　——社会保险费　　9 600 000
　　　　　　　　　　——住房公积金　　4 200 000
　　　　　　　　　　——工会经费　　800 000
　　　　　　　　　　——职工教育经费　　600 000

第三节　外购动力费的分配

企业耗用的动力，从来源看，有的是企业辅助生产车间自行生产的，如辅助生产发电车间提供的动力；有的是从外单位经辅助生产变压后供应使用的；有的是从外单位购入后直接使用的。由辅助生产车间自行生产或变压后供应使用的动力耗费，应先通过“辅助生产成本”账户归集，月末经过辅助生产耗费的分配，分配到有关账户。

一、外购动力费支付的核算

外购电力、蒸气等动力，在付款时，按道理应按外购动力的用途，直接借记有关成本、费用账户，贷记“银行存款”账户。但为了贯彻权责发生制，实际工作中一般通过“应付账款”账户核算外购动力费用，即在付款时先作为暂付款处理，借记“应付账款”账户，贷记“银行存款”账户；月末按照外购动力的用途分配费用时，再借记有关成本、费用账户，贷记“应付账款”账户，以冲销原来记入“应付账款”账户借方的暂付款。这样核算的原因是：外购动力耗费一般不是在每月末支付，而是在每月下旬的某日支付。如果支付时就直接借记有关成本、费用账户，贷记“银行存款”账户，那么计入某月份的动力费用是上月付款日至本月付款日这一期间的动力耗费，而不是当月发生的动力耗费。这样，为了正确地计算当月动力耗费，需要在当月支付的动力耗费基础上，扣除上月付款日到上月末的已付动力耗费，加上当月付款日到当月末应付未付动力耗费，这样核算工作量太大。如果通过“应付账款”账户核算，每月只需在月末分配一次动力耗费，可以大大简化核算工作。按照上述核算方法，“应付账款”账户借方所记本月所付动力耗费与贷方所记本月应付动力耗费往往不等，从而出现月末余额。如果是借方余额，表示本月支付款大于应付款的多付动力耗费，可以抵冲下月应付耗费；如果是贷方余额，则表示本月应付款大于支付款的应付未付动力耗费，可以在下月支付。

如果每月支付动力耗费的日期基本固定，且每月付款日到月末止的应付动力耗费相差不多，也可不通过“应付账款”账户核算，而是将每月支付的动力耗费作为本月应付动力费用，在付款时直接借记各成本、费用账户，贷记“银行存款”账户。在这种情况下，因为各月付款日至月末的应付动力耗费可以互相抵销，并不影响各月动力耗费核算的正确性。

由辅助生产车间自行生产或变压后供应使用的动力耗费的核算方法将在辅助生产耗费核算中讲述。

二、外购动力费分配的核算

外购动力费的分配，是指根据外购动力的用途，归入不同账户的过程。外购动力的用途不同：有的直接用于产品生产，如生产工艺用电力；有的间接用于生产，如生产车间照明用电力；有的则用于经营管理，如行政管理部门照明用电力。这些动力费的分配，在有仪表记录的情况下，应根据仪表所示耗用动力的数量以及动力的单价计算；在没有仪表的情况下，可按生产工时的比例、机器功率时数（机器功率×机器时数）的比例或定额消耗量的比例分配。

为了加强对能源的核算和控制，生产工艺用动力一般与生产工艺用燃料合设“燃料及动力”成本项目。直接用于产品生产的动力费，应记入“基本生产成本”总账和所属明细账的“燃料及动力”项目；直接用于辅助生产的动力费，应记入“辅助生产成本”总账和所属明细账；用于车间管理的动力费，应记入“制造费用（基本生产）”账户；用于厂部管理的动力费，应记入“管理费用”账户；用于销售机构的动力费，应记入“销售费用”账户；等等。外购动力费总额应根据有关的转账凭证或付款凭证记入“应付账款”或“银行存款”账户的贷方。

现列示外购动力费分配表的格式如表 3 - 4 所示。

表 3-4　外购动力费分配表

202×年 5 月

单位：元

应借科目		成本或耗费项目	生产工时（分配率 0.12）	用电度数（分配率 0.15）	金　额
基本生产成本	甲产品	燃料及动力	41 200		4 944
	乙产品	燃料及动力	20 300		2 436
	小　计		61 500	49 200	7 380
辅助生产成本	机修车间	燃料及动力		17 400	2 610
		水电费		1 800	270
	运输车间	水电费		1 400	210
	小　计			20 600	3 090
制造费用	基本生产	水电费		2 400	360
管理费用		水电费		4 600	690
合　计				76 800	11 520

$$动力费分配率=\frac{7\ 380}{41\ 200+20\ 300}=0.12$$

甲产品动力费＝41 200×0.12＝4 944（元）

乙产品动力费＝20 300×0.12＝2 436（元）

会计分录如下：

借：基本生产成本　　7 380
　　制造费用（基本生产）　　360
　　辅助生产成本　　3 090
　　管理费用　　690
　贷：应付账款　　11 520

如果生产工艺用的燃料和动力没有专门设立成本项目，直接用于产品生产的燃料费和动力费可以分别记入“原材料”成本项目和“制造费用”成本项目。

第四节　折旧费的分配

企业的固定资产在长期的使用过程中，虽然保持着原有的实物形态，但其价值会随着固定资产的损耗而逐渐减少。固定资产由于损耗而减少的价值就是固定资产的折旧。固定资产折旧应该作为折旧费计入产品成本或期间费用。进行折旧费的核算，先要计算折旧，然后分配折旧费。

一、折旧费的计算方法

计算固定资产折旧，必须确定固定资产应计折旧额。固定资产在全部使用年限内的应计折旧额并不是固定资产的全部原值。这是因为，固定资产在报废清理时还有残值收入，如报废清理时拆下的零件、器材和残余材料等的价值。这部分残值收入应该在计算折旧时预先估计，从原值中减去。清理时还要发生清理费，如拆卸费、搬运费等。这部分清理费也应预先估计，从残值收入中减去。残值收入减去清理费的余额称为净残值。

固定资产的残值收入一般大于清理费，因而净残值一般为正数。固定资产应计折旧额应该是固定资产原值减去预计净残值以后的余额。为了正确、简便地确定净残值，可以根据各类固定资产的历史统计资料或技术测定资料，确定预计净残值率，即原值与预计净残值的比率。其计算公式如下：

预计净残值率＝预计净残值/原值×100％

根据固定资产原值乘以规定的预计净残值率，即可确定预计净残值。因此，固定资产应计折旧额的计算公式是：

固定资产预计净残值＝固定资产原值×规定的预计净残值率

固定资产应计折旧额＝固定资产原值－预计净残值

假定某企业某项固定资产原值为 251 000 元，其预计净残值率为 3％，则其预计净残值和应计折旧额为：

固定资产预计净残值＝251 000×3％＝7 530（元）

固定资产应计折旧额＝251 000－7 530＝243 470（元）

计算折旧，更重要的是要确定每一个时期，如每一个月的折旧额。这就需要采用适当的折旧计算方法。我国目前采用的折旧计算方法主要是使用年限法和工作量（或工作时数）法。

（一）使用年限法

采用这种方法，应该按照固定资产的预计使用年限平均计算折旧。即年折旧额＝应计折旧额/预计使用年限。

在实际工作中，采用使用年限法计算折旧时，折旧额是根据固定资产原值乘以折旧率计算的。固定资产折旧率，是指一定时期内固定资产折旧额对固定资产原值的比率。其计算公式如下：

年折旧率＝年折旧额/原值×100％
　　　　＝原值×(1－预计净残值率)/预计使用年限×原值×100％
　　　　＝(1－预计净残值率)/预计使用年限×100％

折旧额应该按月计算，因而还应根据年折旧率，算出月折旧率：

月折旧率＝年折旧额/12

折旧率计算确定以后，不应任意变动。每月计算折旧额时，只需以原值乘以月折旧率即可。其计算公式为：

月折旧额＝原值×月折旧率

［例 3-5］ 某企业某项固定资产的原值为 187 000 元，预计净残值率为 4%，折旧年限规定为 10 年。其折旧率和每月折旧额计算如下：

该项固定资产年折旧率＝(1－4%)/10×100%＝9.6%

该项固定资产月折旧率＝9.6%/12＝0.8%

该项固定资产年折旧额＝187 000×9.6%＝17 952（元）

该项固定资产月折旧额＝187 000×0.8%＝1 496（元）

为了简化折旧的计算工作，一般按固定资产的类别规定固定资产的折旧年限和折旧率，按照同类固定资产原值之和，乘以该类固定资产的折旧率，计算该类固定资产的折旧额。

为了简化折旧的计算工作，月份内开始使用的固定资产，当月不计算折旧，从下月起计算折旧；月份内减少或停用的固定资产，当月仍计算折旧，从下月起停止计算折旧。这就是说，每月折旧额按月初固定资产的原值和规定的折旧率计算。此外，已经提足折旧超龄使用的固定资产不再计算折旧；提前报废的固定资产，不补提折旧，其未提足折旧的净损失应计入营业外支出。

（二）工作量（或工作时数）法

采用这种方法，应该按照固定资产完成的工作量或工作时数计算折旧；先计算、确定固定资产单位工作量（工作小时）折旧额，简称单位折旧额；每月用固定资产完成的工作数量或时数乘以单位折旧额，即可计算出各该月份的折旧额。其计算公式如下：

$$\begin{aligned}\text{某项固定资产单位折旧额} &= \frac{\text{该项固定资产应计折旧额}}{\text{该项固定资产预计使用年限内可完成的总工作数量(或时数)}}\\ &= \frac{\text{固定资产原值}\times\text{（1－预计净残值率）}}{\text{固定资产规定的总工作数量（或时数）}}\\ &= \frac{\text{（1－预计净残值率）}}{\text{固定资产规定的总工作数量（或时数）}}\end{aligned}$$

$$\text{该项固定资产该月折旧额}=\begin{matrix}\text{该项固定资产该月}\\ \text{完成的工作数量（或时数）}\end{matrix}\times\text{单位折旧额}$$

［例 3-6］ 某工业企业有运货汽车一辆，原值 220 000 元，规定的预计净残值率为 4%，预计行驶 50 万公里。某月份行驶 2 500 公里。该辆汽车的单位折旧额和该月份的折旧额计算如下：

该辆汽车单位折旧额＝220 000×(1－4%)/500 000＝0.422 4(元/公里)

该月折旧额＝2 500×0. 422 4＝1 056（元）

这种方法适用于单位价值较高，但各月的工作量或工作时数不均衡的固定资产，如大型精密设备和运货汽车等。这些固定资产如果采用使用年限法每月平均计算折旧，会使各月的成本、费用负担不合理。

采用上述使用年限法和工作量法算出的折旧额，随着使用的月份、年数或完成的工作数量（或时数）增加成正比例增加，累计折旧额呈直线上升的趋势，因而可以概称为直线折旧法。

此外，我国某些企业还可以按照国家的规定采用某些加速折旧的方法。采用这些方法时，固定资产使用的早期多计折旧，后期少计折旧，年折旧额呈逐年递减的趋势，从而相对加快了折旧的速度。这些方法也可概称为递减折旧法。

折旧的方法以及折旧率和单位折旧额一经确定，不应任意变动，以免各月成本、费用数据不可比。应该防止利用改变折旧方法、折旧率或单位折旧额人为地调节各月成本、费用的错误做法。

二、折旧费的分配

折旧费一般不单独作为一个成本项目。因为一种产品往往需要使用多种机器设备，而一种设备、一个车间往往又可能生产多种产品，分配工作比较困难、复杂，因此通常把各类固定资产折旧费按车间、部门分别记入“制造费用（基本生产）”“辅助生产成本”“管理费用”等账户，而不直接记入“基本生产成本”账户。

折旧费的分配是通过编制折旧费用分配表进行的。现列示折旧费分配表的格式如表3-5所示。

表3-5　折旧费分配表

202×年5月　　　　单位：元

应借科目	车间部门	4月固定资产折旧额	4月增加固定资产折旧额	4月减少固定资产折旧额	本月固定资产折旧额
制造费用	基本生产	5 940	1 320	480	6 780
辅助生产成本	机修车间	2 420	300	160	2 560
	运输车间	1 860	240		2 100
	小计	4 280	540	160	4 660
管理费用	行政管理部门	2 280	460	220	2 520
合计		12 500	2 320	860	13 960

上例企业采用的折旧方法是使用年限法。由于企业每个月都要计算折旧、分配折旧费，因而当月的折旧额可以在上月折旧额的基础上加、减调整计算。又由于每月折旧额按月初固定资产的原值和规定的折旧率计算，因此，该企业5月份的折旧额和折旧费用可以在4月（即4月初）固定资产折旧额的基础上，加上4月份增加的固定资产的折旧额，减去4月份减少的固定资产的折旧额计算求出。因为这样算出的折旧额就是4月末固定资产的折旧额，也就是5月初固定资产的折旧额、5月份计提的折旧费用。

根据上列折旧费用分配表，应编制下列会计分录：

借：制造费用（基本生产）　6 780
　　辅助生产成本　4 660
　　管理费用　2 520
　贷：累计折旧　13 960

第五节 其他耗费的分配

一、其他耗费的分配

其他耗费是指上述各项要素耗费以外的耗费，如邮电费、差旅费、图书报刊办公用品费、试验检验费、职工技术培训费、保险费、租赁费、修理费、排污费、利息费等。

这些耗费有的是产品成本的组成部分，有的则不是。其中属于产品成本组成部分的各种耗费也没有专门设立成本项目。因此，在发生这些耗费时，应该按照发生的车间、部门和用途，分别借记“制造费用（基本生产）”“辅助生产成本”“管理费用”“财务费用”“在建工程”等账户，贷记“银行存款”“现金”“待摊耗费”“应付利息”等账户。

其他耗费汇总表的格式如表3-6所示。

表3-6 其他耗费汇总表

202×年5月　　　　单位：元

应借科目			金 额
总账科目	明细科目	成本或耗费项目	
制造费用	基本生产	办公费	682
		水电费	765
		其他	827.60
		小计	2 274.60
辅助生产成本	机修车间	办公费	263
		水电费	220
		其他	310
	运输车间	办公费	132
		水电费	201
		其他	131.50
	小计		1 257.50
管理费用	行政管理部门	办公费	1 145
		水电费	817
		税金	2 320
		其他	1 540.30
	小计		5 822.30
销售费用		运输费	678
		广告费	3 180
		其他	397
	小计		4 255
财务费用	利息费用		3 860

续表

应借科目			金　额
总账科目	明细科目	成本或耗费项目	
在建工程	×工程	其他	2 980
合计			20 449.40

根据上列汇总资料，应编制下列会计分录：

借：制造费用（基本生产）　2 274.60
　　辅助生产成本　1 257.50
　　管理费用　5 822.30
　　销售费用　4 255
　　财务费用　3 860
　　在建工程　2 980
　贷：银行存款　16 589.40
　　　应付利息　3 860

二、关于待摊耗费

（一）待摊耗费的性质

待摊耗费是指企业已经支付但应由本期和以后各期负担的摊销期在一年以内（包括一年）的各项耗费，如周转材料摊销、预付保险费、预付报刊订阅费、预付以经营租赁方式租入固定资产的租金以及一次购买印花税票和一次缴纳印花税额较多、需分摊的税金等。

待摊耗费发生后，其受益期限不仅是耗费发生的当月，往往要递延至耗费发生后的数月，根据权责发生制、配比原则，这些耗费不应一次全部计入当月产品成本、费用，而应在其受益期限内分月计入产品成本、费用。待摊耗费的特点是支付在前，摊配在后。

按照我国现行企业会计制度，待摊费用的摊销期限最长是一年。收益期限需要超过一年的，应作为递延资产核算。收益期限虽然超过一个月，但金额不大，根据重要性原则，可以不作为待摊耗费处理，而是直接计入支付月份的成本、费用。

合理地确认、摊销待摊耗费，对于正确地划分各个月份的成本、费用，正确核算产品成本和期间费用，具有重要的意义。

（二）待摊耗费支付和摊销的核算

企业为了总括反映待摊耗费的支付和摊销情况，应设置“待摊耗费”账户。企业发生各项待摊耗费时，借记本账户，贷记“银行存款”“周转材料”“应交税费”等账户；按受益期分期摊销时，借记“制造费用（基本生产）”“销售费用”“管理费用”等账户，贷记本账户。期末为借方余额，反映的是企业各种已支出但尚未摊销的待摊耗费。“待摊耗费”账户应按其种类设置明细账进行明细核算。

需注意的是：超过一年以上摊销的固定资产修理费支出和租入固定资产改良支出以及摊销期限在一年以上的其他耗费，应在“递延资产”账户核算。

［例 3－7］　某企业 202×年 7 月开出转账支票，预付第三季度保险费 12 000 元，分三个月摊销。摊销比例为：基本生产一车间 26%、二车间 24%，辅助生产车间 18%，行政

管理部门20%，专设销售机构12%。预付企业管理部门第三季度报刊订阅费3 600元。“待摊耗费”明细账以及分配表如表3-7、表3-8和表3-9所示。

表3-7 待摊耗费明细账

费用种类：保险费　　　　单位：元

202×年		摘要	借方金额	贷方金额	余额	
月	日				借或贷	金额
7	5	预付一季度保险费（付款凭证×号）	12 000		借	12 000
7	31	按受益期平均摊销（分配表）		4 000	借	8 000
8	31	按受益期平均摊销（分配表）		4 000	借	4 000
9	30	按受益期平均摊销（分配表）		4 000		0

表3-8 待摊耗费明细账

费用种类：报刊订阅费　　　　单位：元

202×年		摘要	借方金额	贷方金额	余额	
月	日				借或贷	金额
7	5	预付第二季度报刊订阅费（付款凭证×号）	3 600		借	3 600
7	31	按受益期平均摊销（分配表）		1 200	借	2 400
8	31	按受益期平均摊销（分配表）		1 200	借	1 200
9	30	按受益期平均摊销（分配表）		1 200		0

表3-9 待摊耗费分配表

202×年7月　　　　单位：元

应借账户＼费用项目	保险费	报刊订阅费	周转材料摊销	…	合计
制造费用（基本生产）					
——一车间	1 040				1 040
——二车间	960				960
辅助生产成本	720				720
管理费用	800	1 200			2 000
销售费用	480				480
合计	4 000	1 200			5 200

编制会计分录如下：

(1) 7月5日预付保险费和第三季度报刊订阅费时：

借：待摊耗费——保险费　　12 000

　　　　　　——报刊订阅费　　3 600

贷：银行存款　　15 600

(2) 7、8、9月份摊销时：

借：制造费用（基本生产）——一车间　　1 040

——二车间　　960

辅助生产成本　　720

管理费用　　2 000

销售费用　　480

贷：待摊耗费——保险费　　4 000

——报刊订阅费　　1 200

三、关于预提项目

（一）预提项目的性质

预提项目是指按照权责发生制的原则已经确认为成本、费用，但尚未支付的一些应付项目，如预提的租金、保险费、借款利息、固定资产修理费等。

预提项目的特点是确认成本、费用在前，支付货币资金在后。上述预先确认的这些耗费虽然尚未支付，但在支付前的有关月份已经受益，按照权责发生制、配比原则，应将这部分耗费计入有关月份的产品成本、费用中，使各月成本、费用负担均衡。企业可根据每项预提项目所需总额和受益期限分别确定预提项目的预提期限及各月提取的金额。

合理地进行预提项目的预提和支付，对于正确地划分各个月份的成本、费用，正确核算产品成本和期间费用，与待摊耗费一样具有重要的意义。

（二）预提项目的预提和支付

企业为了总括反映预提项目的预提以及支付情况，应设置“应付利息”“其他应付款”账户。企业按规定预提计入本期成本、费用时，借记“制造费用（基本生产）”“辅助生产成本”“销售费用”“管理费用”“财务费用”等账户，贷记有关账户；实际支付时，借记本账户，贷记“银行存款”等账户。

[例3-8] 某企业预计202×年第一季度末利息支出为7 200元，平均每月预提利息2 400元。3月份实际支付利息7 280元。应付利息明细账和分配表见表3-10和表3-11。

表3-10　预提耗费明细账

耗费种类：借款利息　　单位：元

202×年		摘　要	借方金额	贷方金额	余　额	
月	日				借或贷	金额
1	31	根据分配表预提		2 400	贷	2 400
2	28	根据分配表预提		2 400	贷	4 800
3	25	实际支付利息（付款凭证×号）	7 280		借	2 480
3	31	根据分配表预提		2 480		0

表 3-11 应付利息分配表

202×年 3 月 单位：元

费用项目 / 应借账户	借款利息	合 计
财务费用	2 480	2 480
合 计	2 480	2 480

编制会计分录如下：

(1) 1、2 月份预提利息费用时：

借：财务费用 2 400

贷：应付利息 2 400

(2) 3 月份实际支付利息时：

借：应付利息 7 280

贷：银行存款 7 280

(3) 3 月份应提利息费用 2 480 元：

借：财务费用 2 480

贷：应付利息 2 480

将要素耗费进行分配以后，应计入本月产品成本和期间费用的各种耗费，都已分别归集在“基本生产成本”“制造费用（基本生产）”“辅助生产成本”“管理费用”“销售费用”“财务费用”等总账和所属明细账的借方；其中记入“基本生产成本”总账借方的基本生产耗费已在各产品成本明细账的本月发生额中按有关的成本项目反映。

【历史浏览】

按照以下提示回顾本章内容：

1. 企业通常设置“原材料”“燃料”“包装物”“低值易耗品”等账户对各种材料进行核算。其中“原材料”账户通常核算原料及主要材料、辅助材料、修理用备件、外购半成品等材料的增加、减少和结存情况。

2. 所谓材料耗费，是指企业在生产经营过程中实际消耗的各种原料及主要材料、辅助材料、外购半成品、修理用备件、燃料、包装物、低值易耗品等。所谓材料耗费的分配，是指定期根据审核后的领退料凭证，按照材料的用途进行归类，并将其中应计入产品成本的材料耗费计入产品成本，不应计入产品成本的材料耗费记入有关账户的过程。

3. 在材料消耗定额比较准确的情况下，原料和主要材料耗费可以按照产品的原材料定额消耗量的比例或原材料定额耗费的比例进行分配。

4. 根据现行会计制度，产品生产用的低值易耗品摊销额记入“制造费用（基本生产）”账户，厂部管理用低值易耗品的摊销额记入“管理费用”账户。

5. 职工薪酬，是指企业为获得职工提供的服务而给予各种形式的报酬以及其他相关支出，由此形成的负债称为应付职工薪酬。

6. 对于货币性薪酬，企业一般应当根据职工提供服务情况和职工货币薪酬的标准，计算应计入职工薪酬的金额，按照受益对象计入相关成本或当期费用，借记“生产成本”“管理费用”等账户，贷记“应付职工薪酬”账户，发放时，借记“应付职工薪酬”账户，贷记“银行存款”等账户。

7. 外购动力耗费的分配，是指根据外购动力的用途，归入不同账户的过程。

8. 固定资产折旧应该作为折旧耗费计入产品成本或期间费用。进行折旧耗费的核算，先要计算折旧，然后分配折旧费用。

其他耗费是指上述各项要素耗费以外的耗费，如邮电费、差旅费、图书报刊办公用品费、试验检验费、职工技术培训费、保险费、租赁费、修理费、排污费、利息费等。这些费用有的是产品成本的组成部分，有的则不是。

【复习思考题】

1. 什么是材料耗费？为什么要分配材料耗费？按照现行企业会计制度，材料耗费应当分配记入什么账户？

2. 什么情况下需要分配原材料耗费？如何应用定额资料分配原材料耗费？

3. 摊销低值易耗品有哪些方法？各种方法的适用范围和优缺点是什么？

4. 工资总额、职工薪酬、应付职工薪酬之间的关系是什么？职工薪酬的分配和产品成本的核算有什么关系？

5. 动力费有哪些种类？如何分配动力费？

6. 计提固定资产折旧应考虑的基本因素是什么？固定资产折旧率公式是如何推导出来的？如何应用固定资产折旧率计算固定资产折旧？

7. 什么是待摊耗费？待摊耗费与生产耗费有什么区别与联系？

第四章

辅助生产耗费的归集和分配

【学习导航】

⊙ 理解辅助生产耗费的归集与辅助生产耗费的分配以及产品成本核算之间的关系；

⊙ 掌握“辅助生产成本”账户的两种设置方式以及辅助生产耗费归集的账务处理；

⊙ 掌握辅助生产耗费结转或分配的账务处理；

⊙ 掌握辅助生产耗费分配的各种方法；

⊙ 理解各种辅助生产耗费分配方法的优缺点和适用范围。

第一节　辅助生产耗费核算的特点

一、辅助生产及辅助生产耗费的概念

工业企业的辅助生产，是指主要为基本生产车间提供服务而进行的产品生产和劳务供应。企业通常设置专门的辅助生产车间来组织辅助产品的生产和劳务的供应。辅助生产车间生产的产品和提供的劳务有时也对外销售，但这不是辅助生产的主要任务。

有的辅助生产车间只生产一种产品或只提供一种劳务，如供电、供水、供气、供风等辅助生产车间；有的辅助生产车间则可能生产多种产品或提供多种劳务，如从事工具、模具、修理用备件的制造以及机器设备修理等的辅助生产车间。

辅助生产车间为生产产品或提供劳务而发生的原材料费、动力费、职工薪酬以及辅助

生产车间的制造费用，被称为辅助生产耗费。辅助生产耗费归集到一定种类和一定数量的产品或劳务上去，构成该种产品或劳务的辅助生产成本。

辅助生产车间生产的产品或提供的劳务在为基本生产车间、行政管理部门、销售机构等单位服务时，其辅助生产成本将转化为基本生产车间的生产耗费，行政管理部门的管理费用、销售机构的销售费用等。所以辅助生产产品和劳务成本的高低影响着产品成本和期间费用；只有辅助生产产品和劳务成本确定以后，才能计算和确定基本生产的产品成本。因此，正确、及时地归集辅助生产耗费，计算辅助生产成本，分配辅助生产耗费，对于正确及时地计算基本生产成本和归集期间费用具有重要的意义。

二、辅助生产耗费核算的特点

辅助生产耗费的核算包括辅助生产耗费的归集和辅助生产耗费的分配两个方面。辅助生产耗费按照辅助生产车间以及产品和劳务类别归集的过程，也是辅助生产产品和劳务成本计算的过程；辅助生产耗费的归集是为辅助生产耗费的分配做准备，因为只有先归集起来，才能够进行分配。辅助生产耗费的分配，是指按照一定的标准和方法，将辅助生产耗费分配到各受益单位或产品上去的过程。分配的及时性和准确性影响到基本生产产品成本、期间费用以及经营成果核算的及时性和准确性。辅助生产耗费分配的核算是辅助生产耗费核算的关键。

第二节　辅助生产耗费的归集

一、账户的设置和归集的程序

辅助生产耗费的归集和分配是通过“辅助生产成本”账户进行的。该账户同“基本生产成本”账户一样，一般应按辅助生产车间、车间下再按产品或劳务种类设置明细账，账中按照成本项目或耗费项目设立专栏进行明细核算。辅助生产发生的各项生产耗费，应记入该账户的借方进行归集。

辅助生产耗费归集的程序有两种，相应地，“辅助生产成本”明细账的设置方式也有两种。两者的区别在于辅助生产车间制造费用归集的程序不同。

在一般情况下，辅助生产车间的制造费用应先通过“制造费用（辅助生产）”账户进行单独归集，然后将其转入相应的“辅助生产成本”明细账，从而计入辅助生产产品或劳务的成本。在这种情况下，“辅助生产成本”明细账以及“制造费用（辅助生产）”明细账的设置方式如表 4-1、表 4-2 所示。

表 4-1　辅助生产成本明细账

车间名称：机修车间　　　　单位：元

月	日	摘　要	原材料	燃料及动力	职工薪酬费	制造费用	合计	转出
6	30	根据原材料耗费分配表	240				240	
6	30	根据外购动力费分配表		240			240	

续表

月	日	摘　要	原材料	燃料及动力	职工薪酬费	制造费用	合计	转出
6	30	根据职工薪酬费分配表			342		342	
6	30	待分配费用小计	240	240	342		822	
6	30	根据辅助生产分配表						1 845
6	30	根据制造费用（辅助生产）分配表				1 023	1 023	
6	30	合　计	240	240	342	1 023	1 845	1 845

表 4－2　制造费用（辅助生产）明细账

车间名称：机修车间　　　　单位：元

月	日	摘　要	职工薪酬费	机物料消耗	水电费	折旧费	修理费	劳动保护费	办公费	其他	合计	转出	余额
6	30	根据付款凭证汇总表						140	120	85	345		
6	30	根据原材料耗费分配表		70							70		
6	30	根据外购动力费分配表			80						80		
6	30	根据职工薪酬费分配表	228								228		
6	30	根据折旧耗费分配表				300					300		
6	30	待分配耗费小计	228	70	80	300		140	120	85	1 023		1 023
6	30	根据制造费用(辅助生产)分配表										1 023	
6	30	合　计	228	70	80	300		140	120	85	1 023	1 023	0

提示音

请比较“制造费用（辅助生产）”账户与本书第五章中“制造费用（基本生产）”账户的核算内容、用途、结构之间的异同。

在辅助生产车间规模很小、制造费用很少，而且辅助生产不对外提供商品，因而不需要按照规定的成本项目计算产品成本的情况下，为了简化核算工作，辅助生产车间的制造费用可以不通过“制造费用（辅助生产）”明细账单独归集，而是直接记入“辅助生产成本”明细账。这时，将产品的成本项目和制造费用的费用项目结合起来，设置“辅助生产成本”明细账，其格式如表 4－3、表 4－4 所示。

表 4-3　辅助生产成本明细账

辅助车间：供电　　　　单位：元

月	日	摘　要	原材料	动力	职工薪酬费	折旧费	修理费	保险费	其他	合计	转出
6	30	根据原材料费分配表	450							450	
6	30	根据外购动力费分配表		1 500						1 500	
6	30	根据职工薪酬费分配表			456					456	
6	30	根据折旧费分配表				1 200				1 200	
6	30	根据待摊耗费分配表						65		65	
6	30	修理、办公等支出（付款凭证第×号）					540		529	1 069	
6	30	根据辅助生产成本分配表									4 740
6	30	合　计	450	1 500	456	1 200	540	65	529	4 740	4 740

表 4-4　辅助生产成本明细账

辅助车间：供水　　　　单位：元

月	日	摘　要	原材料	动力	职工薪酬费	折旧费	修理费	保险费	其他	合计	转出
6	30	根据原材料费分配表	650							650	
6	30	根据外购动力费分配表		600						600	
6	30	根据职工薪酬费分配表			228					228	
6	30	根据折旧费分配表				200				200	
6	30	根据待摊耗费分配表						60		60	
6	30	修理、办公等支出（付款凭证第×号）					160		167	327	
6	30	根据辅助生产成本分配表									2 065
6	30	合　计	650	600	228	200	160	60	167	2 065	2 065

二、辅助生产耗费归集的账务处理

（一）设置“制造费用（辅助生产）”账户的情况

如果企业设置专门的“制造费用（辅助生产）”明细账归集辅助生产车间发生的制造费用，那么对于在“辅助生产成本”明细账中设有专门成本项目的辅助生产耗费，如原材料费、动力费、职工薪酬费等，应记入“辅助生产成本”总账和所属明细账相应成本项目的借方，其中，直接计入耗费应直接计入，间接计入耗费则需分配计入；对于未专设成本项目的辅助生产耗费，先计入“制造费用（辅助生产）”账户归集，然后月末再从该账户的贷方直接转入（一种产品或劳务）或分配转入（多种产品或劳务）“辅助生产成本”总账和所属明细账的借方。

（二）不设置“制造费用（辅助生产）”账户的情况

在这种情况下，“辅助生产成本”总账和明细账内按若干耗费项目设置专栏。对于发生的各种辅助生产耗费，可直接计入或间接分配计入“辅助生产成本”总账以及所属明细账的相应耗费项目。

第三节　辅助生产耗费的分配

辅助生产车间既可能生产产品又可能提供劳务。所生产的产品，如工具、模具、修理用备件等，应在产品完工时，从“辅助生产成本”账户的贷方分别转入“周转材料”“原材料”等账户的借方；而提供的劳务作业，如供水、供电、修理和运输等，其发生的辅助生产耗费通常于月末在各受益单位之间按照一定的标准和方法进行分配后，从“辅助生产成本”账户的贷方转入“基本生产成本”“制造费用”“管理费用”“销售费用”“在建工程”等有账户的借方。

辅助生产提供的劳务主要是为基本生产车间和企业管理部门使用和服务的，但在某些辅助生产车间之间也有相互提供劳务的情况，如修理车间为供电车间修理设备，供电车间也为修理车间提供电力。这样，为了计算修理车间的修理成本，就要确定耗用的供电车间的电费；为了计算供电车间的供电成本，又要确定耗用的修理车间的修理费。因此，为了正确地计算辅助生产产品和劳务的成本，并将辅助生产费用正确地分配给各受益单位，在分配辅助生产耗费时，需要在各辅助生产车间之间进行耗费的交互分配。

辅助生产耗费的分配是通过编制辅助生产费用分配表进行的。通常采用的辅助生产耗费的分配方法有：直接分配法、顺序分配法、交互分配法、代数分配法和计划成本分配法。

一、直接分配法

直接分配法，是指各辅助生产车间发生的耗费直接分配给除辅助生产车间以外的各受益产品、单位，而不考虑各辅助生产车间之间相互提供产品或劳务的情况。

［例 4－1］ 某企业有供水和供电两个辅助生产车间，主要为本企业基本生产车间和行政管理部门等服务，根据“辅助生产成本”明细账（见表 4－3、表 4－4 所示）汇总的资料，供水车间本月发生费用为 2 065 元，供电车间本月发生费用为 4 740 元。各辅助生产车间供应产品或劳务数量如表 4－5 所示。

表 4-5　某企业辅助生产车间供应产品或劳务数量资料

受益单位	耗水（立方米）	耗电（度）
基本生产——丙产品		10 300
基本生产车间	20 500	8 000
辅助生产车间——供电	10 000	
——供水		3 000
行政管理部门	8 000	1 200
专设销售机构	2 800	500
合　计	41 300	23 000

采用直接分配法编制的辅助生产耗费分配表如表 4-6 所示。

表 4-6　辅助生产耗费分配表

（直接分配法）

金额单位：元

项目		供水车间	供电车间	合　计
待分配辅助生产耗费（元）		2 065	4 740	6 805
供应辅助生产以外的劳务数量		31 300（立方米）	20 000（度）	—
单位成本（分配率）		0.066	0.237	—
基本生产——丙产品	耗用数量		10 300	—
	分配金额		2 441.10	2 441.1
基本生产车间	耗用数量	20 500	8 000	—
	分配金额	1 353	1 896	3 249
行政管理部门	耗用数量	8 000	1 200	—
	分配金额	528	284.40	812.40
专设销售机构	耗用数量	2 800	500	—
	分配金额	184	118.50	302.50
合　计		2 065	4 740	6 805

按下列公式计算：

$$\text{单位成本（分配率）}=\frac{\text{待分配辅助生产耗费}}{\text{辅助生产劳务总量}-\text{其他辅助生产劳务耗用量}}$$

$$\text{水单位成本（分配率）}=\frac{2\ 065}{41\ 300-10\ 000}\approx 0.066\text{（元/立方米）}$$

$$\text{电单位成本（分配率）}=\frac{4\ 740}{23\ 000-3\ 000}=0.237\text{（元/度）}$$

根据辅助生产耗费分配表编制会计分录：

借：基本生产成本——丙产品　　　　2 441.10

制造费用（基本生产） 3 249

管理费用 812.40

销售费用 302.50

贷：辅助生产成本——供水 2 065

——供电 4 740

分配后的辅助生产成本明细账如表 4－3、表 4－4 所示。从表 4－3、表 4－4 可以看出，按照直接分配法，辅助生产成本明细账所归集的辅助生产耗费是不完整的；供电车间归集的辅助生产耗费 4 740 元，就没有包括它耗用的供水车间提供的水费；供水车间归集的辅助生产耗费 2 065 元，同样没有包括它耗用的供电车间提供的电费。

采用直接分配法，由于各辅助生产耗费只是进行对外分配，分配一次，计算工作简便。但当辅助生产车间相互提供产品或劳务量差异较大时，分配结果往往与实际不符，因此，这种分配方法只适宜在辅助生产内部相互提供产品或劳务不多、不进行耗费的交互分配对辅助生产成本和产品制造成本影响不大的情况下采用。

二、顺序分配法

顺序分配法，是指各辅助生产车间之间的耗费分配是按照受益多少的顺序依次排列，受益少的排在前，先将耗费分配出去，受益多的排在后，后将耗费分配出去。采用这种方法，排在前面的辅助生产车间分配给排在它后面的辅助生产车间，而排在后面的辅助生产车间却不分配给排在它前面的辅助生产车间。例如，该企业有供电和供水两个辅助生产车间，供电车间耗用水较少，而供水车间耗用电较多（可以按照计划单位成本计算费用的金额，然后通过比较费用确定次序），这样就可以按照供电、供水的顺序排列，先分配电费，再分配水费，结果是供电车间分配给供水车间，供水车间却不分配给供电车间。

［例 4－2］ 承例 4－1 的资料，按顺序分配法编制的辅助生产耗费分配表如表 4－7 所示。

表 4－7 辅助生产耗费分配表

（顺序分配法）

项目	辅助生产车间						基本生产				行政管理部门		专设销售机构		分配金额合计
	供电车间			供水车间			丙产品		基本生产车间						
车间部门	劳务量(立方米)	待分配费用	分配率	劳务量（度）	待分配费用	分配率	耗量	分配金额	耗量	分配金额	耗量	分配金额	耗量	分配金额	
	23 000	4 740		41 300	2 065										6 805
分配电费	－23 000	－4 740	0.21	3 000	630		10 300	2 163	8 000	1 680	1 200	252	500	15	4 740
分配水费				31 300	2 695	0.086			20 500	1 763	8 000	688	2 800	244	2 695
				分配金额合计				2 163		3 443		940		259	6 805

电费分配率＝4 740/(3 000＋10 300＋8 000＋1 200＋500)≈0.21

水费分配率＝(2 065＋630)/(20 500＋8 000＋2 800)≈0.086

根据辅助生产耗费分配表编制会计分录：

（1）分配电费。

借：辅助生产成本——供水车间	630	
基本生产成本——丙产品	2 163	
制造费用（基本生产）	1 680	
管理费用	252	
销售费用	15	
贷：辅助生产成本——供电车间		4 740

（2）分配水费。

借：制造费用（基本生产）	1 763	
管理费用	688	
销售费用	244	
贷：辅助生产成本——供水车间		2 695

提示音

大家可以按照上述分配结果登记表 4－3、表 4－4，比较一下与按照直接分配法登记的结果的不同。

上列辅助生产耗费分配表的下线呈梯形，因而这种分配方法也称梯形分配法。采用这种分配方法，各种辅助生产耗费虽然也只分配一次，但是它既分配给辅助生产以外的受益单位，又分配给排列在后面的其他辅助生产车间、部门，因而分配结果的正确性和计算的工作量都有所增加。由于排列在前面的辅助生产车间、部门不负担排列在后面的辅助生产车间、部门的耗费，因而分配结果的正确性仍然受到一定的影响。这种分配方法只宜在各辅助生产车间、部门之间相互受益程度有着明显顺序的企业中采用。

三、交互分配法

交互分配法对各辅助生产车间的耗费进行两次分配。首先，根据辅助生产车间、部门相互提供的产品或劳务的数量和交互分配前的单位成本（耗费分配率），在各辅助生产车间之间进行一次交互分配；然后，将各辅助生产车间、部门交互分配后的实际耗费（交互分配前的耗费加上交互分配转入的耗费，减去交互分配转出的耗费），再按提供产品或劳务的数量和交互分配后的单位成本（费用分配率），在辅助生产车间、部门以外的各受益单位进行分配。

［例 4－3］ 仍以例 4－1 的资料，按交互分配法编制辅助生产耗费分配表，如表 4－8 所示。

表 4-8 辅助生产耗费分配表

（交互分配法）

金额单位：元

<table>
<tr><td colspan="2" rowspan="2">项目</td><td colspan="3">供水车间</td><td colspan="3">供电车间</td><td rowspan="2">合 计</td></tr>
<tr><td>数量</td><td>单位成本（费用分配率）</td><td>分配金额</td><td>数量</td><td>单位成本（费用分配率）</td><td>分配金额</td></tr>
<tr><td colspan="2">待分配辅助生产耗费</td><td>41 300</td><td>0.05</td><td>2 065</td><td>23 000</td><td>0.21</td><td>4 740</td><td>6 805</td></tr>
<tr><td rowspan="2">交互分配</td><td>辅助生产——供水</td><td></td><td></td><td></td><td>3 000</td><td></td><td>630</td><td></td></tr>
<tr><td>辅助生产——供电</td><td>10 000</td><td></td><td>500</td><td></td><td></td><td></td><td></td></tr>
<tr><td colspan="2">对外分配的辅助生产费用</td><td>31 300</td><td>0.070 1</td><td>2 195</td><td>20 000</td><td>0.230 5</td><td>4 610</td><td>6 805</td></tr>
<tr><td rowspan="5">对外分配</td><td>基本生产——丙产品</td><td></td><td></td><td></td><td>10 300</td><td></td><td>2 374.15</td><td>2 374.15</td></tr>
<tr><td>基本生产车间</td><td>20 500</td><td></td><td>1 437.05</td><td>8 000</td><td></td><td>1 844</td><td>3 281.05</td></tr>
<tr><td>行政管理部门</td><td>8 000</td><td></td><td>560.80</td><td>1 200</td><td></td><td>276.60</td><td>837.40</td></tr>
<tr><td>专设销售机构</td><td>2 800</td><td></td><td>197.15</td><td>500</td><td></td><td>115.25</td><td>312.40</td></tr>
<tr><td>合 计</td><td>31 300</td><td></td><td>2 195</td><td>20 000</td><td></td><td>4 610</td><td>6 805</td></tr>
</table>

表 4-8 中计算分配如下：

（1）交互分配前的单位成本：

水单位成本（分配率）＝2 065/41 300＝0.05

电单位成本（分配率）＝4 740/23 000≈0.21

（2）交互分配：

供水车间分配到的电费＝3 000×0.21＝630（元）

供电车间分配到的水费＝10 000×0.05＝500（元）

（3）各辅助车间需要对外分配的辅助生产耗费：

供水车间＝2 065＋630－500＝2 195（元）

供电车间＝4 740＋500－630＝4 610（元）

（4）交互分配后的单位成本（对外分配单位成本）：

水单位成本＝2 195/31 300≈0.070 1

电单位成本＝4 610/20 000＝0.230 5

（5）对外分配：

基本生产——丙产品分配的电费＝10 300×0.230 5＝2 374.15（元）

基本生产车间分配的电费＝8 000×0.230 5＝1 844（元）

基本生产车间分配的水费＝20 500×0.070 1＝1 437.05（元）

行政管理部门分配的电费＝1 200×0.230 5＝276.60（元）

行政管理部门分配的水费＝8 000×0.070 1＝560.80（元）

销售部门分配的电费＝500×0.230 5＝115.25（元）

销售部门分配的水费＝2 195－(1 437.05＋560.80)＝197.15（元）

提示音

如果按照交互分配法的分配结果重新登记表 4－3、表 4－4，那么可以发现，供电、供水车间归集的辅助生产耗费分别包含了对方提供的水费或电费，与直接分配法相比，这样归集的辅助生产耗费是完整的。

采用交互分配法，由于辅助生产内部相互提供劳务全部进行了交互分配，因而提高了分配结果的正确性；但由于各种辅助生产耗费都要计算两个耗费分配率，进行两次分配，因而增加了核算工作量；由于交互分配的费用分配率（单位成本）是根据交互分配前的待分配耗费计算，而这个待分配耗费作为辅助生产费用是不完整的，所以据此计算的分配结果仍不十分精确。在各月辅助生产费用水平相差不大的情况下，为了简化计算工作，可以用上月的辅助生产耗费分配率作为交互分配的分配率。

四、代数分配法

代数分配法，是运用代数中多元一次联立方程的原理，在辅助生产车间之间相互提供产品或劳务情况下的一种辅助生产成本耗费的分配方法。采用这种分配方法，首先，应根据各辅助生产车间相互提供产品和劳务的数量和金额，建立并求解联立方程，计算出辅助生产产品或劳务的单位成本；然后，根据各受益单位（包括辅助生产内部和外部各单位）耗用产品或劳务的数量和单位成本，计算分配辅助生产耗费。

［例 4－4］ 仍以例 4－1 的资料，假设 x 是每立方米水的成本，y 是每度电的成本，列联立方程式如下：

$$\begin{cases}2\ 065+3\ 000y=41\ 300x\\4\ 740+10\ 000x=23\ 000y\end{cases}$$

解得 $\begin{cases}y=0.235\ 26\\x=0.067\ 1\end{cases}$

用代数分配法编制辅助生产耗费分配表，如表 4－9 所示。

根据辅助生产耗费分配表编制会计分录：

借：辅助生产成本——供电　671

　　　　　　　　——供水　705.78

　　基本生产成本——丙产品　2 423.18

　　制造费用（基本生产）　3 257.63

　　管理费用　819.11

　　销售费用　305.51

　贷：辅助生产成本——供水　2 771.23

　　　　　　　　　——供电　5 410.98

表 4-9 辅助生产耗费分配表

（代数分配法）

项目	计量单位	单位成本分配	耗费合计	辅助生产				基本生产				行政管理部门		专设销售机构	
				供水车间		供电车间		丙产品		基本生产车间					
				数量	金额	数量	金额	数量	金额	数量	金额	数量	金额	数量	金额
待分配辅助生产耗费			6 805	41 300	2 065	23 000	4 740								
耗费分配 供水车间	立方米	0.067 1	2 771.23			10 000	671			20 500	1 375.55	8 000	536.80	2 800	187.88
供电车间	度	0.235 26	5 410.98	3 000	705.78			10 300	2 423.18	8 000	1 882.08	1 200	282.31	500	117.63
合　计			8 182.21		705.78		671		2 423.18		3 257.63		819.11		305.51

提示音

大家同样可以按照上述代数分配法的分配结果登记表4-3、表4-4，然后对照与按照其他分配方法登记的结果有什么异同之处。

采用代数分配法分配辅助生产耗费，分配结果最正确。但在辅助生产车间较多的情况下，未知数较多，计算复杂，因而这种分配方法适宜在计算工作已经实现电算化的企业采用。

五、计划成本分配法

计划成本分配法，是指辅助生产车间生产的产品或劳务，按照事先制定的计划单位成本计算、分配辅助生产耗费的方法。辅助生产为各受益单位（包括其他辅助生产车间）提供的产品或劳务一律按产品或劳务的实际耗用量和计划单位成本进行分配；辅助生产车间实际发生的耗费（包括辅助生产交互分配转入的耗费在内），与按计划单位成本分配转出的耗费之间的差额，也就是辅助生产产品或劳务的成本差异，可以追加分配给辅助生产以外的各受益单位，为了简化计算工作，也可以全部记入“管理费用”账户。

[例4-5] 某企业有关耗费资料详见表4-10。假设该企业辅助生产车间的制造费用通过单设“制造费用（辅助生产）”账户核算。

表4-10 某企业有关耗费资料表

单位：元

辅助生产车间名称		修理车间	运输车间
辅助生产待分配耗费	“辅助生产成本”账户	7 800	3 900
	“制造费用（辅助生产）”账户	1 600	900
	小 计	9 400	4 800
供应劳务数量		18 800（工时）	16 000（吨公里）
计划单位成本		0.52	0.28
耗用劳务数量	修理车间		1 000
	运输车间	800	
	基本生产车间	13 800	7 500
	行政管理部门	2 200	3 500
	销售部门	2 000	4 000

根据上列资料采用按计划成本分配法编制辅助生产耗费分配表，如表4-11所示。

表4-11 辅助生产耗费分配表

（按计划成本分配法）

金额单位：元

辅助生产车间名称		修理车间	运输车间	合 计
待分配辅助生产耗费	“辅助生产成本”账户发生额	7 800	3 900	11 700
	“制造费用（辅助生产）”账户发生额	1 600	900	2 500
	小 计	9 400	4 800	14 200

续表

辅助生产车间名称			修理车间	运输车间	合 计
供应劳务数量（单位：修理—工时，运输—吨公里）			18 800	16 000	
计划单位成本			0.52	0.28	
制造费用（辅助生产）	修理车间	耗用数量		1 000	
		分配金额		280	280
	运输车间	耗用数量	800		
		分配金额	416		416
制造费用（基本生产）	××生产车间	耗用数量	13 800	7 500	
		分配金额	7 176	2 100	9 276
管理费用	企业行政管理部门	耗用数量	2 200	3 500	
		分配金额	1 144	980	2 124
销售费用	专设销售机构	耗用数量	2 000	4 000	
		分配金额	1 040	1 120	2 160
按计划成本分配合计			9 776	4 480	14 256
辅助生产实际成本			9 680	5 216	14 896
辅助生产成本差异			－96	＋736	＋640

辅助生产实际成本：

修理车间实际成本＝9 400＋280＝9 680（元）

运输车间实际成本＝4 800＋416＝5 216（元）

编制会计分录如下：

（1）按计划成本分配：

借：制造费用（辅助生产）——修理车间　　280
　　　　　　　　　　　　——运输车间　　416
　　制造费用（基本生产）——××生产车间　　9 276
　　管理费用　　2 124
　　销售费用　　2 160
　贷：辅助生产成本——修理车间　　9 776
　　　　　　　　　——运输车间　　4 480

（2）结转辅助车间的制造费用：

借：辅助生产成本——修理车间　　1 880
　　　　　　　　——运输车间　　1 316
　贷：制造费用（辅助生产）——修理车间　　1 880
　　　　　　　　　　　　　——运输车间　　1 316

（3）结转辅助生产成本差异，为了简化核算，辅助生产成本差异记入“管理费用”

账户：

借：管理费用　640

　贷：辅助生产成本——修理车间　[96]

　　　　　　　　——运输车间　736

注：□表示红字。

采用计划成本分配法，各种辅助生产耗费只分配一次，且劳务的计划单位成本已事先确定，因而简化和加速了计算分配工作；通过辅助生产成本节约或超支数额的计算，还能反映和考核辅助生产成本计划的执行情况。此外，按照计划单位成本分配，排除了辅助生产实际耗费的高低对各受益单位成本费用的影响，便于考核和分析各受益单位的经济责任。但是采用这种分配方法必须具备比较正确的计划成本资料。

将辅助生产耗费进行归集和分配以后，应计入本月产品成本和期间费用的各种耗费，都已分别归集在“基本生产成本”“制造费用（基本生产）”“管理费用”“销售费用”“财务费用”等总账和所属明细账的借方，其中记入“基本生产成本”总账借方的基本生产费用已在各产品成本明细账的本月发生额中按有关的成本项目反映。

【历史浏览】

按照以下提示回顾本章内容：

1. 辅助生产耗费按照辅助生产车间以及产品和劳务类别归集的过程，也是辅助生产产品和劳务成本计算的过程；辅助生产耗费的归集是为辅助生产费用分配所做的准备。

2. 辅助生产车间的制造费用可以先通过“制造费用（辅助生产）”账户进行单独归集，然后将其转入相应的“辅助生产成本”明细账，从而计入辅助生产产品或劳务的成本。为了简化核算工作，辅助生产车间的制造费用可以不通过“制造费用（辅助生产）”明细账单独归集，而是直接记入“辅助生产成本”明细账，这时，将产品的成本项目和制造费用的耗费项目结合起来，设置“辅助生产成本”明细账。

3. 通常采用的辅助生产耗费的分配方法有：直接分配法、顺序分配法、交互分配法、代数分配法和计划成本分配法。

4. 直接分配法没有在辅助生产车间之间进行分配；顺序分配法在辅助生产车间之间进行的分配是单向分配；交互分配法、代数分配法和计划成本分配法在辅助生产车间之间进行的分配是相互分配，比较符合实际情况，其中代数分配法的结果最准确。

【复习思考题】

1. 什么是辅助生产耗费的归集和分配？其意义是什么？

2. “辅助生产成本”账户有哪几种设置方式？各有什么优缺点？

3. 辅助生产车间的作用是什么？在什么情况下辅助生产耗费不需要分配？

4. 在直接分配法之下，“辅助生产成本”账户归集的辅助生产耗费是完整的吗？为什么？

5. 在顺序分配法之下，辅助生产车间之间如何排列次序？为什么要排列次序？

6. 在交互分配法之下，交互分配率和对外分配率分别如何计算？为什么？

7. 代数分配法为什么是五种分配法中分配结果最准确的一种？

8. 在计划分配法之下，“计划成本”和“实际成本”分别如何确定？其差额如何处理？

第五章

制造费用(基本生产)的归集和分配

【学习导航】

⊙ 了解制造费用（基本生产）各项目的含义；
⊙ 掌握制造费用（基本生产）明细账的结构和设置方式；
⊙ 掌握制造费用（基本生产）的归集的账务处理；
⊙ 掌握制造费用（基本生产）的分配方法。

第一节　制造费用（基本生产）的归集

一、什么是制造费用（基本生产）

制造费用（基本生产），是指企业内部基本生产车间（包括分厂）为生产产品或提供劳务而发生的，应该计入产品成本，但没有专设成本项目的各项生产耗费。其具体内容应视产品成本项目的设置而定。比如，如果设置直接材料、直接人工、制造费用三个成本项目，那么，制造费用包括基本生产车间（包括分厂）为生产产品或提供劳务而发生的，除了直接材料、直接人工以外的各项生产耗费。如果设置直接材料、直接人工、燃料及动力、制造费用四个成本项目，那么，制造费用包括基本生产车间（包括分厂）为生产产品或提供劳务而发生的，除了直接材料、直接人工、燃料及动力以外的各项生产耗费。

提示音

请注意比较制造费用（基本生产）与制造费用（辅助生产）之间的区别。

制造费用（基本生产）包括的内容比较复杂，具体可划分为以下三类：

（1）间接材料费，是指企业内部各基本生产车间（包括分厂）耗用的一般性消耗材料，如机物料消耗、周转材料摊销。

（2）间接人工费，是指企业内部各基本生产车间（包括分厂），除生产工人之外的管理人员、工程技术人员、车间辅助人员、清洁工、维修工、搬运工等的工资及按上述人员工资的一定比例提取的福利费及其他薪酬。

（3）其他制造费用，是指企业内部各基本生产车间（包括分厂）发生的除了上述两项以外的制造费用，包括房屋、建筑物、机器设备的折旧费、修理费、租赁费和保险费，取暖费，水电费，办公费，差旅费，运输费，设计制图费，试验检验费，劳动保护费，季节性停工和生产用固定资产修理期间的停工损失等。

根据制造费用的内容可以看出，制造费用中大部分属于间接生产耗费，如机物料消耗、分厂或车间辅助人员的职工薪酬费，但也包含一部分管理上不要求单独核算也没有专设成本项目的直接生产耗费，如机器设备的折旧费、修理费，没有专设成本项目的生产工艺用燃料和动力。

二、“制造费用（基本生产）”账户的设置

为了反映企业在一定时期内发生的制造费用（基本生产）及其分配情况，应设置“制造费用（基本生产）”账户，该账户借方反映企业一定时期内发生的全部制造费用（基本生产），贷方反映制造费用（基本生产）的分配，月末一般无余额。

为了满足管理上的需要，有利于对基本生产车间（包括分厂）发生的制造费用进行监督和控制，有利于分析和考核制造费用预算的执行情况，应分别基本生产车间和分厂设置制造费用（基本生产）明细账，反映各基本生产车间和分厂制造费用的发生和分配情况。在制造费用（基本生产）明细账中，应按照耗费的明细项目设置专栏进行明细核算。

我国现行企业会计制度列举的制造费用明细项目如下：

（1）工资，是指各分厂、基本生产车间管理人员以及非生产工人的其他人员工资。

（2）职工福利费及其他薪酬，是指企业根据国家规定，按照分厂和基本生产车间管理人员及其他人员工资的一定比例提取的职工福利费及其他薪酬。

（3）折旧费，是指分厂和基本生产车间对其所使用的固定资产，按照国家规定采用一定的折旧方法计算提取的固定资产折旧费。

（4）修理费，是指分厂和基本生产车间对其所使用的固定资产进行修理（包括大修理和经常性修理）发生的耗费。如果固定资产大修理采用待摊或预提方法进行核算，则应指固定资产大修理的摊销耗费或预提耗费。此外，分厂和基本生产车间使用的周转材料发生的修理费也应包括在本明细项目内。

（5）办公费，是指分厂和基本生产车间为管理和组织生产活动而支付的印刷费、邮电

通信费以及文具等办公用品的购置费等。

（6）水电费，是指分厂和基本生产车间耗用的水电费。一般包括照明用电、传动用电等非工艺性消耗的水电费，对于工艺性消耗的水电费。应作为直接成本直接计入产品制造成本中的直接材料成本项目内。但如果工艺性消耗的水电费用数额不大，在产品制造成本中所占比重很小，为了简化核算工作，也可作为间接耗费处理，计入水电费明细项目内。

（7）租赁费，是指分厂和基本生产车间租入固定资产所支付的租金。如果租入固定资产的租金是一次支付，而固定资产是跨期使用的，则租赁费应指固定资产租金的摊销耗费或预提耗费。对于融资租入固定资产支付的租赁费不应包括在本明细项目内，而作为长期应付款的减少。

（8）取暖费，是指分厂和基本生产车间范围内，为保证生产活动能正常进行而消耗的取暖费。但支付给职工的取暖津贴费属于工资性质，如支付给生产工人的取暖津贴应作为直接工资直接计入成本，支付给分厂、基本生产车间管理人员的取暖津贴应列入工资明细项目。

（9）机物料消耗，是指分厂和基本生产车间为维护生产设备和保持正常的生产环境所消耗的各种材料。修理用和劳动保护用材料不包括在本明细项目内。

（10）保险费，是指分厂和基本生产车间为使用的财产物资投保而支付的保险费。

（11）周转材料摊销，是指分厂和基本生产车间所使用的低值易耗品的摊销费。

（12）劳动保护费，是指分厂和基本生产车间所发生的各种劳动保护费用，如不构成固定资产的安全装置费、卫生设备费、通风设备费，发放的工作服、工作鞋、手套等劳动保护用品以及为劳动保护耗用的其他各种材料等。

（13）试验检验费，是指分厂和基本生产车间对材料、在产品、产成品进行化验、分析、检验等所发生的耗费。分厂实验室和检验部门所耗用的材料以及委托外单位进行检查试验所支付的耗费等都应包括在本明细项目内。

（14）设计制图费，是指分厂和基本生产车间设计部门的日常经费、购置图纸和制图用品等耗费，以及委托外单位设计制图而支付的耗费等。

（15）差旅费，是指分厂和基本生产车间的职工因公外出而发生的各种差旅费和市内交通费，以及按国家规定准予报销的探亲交通费。

（16）会议费，是指分厂和基本生产车间召开会议按规定准予支付的各种耗费，如会议伙食补助费、住宿费、会场租赁费、会议交通费以及其他杂费等。

（17）运输费，是指分厂和基本生产车间应负担的厂内运输部门和厂外运输单位所提供运输劳务的耗费。

（18）仓库经费，是指属于分厂和基本生产车间管理的材料、半成品、产成品仓库为进行材料、产品的保管、整理等发生的耗费。一般包括仓库日常的经费和所耗用的材料等其他各种耗费。

（19）警卫消防费，是指分厂和基本生产车间警卫、消防部门的日常经费、消防器械维护费以及警卫、消防所耗用的各种材料、物资等。

由于不同行业、企业生产特点和管理要求不同，制造费用构成内容不同，因此各行业、企业可以参照国家会计制度的规定设置不同的明细项目。但是，为了便于各企业之间以及企业不同时期之间进行制造费用的比较分析和评价考核，同行业的明细项目应力求统一，同时一旦确定了明细项目，就不宜随意变更。制造费用（基本生产）明细账的格式如表5-1所示。

表5-1 制造费用（基本生产）明细账

分厂或生产车间名称：

202×年		凭证号	摘要	借方										贷方	余额
月	日			职工薪酬费	折旧费	修理费	办公费	水电费	机物料消耗	低值易耗品摊销	保险费	其他	小计		
略	略														
			合计												
			本月分配转出												

三、制造费用（基本生产）归集的账务处理

制造费用归集的账务处理，按其记账依据不同可分为两种情况：

（1）直接以现金、银行存款支付并计入当期制造费用的办公费、差旅费、劳动保护费等，应根据付款凭证或据以编制的其他耗费分配表，借记“制造费用（基本生产）”账户，贷记“银行存款”“现金”账户。

（2）机物料消耗、外购动力费、职工薪酬费、折旧费、修理费等直接以现金、银行存款支付的制造费用，月末应根据转账凭证及汇总编制的各种耗费分配表，借记“制造费用（基本生产）”账户，贷记“原材料”“应付职工薪酬”“累计折旧”“其他应付款”“待摊耗费”等账户。

需要指出的是：（1）辅助生产车间发生的辅助生产耗费，如果辅助生产的制造费用是通过“制造费用（辅助生产）”账户单独核算，则应比照基本生产车间制造费用进行核算；如果辅助生产的制造费用不通过“制造费用（辅助生产）”账户单独核算，应将其全部记入“辅助生产成本”账户。（2）归集在“制造费用（基本生产）”账户借方的各生产单位当月发生的制造费用，月末应将各项费用发生额的合计数，分别与其预算数进行比较，以查明制造费用预算的执行情况。

下面举例说明制造费用（基本生产）归集的账务处理：

（1）大华公司铸造车间本月发生的工资费用24 000元，应付福利费3 360元。月末根据职工薪酬费分配表，编制如下会计分录：

借：制造费用——铸造车间 27 360

　　贷：应付职工薪酬——应付工资 24 000

　　　　　　　　　　——应付福利费 3 360

（2）大华公司铸造车间本月固定资产应计提折旧费 65 200 元，应预提修理费 22 400 元。月末根据固定资产折旧分配表、预提项目分配表，编制如下会计分录：

借：制造费用（基本生产）——铸造车间　　87 600
　贷：累计折旧　　65 200
　　其他应付款　　22 400

（3）大华公司铸造车间本月签发转账支票购买办公用品 2 230 元，根据付款凭证，编制如下会计分录：

借：制造费用（基本生产）——铸造车间　　2 230
　贷：银行存款　　2 230

（4）大华公司本月 27 日以银行存款为铸造车间支付电费（照明用电）18 400 元，本企业辅助生产车间本月为铸造车间提供一般耗用水电费 5 380 元。根据付款凭证、辅助生产费用分配表，编制如下会计分录：

借：制造费用（基本生产）——铸造车间　　23 780
　贷：银行存款　　18 400
　　辅助生产成本　　5 380

（5）大华公司铸造车间本月耗用辅助生产材料 35 000 元，月末根据原材料费用分配表，编制如下会计分录：

借：制造费用（基本生产）——铸造车间　　35 000
　贷：原材料　　35 000

（6）大华公司铸造车间本月应摊销的周转材料价值为 1 060 元，月末根据待摊耗费分配表，编制如下会计分录：

借：制造费用（基本生产）——铸造车间　　1 060
　贷：待摊耗费　　1 060

（7）大华公司铸造车间本月应预提保险费 2 565 元，月末根据预提项目分配表，编制如下会计分录：

借：制造费用（基本生产）——铸造车间　　2 565
　贷：其他应付款　　2 565

（8）大华公司本月 28 日以银行存款为铸造车间支付其他耗费 3 500 元。根据付款凭证编制如下会计分录：

借：制造费用（基本生产）——铸造车间　　3 500
　贷：银行存款　　3 500

（9）大华公司月末将本月铸造车间发生的制造费用 183 095 元进行结转，转入基本生产成本账户，编制会计分录如下：

借：基本生产成本　　183 095
　贷：制造费用（基本生产）——铸造车间　　183 095

大华公司应根据以上经济业务，及时逐笔登记按车间和耗费项目开设的制造费用（基本生产）明细账，如表 5－2 所示。

表 5-2 制造费用（基本生产）明细账

铸造车间 单位：元

202×年		凭证号	摘要	借方										贷方	余额
月	日			职工薪酬费	折旧费	修理费	办公费	水电费	机物料消耗	周转材料摊销	保险费	其他耗费	小计		
略	略	略	分配职工薪酬费	27 360									27 360		
			计提折旧费		65 200								65 200		
			预提修理费			22 400							22 400		
			支付办公费				2 230						2 230		
			支付水电费					18 400					18 400		
			分配材料费						35 000				35 000		
			分配待摊耗费							1 060			1 060		
			预提保险费								2 565		2 565		
			支付其他耗费									3 500	3 500		
			分配辅助生产耗费					5 380					5 380		
			合　计	27 360	65 200	22 400	2 230	23 780	35 000	1 060	2 565	3 500	183 095		
			本月分配转出											183 095	0

第二节　制造费用（基本生产）的分配

一、制造费用（基本生产）分配的对象和标准

制造费用（基本生产）是产品生产成本的组成部分，因此，制造费用（基本生产）明细账借方所归集的制造费用，应分配到该车间或分厂所生产产品的基本生产成本明细账中的制造费用成本项目。在生产单一品种的车间或企业中，所归集的制造费用（基本生产）因只有一种产品承担，所以，制造费用可直接计入该种产品的生产成本中。在生产多种产品的车间或企业中，因制造费用有多个受益对象，所以应采用适当的方法对制造费用进行分配，分别计入各成本核算对象的生产成本中。某基本生产车间的制造费用，应在该基本生产车间生产的各产品间进行分配；分厂的制造费用应在该分厂所生产的全部产品间进行分配。

按照现行会计制度，制造费用（基本生产）通常采用的分配标准有：生产工人工时、机器工时、生产工人工资、直接材料成本、直接成本、标准产量等。

二、制造费用（基本生产）的分配方法

（一）实际分配率法

采用实际分配率法分配制造费用（基本生产），首先应分别各基本生产车间和分厂，归集本期发生的实际制造费用，并根据各基本生产车间和分厂的生产特点、制造费用的特性，选择分配标准，确定各基本生产车间、分厂耗用分配标准的总量；其次根据各基本生产车间、分厂耗用分配标准的总量，分别计算出各基本生产车间、分厂的制造费用分配率；最后根据制造费用分配率、各产品耗用的分配标准量，计算出各产品应分配的制造费用金额。其计算公式如下：

$$\frac{\text{某基本生产车间或}}{\text{分厂制造费用分配率}}=\frac{\text{该车间或分厂本期归集的制造费用总额}}{\text{该车间或分厂本期分配标准总量}}$$

$$\begin{matrix}\text{某种（批、步骤、类）产品}\\\text{应负担的车间或分厂制造费用}\end{matrix}=\begin{matrix}\text{该车间或分厂}\\\text{制造费用分配率}\end{matrix}\times\begin{matrix}\text{该种（批、步骤、类）}\\\text{产品耗用的分配标准}\end{matrix}$$

根据采用的分配标准不同，实际分配率法通常有生产工人工时比例分配法、生产工人工资比例分配法、机器工时比例分配法等。

1. 生产工人工时比例分配法

这种方法简称生产工时比例法，是按照各种产品所用生产工人实际工时的比例分配制造费用的方法。其计算公式如下：

$$\text{某车间或分厂制造费用分配率}=\frac{\text{该车间或分厂制造费用总额}}{\text{该车间或分厂产品生产工时总数}}$$

$$\text{某种产品应分配的制造费用}=\text{该种产品生产工时}\times\text{制造费用分配率}$$

[例 5-1]　假设某基本生产车间发生的制造费用总额为 21 000 元，基本生产车间甲

产品生产工时为 12 000 小时，乙产品生产工时为 8 000 小时，计算分配如下：

制造费用分配率＝21 000/(12 000＋8 000)＝1.05

甲产品制造费用＝12 000×1.05＝12 600（元）

乙产品制造费用＝8 000×1.05＝8 400（元）

按生产工时比例法编制制造费用分配表，如表 5－3 所示。

表 5－3　制造费用分配表

车间：　　　　　　　　　　　　　　　　　　　　　　　　　　　单位：元

应借科目	生产工时（小时）	分配金额（分配率：1.05）
基本生产成本——甲产品 ——乙产品	12 000 8 000	12 600 8 400
合　计	20 000	21 000

根据制造费用分配表，编制会计分录如下：

借：基本生产成本——甲产品　　12 600

　　　　　　　　——乙产品　　8 400

　贷：制造费用（基本生产）　　21 000

按照生产工时比例分配制造费用，可以使产品负担制造费用的多少与劳动生产率的高低联系起来，如果劳动生产率提高，单位产品生产工时减少，所负担的制造费用相应降低，因此按生产工人工时比例分配是较为常用的一种分配方法。但是，如果生产单位生产的各种产品的工艺过程机械化程度差异较大，制造费用中固定资产折旧费、修理费、租赁费所占比重较大，则以生产工人工时作为分配标准，会使工艺过程机械化程度较低的产品（耗用生产工时多）负担过多的制造费用，而工艺过程机械化程度较高的产品负担过少的制造费用，致使分配结果与制造费用的实际发生情况不相符合。因此，这种方法适用于机械化程度较低，或生产单位内生产的各产品工艺过程机械化程度大致相同的情况。

如果产品的工时定额比较准确，制造费用也可以按生产工人定额工时的比例进行分配。

2. 生产工人工资比例分配法

这种方法简称生产工资比例法，是按照计入各种产品成本的生产工人实际工资的比例分配制造费用的方法。其分配的计算公式为：

$$\text{某车间或分厂制造费用分配率}=\frac{\text{该车间或分厂制造费用总额}}{\text{该车间或分厂产品生产工人工资总额}}$$

$$\text{某种产品应负担的制造费用}=\text{该产品的生产工人工资数}\times\text{制造费用分配率}$$

由于工资费用分配表中有现成的生产工人工资的资料，因而采用这一分配方法核算工作很简便。但是采用这一方法，各种产品生产工艺过程机械化程度和产品加工技术等级应大致相同。因为，如果各种产品生产工艺过程的机械化程度不同，或者产品加工的技术等级不同，那么，采用这一分配标准，就会使生产工艺过程机械化程度低（用工多，生产工人工资费用高）、加工技术等级高（工资高）的产品负担较多的制造费用。而实际上，生产工艺过程机械化程度低的产品，应当少负担制造费用中的机器设备折旧费、维修费、租赁费和保险费等；而产品加工技术等级的高低只与工资高低有关，而与制造费用无关。

如果生产工人工资是按照生产工时比例分配计入各种产品成本的，那么，按照生产工人工资比例分配制造费用，实际上也就是按照生产工时比例分配制造费用。

3. 机器工时比例分配法

这是按照各种产品生产所用机器设备运转时间的比例分配制造费用的方法。这种方法适用于产品生产的机械化程度较高的车间。因为在这种车间的制造费用中，与机器设备使用有关的耗费比重比较大，而这一部分耗费与机器设备运转的时间有着密切的联系。采用这种方法必须具备各种产品所用机器工时的原始记录。

采用这种方法时，如果车间中机器设备的类型不一，为了提高分配结果的合理性，也可以将机器设备划分为若干类别，按照机器设备的类别归集和分配制造费用。对于价值较高、折旧和维修费用较大的高级、精密的机器设备还可以单独归集耗费，将归集的耗费在利用这一机器设备进行生产的各种产品之间按照机器工时比例进行分配。但这样做要增加一些核算工作量。

以上所讨论的实际分配率法都是以生产车间或分厂为分配单位，按照某一选定的单一分配标准来分配制造费用，即分配制造费用时只有一个分配标准、一个分配率，各产品均按照该分配率计算各自应负担的制造费用。这种分配也称为单一分配标准的分配。但是，应当注意，选择任何一种单一的分配标准分配制造费用都带有局限性。因为制造费用的成分复杂，其组成内容中包含性质和用途完全不同的耗费，如机器设备折旧费、修理费、租赁费、动力费等属于与产品生产工艺过程有直接关系的制造费用，而管理人员工资、差旅费、办公费等则属于组织和管理性质的制造费用。

为了克服单一分配标准在分配制造费用方面合理性、准确性较差的问题，可以采用联合分配的方法。所谓联合分配，是指根据各生产车间或分厂制造费用中各项目的特性，将制造费用分为若干类别，然后分别不同类别的制造费用，选择各自恰当的分配标准进行分配的制造费用分配方法，即几种分配标准联合使用的方法。采用联合分配方法，可以提高每一分配标准与所分配的制造费用之间的相关程度，提高制造费用分配结果的合理性和准确性。比如将机器设备折旧费、修理费、租赁费、动力费等归为一类，选择机器工时作为分配标准进行分配；将管理人员工资、职工福利费、差旅费、办公费、邮电费、劳动保护费等制造费用归为一类，选择生产工人工时作为分配标准进行分配。

此外，为了进一步提高制造费用分配的准确性，应用作业成本法的原理将制造费用的内容先按照不同的作业进行归集，从而核算出不同作业的成本，然后按照不同的作业动因，将作业成本分配到产品成本上去。

（二）计划分配率法

上述实际分配率法，直接分配各会计期间归集的制造费用的实际发生额，分配后“制造费用”账户期末无余额。显然，采用这种方法分配制造费用必须等到期末制造费用的实际发生额归集起来以后才能进行，这必然会影响到产品生产成本核算的及时性。另外，对于季节性生产企业，由于生产淡季和旺季的产量悬殊，而每期的实际制造费用有相当部分属于不随产量发生变化的固定制造费用，如折旧费、租赁费、保险费等，所以在按照实际分配率法分配制造费用时，淡季制造费用分配率高，从而使单位产品的成本升高，而旺季则相反。这样就产生了各月产品成本波动过大的问题。因此，为了能够及时分配制造费用和及时核算产品成本，以及解决季节性生产企业因采用实际分配率法分配制造费用使各月产品成本水平波动太大的问题，可以采用计划分配率法分配制造费用。

计划分配率法，是根据企业正常经营条件下的各生产车间或分厂的制造费用年度预算和年度计划产量的定额分配标准量，事先计算出各生产车间或分厂的制造费用计划分配率，然后根据计划分配率和各月实际产量的定额分配标准量，分配制造费用的一种分配方法。

年度计划产量的定额分配标准量等于根据全年计划产量乘以单位产量定额标准。例如，按年度计划产量和单位产量生产工人工时定额计算的全年生产工人定额工时数；按年度计划产量和单位产量机器工时定额计算的全年机器定额工时数；按年度计划产量和单位产量直接工资定额计算的全年直接工资定额等。

采用计划分配率法分配制造费用，假定以定额工时作为分配标准，其计算公式如下：

$$\text{某车间或分厂制造费用分配率}=\frac{\text{该车间或分厂年度制造费用预算总额}}{\text{该车间或分厂计划产量的定额工时数}}$$

$$\begin{array}{c}\text{某产品某月应负担}\\\text{某车间或分厂制造费用}\end{array}=\begin{array}{c}\text{该车间或分厂}\\\text{制造费用计划分配率}\end{array}\times\begin{array}{c}\text{该产品该月实际}\\\text{产量的定额工时数}\end{array}$$

提示音

在按照计划分配率法分配制造费用时，“制造费用”账户借方归集的是各月制造费用的实际发生额，贷方分配额则是按照计划分配率分配的，所以借贷方总会有一定的差额，对于这些差额月末不进行调整，而是逐月累计，待年终时一次分配计入12月份生产的各产品成本中。

[例5-2] 某车间全年制造费用预算55 000元；全年各种产品的计划产量为：甲产品2 600件，乙产品2 250件；单件产品的工时定额为甲产品5小时，乙产品4小时。10月份实际产量为：甲产品240件，乙产品150件；本月实际发生制造费用4 900元。“制造费用（基本生产）”账户10月份期初借方余额为200元。

（1）各种产品年度计划产量的定额工时：

甲产品年度计划产量的定额工时＝2 600×5＝13 000（小时）

乙产品年度计划产量的定额工时＝2 250×4＝9 000（小时）

（2）制造费用的年度计划分配率：

制造费用年度计划分配率＝55 000/(13 000＋9 000)＝2.5

（3）各种产品本月实际产量的定额工时：

甲产品本月实际产量的定额工时＝240×5＝1 200（小时）

乙产品本月实际产量的定额工时＝150×4＝600（小时）

（4）各种产品该月应分配的制造费用：

该月甲产品分配制造费用＝1 200×2.5＝3 000（元）

该月乙产品分配制造费用＝600×2.5＝1 500（元）

该车间10月份的实际制造费用为4 900元（即制造费用明细账的借方发生额），大于按该月实际产量和年度计划分配率分配转出的制造费用4 500元（即制造费用明细账的贷方发生额）。因此，采用这种分配方法时，“制造费用（基本生产）”账户既可能有借方余额，也可能有贷方余额，这种余额从性质上来看，与“基本生产成本”账户的余额相同。

根据上述资料及计算结果，登记10月份“制造费用（基本生产）”账户如表5-4所示。

表5-4　制造费用（基本生产）分配表　　单位：元

期初余额：200 4 900	4 500
期末余额：600	

制造费用的分配方法可以由企业主管部门统一规定，也可以由企业根据具体情况自行规定。但一经确定不能随意变更，以保持前后期成本资料的可比性。

【历史浏览】

按照以下提示回顾本章内容：

1. 制造费用（基本生产），是指企业内部基本生产车间（包括分厂）为生产产品或提供劳务而发生的，应该计入产品成本，但没有专设成本项目的各项生产费用。其具体内容应视产品成本项目的设置而定。

2. 为了满足管理上的需要，有利于对基本生产车间（包括分厂）发生的制造费用进行监督和控制，有利于分析和考核制造费用预算的执行情况，应分别基本生产车间和分厂设置制造费用（基本生产）明细账，反映各基本生产车间和分厂制造费用的发生和分配情况。

3. 制造费用（基本生产）明细账借方所归集的制造费用，应分配到该车间或分厂所生产产品的基本生产成本明细账中的制造费用成本项目。

4. 实际分配率法分配的是制造费用（基本生产）的借方实际发生额，因此，分配后“制造费用（基本生产）”账户月末无余额。

5. 为了克服单一分配标准在分配制造费用方面合理性、准确性较差的问题，可以采用联合分配的方法。所谓联合分配，是指根据各生产车间或分厂制造费用中各项目的特性，将制造费用分为若干类别，然后分别不同类别的制造费用，选择各自恰当的分配标准进行分配的制造费用分配方法。

6. 为了能够及时分配制造费用和及时核算产品成本，以及解决季节性生产企业因采用实际分配率法分配制造费用使各月产品成本水平波动过大的问题，可以采用计划分配率法分配制造费用。

【复习思考题】

1. 什么是制造费用（基本生产）？其内容与产品成本项目的设置有什么联系？

2. “制造费用（基本生产）”账户与“制造费用（辅助生产）”账户之间的区别是什么？

3. 什么是实际分配率法？为什么按照实际分配率法分配制造费用（基本生产），“制造费用（基本生产）”账户月末无余额？

4. 什么是制造费用分配的单一分配标准？如何克服其在分配制造费用方面准确性较差的问题？

5. 什么是计划分配率法？其优点是什么？为什么季节性生产企业比较适合应用该种方法？

6. 为什么按照计划分配率法，“制造费用（基本生产）”账户月末会有余额？这种余额与“基本生产成本”账户的余额有什么联系？在资产负债表上应如何列示？

第六章

废品损失和停工损失的归集和分配

【学习导航】

⊙ 理解成本会计中废品和废品损失的含义；
⊙ 了解废品损失的原始记录；
⊙ 掌握“废品损失”账户的结构和使用方法；
⊙ 掌握不可修复废品归集和分配的方法；
⊙ 掌握可修复废品归集和分配的方法；
⊙ 理解废品损失的核算在产品成本核算和成本管理中的意义。

第一节 废品损失的归集和分配

一、什么是废品和废品损失

在产品的加工、制造过程中，由于所用材料的质量不合格，或者由于操作工人技术不过关或违反操作规程等原因，难免会产生一些废品。所谓废品，是指由于生产原因造成的质量不符合规定的技术标准，并且不能按原定用途使用，或者需要加工修理后才能按原定用途使用的在产品、半成品和产成品。可见，成本会计中的废品特指由于生产原因导致的不合格品。废品可能在生产过程中被发现，也可能入库后被发现，甚至销售后被发现。合格品入库后因保管不善、运输装卸不当或者其他原因而发生的变质、损坏，不能按照原定用途使用，应作为产成品毁损处理，不应包括在废品之内，因为它不是由于生产原因所致。凡质量不符合规定的技术标准，但经检验部门检验，可以不需要返修即可降价出售或使用的产品，在实际工作中称为次品；次品在成本会计中也不作为废品处理。

废品按产生原因不同，可以分为料废和工废两种。料废是由于材料不符合质量要求而造成的废品；工废则是由于工人操作原因，如操作违反规程、看错或绘错图纸等造成的废品。料废是材料供应部门或前道车间的责任造成的，工废则是生产车间的责任造成的。因此，区分废品是属于料废还是工废，有利于分清产生废品的责任。

废品按能否和是否有必要修复，可以分为可修复废品、不可修复废品两类。可修复废品是指技术上可以修复，而且所花费的修复费在经济上合算的废品。可修复废品一般经过修复即可成为合格产品。不可修复废品则是指技术上已不可能修复，或者虽然技术上可以修复但所花费的修复费用在经济上不合算的废品。所谓经济上是否合算，是指修复费用是否超过重新制造同一产品的费用。区分可修复废品和不可修复废品，对于废品损失的核算意义重大，因为可修复废品和不可修复废品所造成的废品损失的内容是不相同的，核算方法也有所不同。

废品损失是由于产生废品而造成的损失，具体地说，废品损失包括在生产过程中发现的和入库后发现的不可修复废品的生产成本以及可修复废品的修复耗费，扣除回收的废品残料价值和应由过失单位或个人赔款以后的损失。由于次品的成本与合格品的成本相同，次品售价低于合格品售价所发生的损失直接影响企业的当期损益，不作为废品损失处理。实行包退、包修、包换（三包）的企业，在产品出售以后发现的废品所发生的一切损失，作为管理费用处理，也不作为废品损失。

二、废品损失核算的原始记录和账户

（一）原始记录

企业各生产部门都应配置专职质量检验人员。在产品质量检验过程中，一旦发现废品，不论是在产品生产过程中发现，还是在产成品、半成品入库后发现，产品质量检验人员都应填制废品通知单。废品通知单内应填明废品的名称、数量、废损部分、发生废品的原因、造成废品的责任、索赔金额、工时记录等。

由于不可修复废品和可修复废品的情况不同，因此在核算废品损失的凭证上有所不同。对于不可修复废品，废品应交废品仓库，交库时应填废品交库单，在单上应注明废品残料的价值。可修复废品必须送回车间继续加工予以修复，在返修过程中所领用的各种材料和所耗用的工时，应填领料单、工作通知单，并在单内注明“返修废品专用”标记。

废品通知单、废品交库单、领料单、工作通知单等，都是核算废品损失的原始记录。

（二）“废品损失”账户

如果企业想通过账户单独核算废品损失，就可以设置“废品损失”账户。“废品损失”账户应分别车间设置，账内按不同成本对象设置专栏。该账户借方登记可修复废品的修复耗费、不可修复废品的已耗成本，贷方登记废品残值、责任人赔偿款以及转出的废品净损失，月末一般无余额。不可修复废品的已耗生产成本，应根据不可修复废品计算表，借记“废品损失”账户，贷记“基本生产成本”账户，这一分录表明从产品成本明细账中转出不可修复废品的已发生的生产成本，转到专设的“废品损失”账户；可修复废品的修复耗费，应根据各种费用分配表，借记“废品损失”账户，贷记“原材料”、“应付职工薪酬”和“制造费用（基本生产）”等账户，这一分录反映修复可修复废品时修复耗费的发生情况。因此，在单独核算废品损失的企业中，在编制各种耗费分配表时，应该为修复废品而发生的耗费，加填借记“废品损失”账户的行次。废品残料的回收价值和应收的赔款，应从“废品损失”账户的贷方转出，即借记“原材料”和“其他应收款”等账户，贷记“废品损失”账户，因为残料的回收价值和应收的赔款是递减废品损失的因素。“废品损失”账户上述借方发生额大于贷方发生额的差额就是废品（净）损失，月末分配转由本月同种产品的成本负担，即借记“基本生产成本”账户，贷记“废品损失”账户。通过上述归集和分配，“废品损失”账户月末没有余额。废品损失明细账的格式如表 6-1 所示。

表 6-1　废品损失明细账

车间：

202×年		摘　　要	产品名称及废品损失金额		
月	日		甲产品	乙产品	丙产品
		可修复废品的修复耗费			
		原材料			
		职工薪酬费			
		制造费用			
		小计			
		不可修复废品的成本			
		原材料			
		职工薪酬费			
		制造费用			
		小计			
		合计			
		减：废品残值			
		责任人赔偿款			
		废品（净）损失			

三、不可修复废品损失的归集和分配

不可修复废品的废品损失，是不可修复废品的已耗生产成本，扣除废品残值、责任人赔偿款后的废品净损失。不可修复废品的已耗生产成本与合格品一起已经归集在相同产品的基本生产成本明细账中，所以要计算不可修复废品的已耗生产成本，必须从同种产品的基本生产成本明细账中转出，它可以按照实际成本转出，也可以按照定额成本转出。

（一）不可修复废品成本按实际成本确定

采用这一方法，就是在废品报废时根据废品和合格品一起发生的全部实际耗费，采用一定的分配方法在合格品与废品之间进行分配，计算出废品的实际成本，从“基本生产成本”账户贷方转入“废品损失”账户的借方。

［例 6-1］ 某车间本月生产甲产品 400 件，经验收入库发现不可修复废品 10 件；合格品生产工时为 11 700 小时，废品工时为 300 小时，全部生产工时为 12 000 小时。按所耗实际费用计算废品的生产成本。甲产品成本计算单（即基本生产成本明细账）所列合格品和废品的全部生产耗费为：原材料 20 000 元；燃料和动力 11 880 元；工资及福利费

12 120元；制造费用7 200元，共计51 200元。废品残料回收入库价值120元，原材料是生产开工时一次投入。原材料耗费按合格品数量和废品数量的比例分配；其他耗费按生产工时比例分配。根据上列资料，编制废品损失计算表，如表6-2所示。

表6-2 不可修复废品损失计算表

（按实际成本计算）

202×年×月

产品名称：甲产品

废品数量：10件

车间名称：

单位：元

项目	数量（件）	原材料	生产工时（小时）	燃料和动力	职工薪酬费	制造费用	成本合计
生产耗费总额	400	20 000	12 000	11 880	12 120	7 200	51 200
耗费分配率		50		0.99	1.01	0.6	
废品实际成本	10	500	300	297	303	180	1 280
减：废品残料		120					120
废品损失		380	300	297	303	180	1 160

根据不可修复废品损失计算表，编制如下会计分录：

（1）结转废品成本（实际成本）。

借：废品损失——甲产品 1 280

贷：基本生产成本——甲产品（原材料） 500

（燃料和动力） 297

（职工薪酬费） 303

（制造费用） 180

（2）回收废品残料入库价值。

借：原材料 120

贷：废品损失——甲产品 120

（3）废品损失转入该种产品的合格产品成本。

借：基本生产成本——甲产品（废品损失） 1 160

贷：废品损失——甲产品 1 160

从上述会计分录可以看出，该废品的已耗生产成本是1 280元，它是按照实际成本计算，从该产品的基本生产成本明细账中的“原材料”“燃料和动力”“职工薪酬费”“制造费用”四个成本项目转出的。该废品的废品净损失是1 160元，它是在已耗生产成本1 280元的基础上扣除残料120元得到的，它最终从废品损失明细账的贷方转入同种产品的合格品基本生产成本明细账的“废品损失”项目。通过这种转出转入的过程，在账面上将废品损失核算出来，而且能够在产品生产成本的构成中看出废品损失所占的比重，从而为控制废品损失、降低生产成本提供有用信息。

在完工以后发现废品时，单位废品负担的各项生产耗费应与单位合格品完全相同，可按合格品产量和废品的数量比例分配各项生产耗费，计算废品的实际成本。按废品的实际成本计算和分配废品损失符合实际，但核算工作量较大。

（二）不可修复废品成本按定额成本确定

这种方法就是按不可修复废品的数量和各项耗费定额计算废品的定额成本，再将废品的定额成本扣除废品残料回收价值，算出废品损失，而不考虑废品实际发生的耗费。

［**例 6-2**］　某车间本月生产丙产品，验收入库时发现不可修复废品 6 件，按所耗定额费用计算废品的生产成本。原材料耗费定额为 200 元，单件工时定额为 20 小时，每小时耗费定额为：燃料和动力 2.50 元、职工薪酬费 2 元、制造费用 1.50 元。回收废品残值 200 元。按定额成本编制的不可修复废品损失计算表，如表 6-3 所示。

表 6-3　不可修复废品损失计算表

（按定额成本计算）　　产品名称：丙产品

202×年×月　　废品数量：6 件

车间名称：　　单位：元

项目	原材料	燃料和动力	职工薪酬费	制造费用	成本合计
单位产品耗费定额	200	50	40	30	320
废品定额成本	1 200	300	240	180	1 920
减：回收残值	200				200
废品损失	1 000	300	240	180	1 720

根据不可修复废品损失计算表，编制如下会计分录：

（1）结转废品成本（定额成本）。

借：废品损失——丙产品　　1 920

　　贷：基本生产成本——丙产品（原材料）　　1 200

（燃料和动力）　　300

（职工薪酬费）　　240

（制造费用）　　180

（2）回收废品残料价值。

借：原材料　　200

　　贷：废品损失——丙产品　　200

（3）废品损失转入该种产品的合格品成本。

借：基本生产成本——丙产品（废品损失）　　1 720

　　贷：废品损失——丙产品　　1 720

根据表 6-3 编制的会计分录的账户对应关系，与按实际耗费计算废品生产成本时相同。

按废品的定额耗费计算废品的定额成本，由于耗费定额事先规定，不仅计算工作比较简便，而且还可以使计入产品成本的废品损失数额不受废品实际耗费水平高低的影响。也就是说，废品损失大小只受废品数量差异（差量）的影响，不受废品成本差异（价差）的影响，从而有利于废品损失和产品成本的分析与考核。但是，采用这一方法计算废品生产成本必须具备准确的消耗定额和耗费定额资料。

四、可修复废品损失的归集和分配

可修复废品损失，是指可修复废品在返修过程中发生的各种修复耗费。返修以前发生的各项生产耗费，在产品成本明细账中不必转出，因为它不被看作是废品损失。返修时发生的修复耗费，应根据各种耗费分配表，记入“废品损失”账户的借方。其回收的残料价值和应收的赔款，应从“废品损失”账户的贷方，转入“原材料”和“其他应收款”账户的借方。废品修复耗费减去残料和赔款后的废品净损失，也应从“废品损失”账户的贷方转入相同产品“基本生产成本”账户的借方的“废品损失”项目。

在不单独核算废品损失的企业中可以不设立“废品损失”账户和废品损失成本项目，只在回收废品残料时，借记“原材料”账户，贷记“基本生产成本”账户，并从所属有关产品成本明细账的“原材料”成本项目中扣除残值价值。“基本生产成本”账户和所属有关产品成本明细账归集的完工产品总成本，除以扣除废品数量以后的合格品数量，就是合格品的单位成本。这样核算很简便，但由于合格产品的各成本项目中都包括不可修复废品的生产成本和可修复废品的修复耗费，没有对废品损失进行单独的反映，因而不利于对废品损失进行分析和控制。

对于入库后发现的废品，从理论上讲，应将废品成本从“产成品”账户转回“基本生产成本”明细账，再区分不可修复废品和可修复废品，按照前述方法进行核算。在实际工作中，为简化核算手续，对不可修复废品的成本可以直接从“产成品”账户转到“废品损失”账户，而不通过“基本生产成本”账户，即借记“废品损失”账户，贷记“产成品”账户，对于可修复废品，其成本仍保留在“产成品”账户内，发生的修复耗费直接记入“废品损失”账户。

值得注意的是，废品损失核算的根本目的，是控制废品发生，减少废品损失，降低产品成本，提高企业的经济效益。为了加强对废品进行控制，有必要区别正常范围内的废品和超过正常范围的废品。所谓“正常范围内的废品”，是指在目前技术条件和管理水平下允许发生废品的限度。有的企业虽然在技术上能够消除废品，但为减少废品所付出的代价若大于发生的废品损失，经济上就不合算。因此，对这种产品应允许存在一定限度的废品。对于正常范围内的废品，一般不进一步追查原因；对于超过正常范围的废品，应及时查明原因，积极采取措施，防止成本超支。

第二节　停工损失的归集和分配

一、什么是停工损失

停工损失是指生产车间或车间内某个班组在停工期间发生的各项耗费，主要包括停工期间支付的生产工人工资，按工资额计提的职工福利费以及应承担的制造费用等。发生停工的原因很多，如电力中断、原材料不足、机器设备发生故障、发生非常灾害以及计划减产等。根据停工原因的不同，企业的停工可分为计划内停工和计划外停工两种。所谓计划内停工，是指计划规定的停工。计划外停工是指各种事故造成的停工。对于季节性生产、固定资产大修理停工而发生的停工期间的一切耗费，不作为停工损失核算，应由过失单位或保险公司负担的赔款，应从停工损失中扣除。

停工在时间上有长有短，从几分钟、几天到一个月或数月不等；在范围上有大有小，从单台机器、一个班组到一个车间乃至全厂。如果所有的停工不分时间长短、范围大小，一律核算停工损失，则核算工作势必不胜其烦。因此，只有超过一定范围和时间的停工（如全车间停工一个工作日以上）才核算停工损失。

二、停工损失的归集和分配

如果企业想通过专门账户核算停工损失，可以单独设置“停工损失”账户进行核算。该账户应按照车间设置明细账，账内按成本项目分设专栏或专行，进行明细核算。停工期间发生、应该计入停工损失的各种耗费，都应登记在该账户的借方，贷方登记有关责任人赔款和转出的停工净损失。

企业发生停工损失时，应由车间填制“停工单”，并在考勤记录上予以记录，停工单内应注明停工的地点、时间、停工原因以及造成停工的责任人等。

停工损失应分别车间，依据停工单、本月工资单和制造费用分配表计算。例如，某生产车间本月停工 200 小时，该车间生产工人工资分配率为每小时 10 元，制造费用分配率为每小时 15 元，则该车间本月停工损失计算如下：

生产工人工资	10×200＝2 000（元）
计提的其他职工薪酬	2 000×14%＝280（元）
制造费用	15×200＝3 000（元）
停工损失合计	5 280（元）

停工期间发生、应该计入停工损失的各种耗费，应在“停工损失”账户的借方归集：借记“停工损失”账户，贷记“应付职工薪酬”“累计折旧”“制造费用”等账户。因此，单独核算停工损失的企业在编制各种耗费分配表时，应该将属于停工损失的耗费，加填借记“停工损失”账户的行次。

归集在“停工损失”账户借方的停工损失，其中应取得赔偿的损失和应计入营业外支出的损失，应从该账户的贷方分别转入“其他应收款”和“营业外支出”账户的借方；应计入产品成本的损失，则应从该账户的贷方转入“基本生产成本”账户的借方。应计入产品成本的停工损失，如果停工的车间只生产一种产品，应直接记入该种产品成本明细账的“停工损失”项目；如果停工的车间生产多种产品，则应采用适当的分配方法（如采用类似于分配制造费用的方法），分配记入该车间各种产品成本明细账的“停工损失”项目。通过上述归集和分配，“停工损失”账户应没有月末余额。

在不单独核算停工损失的企业中，不设立“停工损失”账户和项目。停工期间发生的属于停工损失的各种耗费，直接记入“制造费用”或“营业外支出”等账户。这样核算尽管简便，但可能不利于停工损失的分析和控制。

【历史浏览】

按照以下提示回顾本章内容：

1. 废品是指由于生产原因造成的质量不符合规定的技术标准，并且不能按原定用途使用，或者需要加工修理后才能按原定用途使用的在产品、半成品和产成品。成本会计中的废品特指由于生产原因导致的不合格品。

2. 废品按产生原因不同，可以分为料废和工废两种。区分废品是属于料废还是工废，有利于分清产生废品的责任。

3. 废品按能否和是否有必要修复，可以分为可修复废品、不可修复废品两类。区分可修复废品和不可修复废品，对于废品损失的核算意义重大，因为可修复废品和不可修复废品所造成的废品损失的内容是不相同的，核算方法也有所不同。

4. “废品损失”账户应分别车间设置，账内按不同成本对象设置专栏；该账户借方登记可修复废品的修复费用、不可修复废品的已耗成本，贷方登记废品残值、责任人赔偿款以及转出的废品净损失，月末一般无余额。

5. 不可修复废品的废品损失，是不可修复废品的已耗生产成本，扣除废品残值、责任人赔偿款后的废品净损失。其中，不可修复废品的已耗生产成本必须从同种产品的基本生产成本明细账中转出，它可以按照实际成本转出，也可以按照定额成本转出。

6. 可修复废品损失，是指可修复废品在返修过程中发生的各种修复费用。返修以前发生的各项生产费用在产品成本明细账中不必转出，因为它不被看作是废品损失。

7. 停工损失是指生产车间或车间内某个班组在停工期间发生的各项费用。只有超过一定范围和时间的停工（如全车间停工一个工作日以上）才核算停工损失。

【复习思考题】

1. 为什么成本会计将废品界定为由生产原因造成的废品？

2. 什么是可修复废品和不可修复废品？这种分类有什么意义？

3. “废品损失”账户与“基本生产成本”账户之间的关系是什么？如何理解这两个账户之间的一系列结转？

4. 不可修复废品按照实际成本结转和按照定额成本结转各自的优缺点是什么？

5. 核算废品损失和停工损失的意义何在？什么情况下有必要对其单独核算？

第七章

完工产品成本和在产品成本的划分方法

【学习导航】

⊙ 理解完工产品和在产品的两种含义；

⊙ 理解基本生产耗费在完工产品和在产品之间分配的意义；

⊙ 理解在产品数量核算对产品成本核算的意义；

⊙ 了解在产品数量核算的方法；

⊙ 掌握完工产品成本和在产品成本的划分方法和应用范围，其中重点掌握约当产量比例法和定额比例法。

第一节　基本生产耗费在完工产品和在产品之间分配的意义

一、什么是完工产品和在产品

会计上的完工产品有如下两种含义：

第一，站在企业角度来看，完工产品就是产成品。所谓产成品，是指已经完成全部生产过程，经检验合格并验收入库，随时可供销售的产品。如汽车制造厂生产的可供销售的汽车，造纸厂生产的可供销售的纸张，炼钢厂生产的可供销售的钢材等。

第二，站在生产车间（或生产步骤）角度来看，完工产品就是各生产车间（或生产步骤）的已完成其全部生产过程的产品，中间生产步骤生产的叫作半成品（或自制半成品），最后一个生产步骤生产的就是产成品。前者如造纸厂生产的纸浆、炼钢厂生产的生铁、钢锭，后者如造纸厂生产的纸张、炼钢厂生产的钢材。

因此，完工产品和产成品在概念上还是有区别的。

在产品也有两种含义：

第一，站在企业角度，相对于产成品而言，在产品既包括各生产车间（或生产步骤）正在加工中的在产品，又包括各生产车间（或生产步骤）已加工完毕的半成品，如纸浆、生铁、钢锭。这是广义的在产品。

第二，站在生产车间（或生产步骤）角度来看，在产品就是各生产车间（或生产步骤）正在加工、尚未完成其加工过程的产品。这是狭义的在产品。

提示音

在成本会计中，两种含义的在产品都会用到，不过使用较多的还是狭义的在产品概念。在后面章节将要学习的分步法中的平行结转分步法，将应用到广义的在产品概念。到底是使用狭义的在产品概念，还是使用广义的在产品概念，应当根据不同的需要来确定。

二、基本生产耗费在完工产品和在产品之间分配的意义

基本生产耗费与产品成本概念有非常密切的联系：产品成本包括完工产品成本和在产品成本，它们均是由基本生产耗费构成的；将基本生产费用归集到产品上去，就形成了该产品的成本。

基本生产耗费最终在产品成本明细账中归集起来。本期发生的基本生产耗费和期初在产品成本的合计数，就是这种产品的总成本；如果这种产品已经全部完工了，那么这个合计数就是这种完工产品的总成本，总成本再除以产量就得到该产品的单位成本；如果这种产品全部没有完工，那么这个合计数就是这种未完工产品即在产品的总成本；如果这种产品在这一会计期间既有完工的又有未完工的，那就必须在完工产品和在产品之间分配这个合计数，才能确定完工产品和月末在产品的成本。

期初在产品成本、本月基本生产耗费与完工产品成本、月末在产品成本有如下恒等关系：

期初在产品成本＋本月基本生产耗费＝完工产品成本＋月末在产品成本

本期的月末在产品成本将成为下一会计期间的期初在产品成本。

第二节　在产品数量的核算

一、在产品数量核算对于产品成本核算的意义

观察如下等式：

月初在产品成本＋本月基本生产耗费＝本月完工产品成本＋月末在产品成本

从上述公式可以看出，在掌握公式前两项资料的情况下（通过产品成本明细账得到），确定完工产品成本的方法有两类：一是先计算确定月末在产品成本，然后倒算出完工产品

成本；二是将公式前两项之和按照一定比例在完工产品和月末在产品之间进行分配，同时求得完工产品成本和月末在产品成本。无论采用哪一种方法，都以在产品的数量核算为前提。

二、在产品数量的日常核算

做好在产品数量的日常核算，首先必须对产品生产过程中发生的在产品的投入、转移、入库、送验、报废等都应填制相应的原始凭证，以如实反映在产品的动态和结存情况。但是，原始凭证只能分散地反映在产品的动态情况，而不能连续、完整地反映在产品在整个加工过程中各个环节的增减变动和结存情况。所以，在产品收发结存数量的日常核算通常还需要借助于在产品台账进行。

在产品台账又称为“在产品收发结存账”，可以分车间、班组并按零部件的名称、类别、批别分别设置，用以反映和记录车间、班组的在产品收入、发出和结存的情况；还可以结合生产的类型和管理的需要，进一步按照加工工序、工艺流程来组织在产品的数量核算。其基本格式如表 7－1 所示。

各车间应认真做好在产品的验收、计量和交接工作，根据在产品内部转移凭证、领料凭证、产成品检验凭证和产品交库凭证等进行登记，以随时掌握在产品的增减动态与生产进度，加强生产管理。

该账可以由车间核算人员登记；也可以由各班组工人核算员登记，并由车间核算人员审核汇总。

表 7－1　在产品收发结存账

（在产品台账）

零部件名称、编号：58011　　　　生产车间：金工

日期	摘要	收入		转出			结存	
		凭证号	数量	凭证号	合格品	废品	完工	未完工
9/1		111	8	203	6		1	1
9/8 ⋮		117 ⋮	9 ⋮	214 ⋮	10 ⋮	⋮	⋮	1 ⋮
	合计		198		192	3	1	2

在大量大批生产的企业或车间，在产品在各道工序之间的流转一般是按照固定线路有节奏地进行移动，而且在产品在各道工序上的结存数量也比较稳定，所以比较适合通过在产品台账来核算在产品的数量情况。

在单件小批生产的企业或车间，产品品种不固定，在产品加工的工艺流程不同、在各工序上结存的数量变化较大，所以在产品实物管理工作比较复杂，通常是通过工作通知单、工序进程单来反映和控制在产品的流转。

三、在产品清查的核算

为了核实在产品的数量、保护在产品的安全完整，企业必须认真做好在产品的清查工作。在产品除定期进行清查外，还可以不定期地进行轮流清查。如果车间没有建立在产品的收发日常核算，每月月末都必须清查一次在产品，以便取得在产品的实际盘存资料，用来核算产品成本。在清查时，应动员车间职工群众把所有在产品同时清点一遍，以免重计或漏计。清查后，应根据盘点结果和账面资料编制在产品盘存表，填明在产品的账面数、实存数和盘存盈亏数，以及盈亏的原因和处理意见等；对于报废和毁损的在产品，还要登记残值。成本核算人员应对在产品盘存表所列各项资料进行认真的审核，并且根据清查结果进行账务处理。

在产品发生盘盈时，应按盘盈在产品的成本（一般按定额成本计算）借记“基本生产成本”账户，并记入相应的产品成本明细账各成本项目；贷记“待处理财产损溢——待处理流动资产损溢”账户。为什么这样进行账务处理呢？因为在产品盘盈，是在产品实存数大于账面数，所以需要增加在产品账面数，而借记“基本生产成本”账户，就相当于增加在产品。经过批准进行处理时，则应借记“待处理财产损溢——待处理流动资产损溢”账户，贷记“制造费用（基本生产）”账户，并从相应的制造费用明细账“在产品盘亏和毁损（减盘盈）”项目中转出，冲减制造费用。

在产品发生盘亏和毁损时，应根据在产品账面价值，借记“待处理财产损溢——待处理流动资产损溢”账户，贷记“基本生产成本”账户，并从相应的产品成本明细账各成本项目中转出，冲减在产品成本。毁损在产品的残料价值，应借记“原材料”等账户，贷记“待处理财产损溢——待处理流动资产损溢”账户，冲减损失。经过审批进行处理时，应分别不同情况将损失从“待处理财产损溢——待处理流动资产损溢”账户的贷方转入各有关账户的借方：其中应由过失人或保险公司赔偿的损失转入“其他应收款”的借方；由于意外灾害造成的非常损失，转入“营业外支出”的借方；由于车间管理不善造成的损失转入“制造费用（基本生产）”的借方，并记入相应的制造费用明细账“在产品盘亏和毁损（减盘盈）”项目。

为了正确、及时地归集和分配制造费用，有关在产品盘盈盈亏处理的核算，应该在制造费用结账以前进行。

如果在产品的盘盈盈亏是由于没有办理领料或交接手续，或者由于某种产品的零件为另一种产品挪用，则应补办手续，及时转账更正。

辅助生产的在产品数量核算与基本生产基本相同，但辅助生产在产品清查的结果，应在“辅助生产成本”账户中核算，而不通过“基本生产成本”账户核算。

第三节　完工产品成本和在产品成本的划分方法

完工产品成本和在产品成本的划分通常采用以下七种方法：在产品成本忽略不计、在产品成本按年初数固定计算法、在产品成本按原材料耗费计价法、在产品成本按完工产品成本计算法、在产品成本按定额成本计价法、约当产量比例法、定额比例法。这七种方法可以分为两大类：前五种方法是先计算确定在产品成本，然后核算完工产品成本；后两种方法则是同时计算确定完工产品成本和在产品成本。企业应根据在产品数量的多少、各月在产品数量变化的大小、各种成本项目比重的大小以及定额管理基础好坏等具体条件和实际情况，选择既合理又简便的分配方法。

一、在产品成本忽略不计

这种方法适用于月末有在产品，但月末在产品数量很少、价值很低，并且各月份在产品数量比较稳定的情况。这是因为若月初与月末在产品数量很小，月初在产品成本和月末在产品成本之差就更小。另外，各月份在产品数量相差也不大，算不算各月在产品成本对计算完工产品成本的影响不大。因此，为了简化产品成本计算工作，根据重要性原则，可以不计算月末在产品成本，本月生产费用全部视为完工产品成本，将本月各产品发生的生产耗费全部由完工产品负担。例如，自来水生产企业、采掘企业就可采用该方法。

二、在产品成本按其年初金额固定计算

这种方法就是对各月在产品按年初在产品成本计价的一种方法。该方法适用于各月月末在产品数量较少，或者虽然在产品数量较多，但各月月末在产品数量稳定、起伏不大的产品。在月末在产品数量较少，但价值较大，或者在产品数量较多的情况下，如果按照前面方法不对月末在产品计价，则会使成本核算不正确，而且会造成较多的账外财产，使会计反映失实。在各月月末在产品数量比较稳定的情况下，月初月末在产品成本的差额很小，对计算完工产品成本的影响不大。所以，基于简化核算的考虑，同时为了反映在产品占用的资金情况，各月在产品成本按年初数固定计算。这样，各月月末在产品成本不变，月初、月末在产品成本相等，每月各产品成本明细账归集的当月生产费用，即为该月该完工产品的总成本。

采用在产品按年初数固定计算的方法，对于每年年末在产品，则需要根据实际盘存资料，采用其他方法计算在产品成本，以免在产品以固定不变的成本计价延续时间太长，使在产品成本与实际出入过大而影响产品成本计算的正确性和导致企业存货资产反映失实。一般来说，采用诸如高炉、反应装置、管道生产的冶炼、化工企业，由于高炉和化学反应装置的容积固定，在产品数量较稳定，可采用该种方法。

三、在产品成本按其所耗用的原材料耗费计算

在产品按原材料费用计价，就是月末在产品只计算所耗的原材料耗费，不计算工资及福利费等加工耗费，产品的加工耗费全部由完工产品负担。这种方法适用于各月在产品数量较多，各月在产品数量变化较大且原材料耗费在产品成本中所占比重较大的产品。例如纺织、造纸、酿酒等生产工业的产品，原材料耗费比重较大，都可以采用这种方法。这是因为，各月末在产品数量较大，在产品数量变化也较大的产品不能采用前述第一、二种耗费分配方法，而必须具体计算每月末的在产品成本，以利于对在产品资金的控制。同时，由于该种产品原材料耗费在在产品成本中的比重较大，而工资及福利费等加工耗费在在产品成本中的比重较小，在产品成本中的加工耗费以及月初、月末在产品加工耗费的差额不大。因此，为了简化成本核算，在产品可以不计算加工耗费，只考虑其原材料耗费。这

时，该产品的全部生产耗费（包括月初在产品的原材料耗费），减去按所耗原材料耗费计算的在产品成本，就是该完工产品的成本。

［例 7-1］ 某企业生产甲产品，该产品原材料耗费在产品成本中所占比重较大，在产品只计算原材料耗费。甲产品月初在产品原材料耗费（即月初在产品成本）为 8 400 元；本月发生原材料耗费 66 600 元，职工薪酬费等加工耗费共计 3 000 元；完工产品 850 件，月末在产品 150 件。该种产品的原材料耗费是在生产开始时一次投入的，所以原材料耗费按完工产品和在产品的数量比例分配。分配计算如下：

原材料耗费分配率＝(8 400＋66 600)/(850＋150)＝75

完工产品原材料耗费＝850×75＝63 750（元）

月末在产品原材料耗费（月末在产品成本）＝150×75＝11 250（元）

完工产品成本＝63 750＋3 000＝66 750（元）

＝8 400＋(63 600＋3 000)－11 250＝66 750（元）

多步骤连续生产的企业中，上一步骤所产半成品就是下一步骤的原材料，因此，下一生产步骤的在产品成本也可以按上一步骤的半成品成本计算。

四、在产品成本按完工产品成本计算

这种方法是将在产品视同完工产品计算、分配生产耗费。该法适用于月末在产品已接近完工，或产品已经加工完毕但尚未验收或包装入库的产品。因为在这种情况下，在产品已接近完工产品，为了简化产品成本的计算工作，在产品可以视同完工产品，按两者数量比例分配生产费用。

［例 7-2］ 某产品月初在产品成本和本月发生耗费合计数为：原材料耗费 25 600 元，职工薪酬费 5 600 元，制造费用 6 400 元。完工产品 600 件，月末在产品 200 件，该产品已接近完工，采用月末在产品成本按完工产品成本计算。其计算分配结果如表 7-2 所示。

表 7-2 产品成本明细账

单位：元

成本项目	生产耗费合计	耗费分配表	完工产品		月末在产品	
			数量（件）	成本	数量（件）	成本
①	②	③＝②/(④＋⑥)	④	⑤＝④×③	⑥	⑦＝⑥×③
原材料	25 600	32	600	19 200	200	6 400
职工薪酬费	5 600	7	600	4 200	200	1 400
制造费用	6 400	8	600	4 800	200	1 600
合　计	37 600	—	—	28 200	—	9 400

表 7-2 中各项耗费分配率是根据各生产耗费的合计数，除以完工产品数量与月末在产品数量之和得到的，各耗费分配率分别乘以相应的完工产品数量和月末在产品数量，求得完工产品与月末在产品分配的各项耗费。

五、在产品成本按定额成本计算

这种分配方法是按照预先制定的定额成本计算月末在产品成本，即月末在产品成本按其数量乘以单位定额成本计算。产品的月初在产品成本加上本月生产耗费，再减去月末在产品的定额成本，其余额作为完工产品成本。按照这种方法，每月生产耗费脱离定额的差异全部由完工产品负担。这种方法适用于定额管理基础较好，各项消耗定额或费用定额比较准确、稳定，而且各月在产品数量变动不大的产品。因为如果定额管理基础不好，各项消耗定额或耗费定额不准确、不稳定，那么，依据消耗定额、耗费定额计算出来的在产品定额成本也会不准确；如果各月在产品数量变动不大，那么，各月月末在产品的定额成本和实际成本之间的差额也将比较接近，从而对完工产品的成本的准确性影响较小。

［例 7-3］　某企业生产 A 产品，某月月初在产品成本和本月生产耗费共计为 71 020 元，其中原材料为 51 860 元，职工薪酬费为 6 960 元，制造费用为 12 200 元；该月共生产完工 A 产品 1 000 件，月末在产品 300 件；A 产品所耗原材料是在生产开始时一次投入，月末在产品完成定额工时为 800 小时。A 产品定额资料：单位产品原材料定额成本为 40 元，每定额工时的职工薪酬费为 1.20 元，每定额工时的制造费用为 2 元。A 产品本月完工产品和月末在产品成本的计算如表 7-3 所示。

表 7-3　产品成本计算表

产品名称：A 产品　　　　202×年×月　　　　单位：元

成本项目	生产耗费合计	月初在产品成本（定额成本）	完工产品成本	完工产品单位成本
	①	②	①－②＝③	③/1 000
原材料	51 860	40×300＝12 000	39 860	39.86
职工薪酬费	6 960	1.2×800＝960	6 000	6.00
制造费用	12 200	2×800＝1 600	10 600	10.60
合　计	71 020	14 560	56 460	56.46

六、约当产量比例法

（一）什么是约当产量比例法

约当产量是指月末在产品数量按其完工程度折算为相当于完工产品的数量。约当产量比例法就是按完工产品产量与月末在产品约当产量的比例分配计算完工产品成本与月末在产品成本的方法。只要在正确统计月末在产品结存数量和正确估计月末在产品完工程度的前提下，就可以比较客观、简便地划分完工产品与月末在产品的成本。因此，约当产量比例法适用范围较广，特别适用于月末在产品数量较大，各月末在产品数量变化也较大，产品成本中原材料耗费和工资及福利费等加工耗费所占的比重相差不多的产品。

约当产量比例法计算公式如下：

$$月末在产品约当产量=月末在产品结存产量\times在产品完工百分比$$

$$耗费分配率=\frac{月初在产品成本+本月生产耗费}{完工产品产量+月末在产量约当产量}$$

完工产品总成本＝完工产品产量×耗费分配率

月末在产品成本＝月末在产品约当产量×耗费分配率

可以看出，由于约当产量是月末在产品数量按其完工程度折算为相当于完工产品的数量，所以月末在产品结存数量和正确估计月末在产品完工程度是采用这种方法的两个关键因素。

（二）在产品完工程度的确定

采用约当产量比例法分配原材料耗费与分配加工耗费所用的用来折算在产品数量的完工程度的确定方法是不相同的。分配职工薪酬费、制造费用等加工耗费所用的完工程度，一般用加工的时间来测定，即测算加工程度；分配原材料耗费所用的完工程度一般用在产品投料的程度来测定，即测算投料程度。

提示音

请注意加工程度与投料程度之间的区别。

1. 分配加工费用所用的完工程度——加工程度的确定方法

（1）各工序在产品结存数量比较均衡的情况。

统一按50％作为各工序在产品的加工程度。后面各工序在产品多加工的程度可以抵补前面各工序少加工的程度，这样，全部在产品完工程度可按50％平均计算。

（2）各工序在产品结存数量不均衡的情况。

在这种情况之下，应分别工序测定加工程度，计算公式如下：

$$\text{某工序在产品完工率}=\frac{\text{前面各工序工时定额之和}+\text{本工序工时定额}\times 50\%}{\text{产品工时定额}}$$

上式中，本工序工时定额之所以乘以50％，是因为该工序中各件在产品的完工程度尽管不同，但为了简化完工率的测算工作，在本工序一律按平均完工率50％计算。在产品在上一道工序转入下一道工序时，因为上一道工序已完工，所以前面各工序的工时定额应按100％计算。当然，在数据容易取得的情况下，各工序在产品完工率可以按照实际测定数据确定。

［例7-4］ 某企业甲产品单位工时定额40小时，经过三道工序制成。第一道工序工时定额为8小时，第二道工序工时定额为16小时，第三道工序工时定额为16小时。各道工序内各件在产品加工程度均按50％计算。各工序完工率计算如下：

第一工序完工率＝8×50％/40×100％＝10％

第二工序完工率＝(8＋16×50％)/40×100％＝40％

第三工序完工率＝(8＋16＋16×50％)/40×100％＝80％

根据各工序的月末在产品数量和各工序完工率，计算出月末各工序在产品的约当产量及其总数，据以分配费用。

假定例7-4中甲产品本月完工200件。第一工序在产品20件；第二工序在产品40件；第三工序在产品60件。根据各工序月末在产品的数量和各工序的完工率，分别计算各工序月末在产品的约当产量及其总数。约当产量计算表详见表 7-4。

表 7-4　约当产量计算表

产品名称：甲　　　　202×年×月　　　　单位：件

在产品所在工序	完工率（%）	在产品数量		完工产品产量	产量合计
		结存量	约当产量		
1	10	20	2		
2	40	40	16	—	—
3	80	60	48		
合　计		120	66	200	266

假定例 7-4 中甲产品月初和本月发生的生产耗费合计数为：原材料耗费 16 000 元（原材料在生产开始时一次投料）；工资及福利费 7 980 元；制造费用 8 512 元。完工产品与月末在产品耗费分配计算如下：

（1）计算原材料耗费分配率：

原材料耗费分配率＝16 000/(200＋120)＝50

（2）分配原材料耗费：

完工产品分配原材料耗费＝200×50＝10 000（元）
月末在产品分配原材料耗费＝120×50＝6 000（元）

（3）计算职工薪酬费分配率：

职工薪酬费分配率＝7 980/(200＋66)＝30

（4）分配职工薪酬费：

完工产品分配职工薪酬费＝200×30＝6 000（元）
月末在产品分配职工薪酬费＝66×30＝1 980（元）

（5）计算制造费分配率：

制造费分配率＝8 512/(200＋66)＝32

（6）分配制造费用：

完工产品分配制造费用＝200×32＝6 400（元）
月末在产品分配制造费用＝66×32＝2 112（元）

（7）计算完工产品和在产品成本：

完工产品成本＝10 000＋6 000＋6 400＝22 400（元）
月末在产品成本＝6 000＋1 980＋2 112＝10 092（元）

2. 分配原材料费用所用的完工程度——投料程度的确定方法

投料程度的确定一般有如下三种情况：

（1）原材料于生产开始时一次投料。这种情况下，在产品的投料程度为100%。

（2）原材料陆续投入并与加工程度一致。这种情况下，在产品的投料程度可以按照加工程度来确定。

（3）原材料陆续投入，但与加工程度不一致。这种情况下，在产品的投料程度应当分别工序来确定。它又有如下两种情况：

1）原材料在每道工序陆续投入。

［例7-5］ 某种产品需经两道工序制成，原材料消耗定额为500千克，其中，第一道工序原材料消耗定额为240千克，第二道工序原材料消耗定额为260千克。月末在产品数量：第一道工序为200件，第二道工序为150件。完工产品为241件，月初在产品和本月发生的原材料费用共计38 400元。计算过程和结果详见表7-5。

表7-5 投料率和在产品约当产量计算表

工序	本工序原材料消耗定额(千克)	投料率	在产品约当产量(件)	完工产品(件)	合计(件)
1	240	240×50%/500×100%=24%	200×24%=48	—	—
2	260	(240+260×50%)/500×100%=74%	150×74%=111	—	—
合计	500	—	159	241	400

例7-5中原材料是在每道工序随加工进度陆续分次投料，因此每道工序投料程度按50%折算。

原材料耗费分配率=38 400/(241+159)=96

完工产品分配原材料耗费=241×96=23 136（元）

月末在产品分配原材料耗费=159×96=15 264（元）

2）原材料在每道工序开始前一次投入。

承例7-5，计算过程和结果详见表7-6。

表7-6 投料率和在产品约当产量计算表

工序	工序开始时一次投入的原材料定额(千克)	投料率	在产品约当产量(件)	完工产品(件)	合计(件)
1	240	240/500×100%=48%	200×48%=96	—	—
2	260	(240+260)/500×100%=100%	150×100%=150	—	—
合计	500	—	246	241	487

例7-5中原材料是在每道工序一开始就投入，在同一工序中各件在产品原材料的消耗定额，就是该工序的消耗定额，不应按50%折算，最后一道工序在产品的消耗定额为该种完工产品的消耗定额，完工率为100%。

原材料耗费分配率＝38 400/(241＋246)≈78.85

完工产品原材料耗费＝241×78.85＝19 002.85(元)

月末在产品原材料耗费＝246×78.85＝19 397.1(元)

七、定额比例法

(一) 什么是定额比例法

定额比例法是按照完工产品和月末在产品的定额消耗量或定额耗费的比例，分配计算完工产品和月末在产品成本的一种方法，其中，原材料耗费按原材料定额消耗量或原材料定额耗费比例分配；工资及福利费、制造费用等各项加工耗费按定额工时或定额耗费比例分配。这种方法适用于各项消耗定额或耗费定额比较准确、稳定，但各月末在产品数量变化较大的产品。这是因为，如果各项消耗定额或耗费定额不准确、不稳定，那么作为分配标准的定额消耗量、定额工时、定额费用也就失去了准确、稳定性；如果各月末在产品数量变化不大，那么就可以应用在产品按定额成本计价法。

(二) 应用定额比例法时所采用的分配标准

采用定额比例法时，分配原材料成本项目所用的分配标准与分配加工耗费所用的分配标准有所不同。分配原材料成本项目可以采用原材料定额消耗量，如果所用原材料种类较多，可用原材料定额耗费。分配加工耗费要用定额工时或定额工资（制造）费用。分配原材料成本项目不能用定额工时，因为原材料消耗量的多少并不随着加工时间的多少而增减。

(三) 定额比例法的分配方法及计算公式

公式 1：

$$消耗量分配率=\frac{月初在产品实际消耗量+本月实际消耗量}{完工产品定额消耗量+月末在产品定额消耗量}$$

完工产品实际消耗量＝完工产品定额消耗量×消耗量分配率

完工产品耗费＝完工产品实际消耗量×原材料单价（或单位工时的工资、制造费用）

月末在产品实际消耗量＝月末在产品定额消耗量×消耗量分配率

＝(月初在产品实际消耗量＋本月实际消耗量）－完工产品实际消耗量

月末在产品费用＝月末在产品实际消耗量×原材料单价（或单位工时的工资、制造费用）

＝（月初在产品成本＋本月生产费用）－完工产品耗费

按照上述公式分配，不仅可以提供完工产品和在产品的实际耗费资料，还可以提供它们的实际消耗量资料，便于考核和分析各项消耗定额的执行情况。但是，这样分配核算工作量较大，在所耗原材料的品种较多的情况下更是如此。

公式 2：

为了简化分配计算工作，可按照下列公式分配：

$$原材料耗费分配率=\frac{月初在产品实际原材料耗费+本月实际原材料耗费}{完工产品定额原材料耗费+月末在产品定额原材料耗费}$$

完工产品原材料耗费＝完工产品定额原材料耗费×原材料耗费分配率

月末在产品原材料耗费＝月末在产品定额原材料耗费×原材料耗费分配率
＝月初在产品实际原材料耗费＋本月实际原材料耗费－完工产品原材料耗费

职工薪酬（其他耗费）分配率＝[月初在产品实际薪酬（其他耗费）＋本月实际薪酬（其他耗费）]／(完工产品定额工时＋月末在产品定额工时)

完工产品薪酬（其他耗费）＝完工产品定额工时×薪酬（其他耗费）分配率

月末在产品薪酬（其他耗费）＝月末在产品定额工时×原材料单价（或单位工时的工资、耗费）

提示音

注意定额原材料消耗量与定额原材料耗费两个概念之间的区别。

[**例7-6**] 某种产品月初在产品成本为：原材料耗费86 850元，燃料及动力费15 400元，职工薪酬费5 790元，制造费用12 360元，合计120 400元。本月生产耗费为：原材料耗费114 300元，燃料及动力费21 750元，职工薪酬费8 481元，制造费用16 962元，合计161 493元。完工产品的定额原材料耗费为170 000元，定额燃料及动力费为32 000元，定额工时为11 000小时。月末在产品的定额原材料耗费为30 000元，定额燃料及动力费6 000元，定额工时4 000小时。在完工产品与月末在产品之间，原材料耗费和燃料及动力费按定额耗费比例分配，其他各项耗费按定额工时比例分配。

根据上列资料分配计算如表7-7所示。

表7-7 产品成本计算表

单位：元

成本项目			原材料	燃料及动力	职工薪酬费	制造费用	合计
①	月初在产品成本		86 850	15 400	5 790	12 360	120 400
②	本月生产耗费		114 300	21 750	8 481	16 962	161 493
③＝①＋②	合计		201 150	37 150	14 271	29 322	281 893
④＝③/(⑤＋⑦)	耗费分配率		1.005 75	0.977 631 5	0.951 4	1.954 8	
⑤	完工产品耗费	定额	170 000	32 000	11 000(小时)		
⑥＝⑤×④		实际	170 978	31 284	10 465(小时)	21 503	234 230
⑦	月末在产品成本	定额	30 000	6 000	4 000(小时)		
⑧＝⑦×④		实际	30 172	5 866	3 806(小时)	7 819	47 663

公式3：

采用公式1或公式2分配耗费时，如果在产品的种类和生产工序繁多，工作量会很大。为了简化成本计算工作，月末在产品定额消耗量及其分配率可采用倒挤的方法计算。其计算公式如下：

月末在产品定额消耗量（耗费）＝月初在产品定额消耗量（耗费）＋本月投入的定额消耗量（耗费）－本月完工产品定额消耗量（耗费）

经过移项，可得：

月末在产品定额消耗量（耗费）＋本月完工产品定额消耗量（耗费）
＝月初在产品定额消耗量（耗费）＋本月投入的定额消耗量（耗费）

这样，我们可以得到定额比例法的另一种耗费分配率的计算公式：

$$\text{耗费分配率}=\frac{\text{月初在产品实际耗费}+\text{本月实际耗费}}{\text{月初在产品定额消耗量(耗费)}+\text{本月投入的定额消耗量(耗费)}}$$

其他分配公式与公式1、公式2相同。

公式3中的月初在产品定额消耗量（耗费）即上月末在产品定额消耗量（耗费）；本月投入的定额消耗量（耗费），根据本月限额领料单等相关原始记录计算；完工产品定额消耗量（耗费），根据完工产品数量乘以消耗定额计算。定额消耗量（耗费）包括定额原材料耗费和定额工时两种。

采用倒挤的方法计算月末在产品的定额数据，虽然简化了计算工作，但在发生在产品盘盈或盘亏的情况下，据以计算求得的成本资料就不能如实反映产品成本的水平。为了加强对在产品的管理和控制，提高成本计算的正确性，必须每隔一定时期（一季或半年）对在产品进行盘点，根据在产品实存数量计算在产品定额消耗量。

在具备了月初在产品的定额消耗量（或定额耗费）和定额工时、本月投入的定额消耗量（或定额耗费）和定额工时，以及本月完工产品定额消耗量（或定额耗费）和定额工时资料的情况下，可以倒挤出月末在产品的定额资料，并根据公式3分配完工产品和月末在产品成本。

[例7-7] 某种产品月初在产品的定额耗费为：原材料12 500元，燃料及动力3 800元，职工薪酬费3 550元，制造费用6 390元，合计26 240元。月初在产品的实际耗费为：原材料13 100元，燃料及动力4 100元，职工薪酬费3 890元，制造费用6 620元，合计27 710元。本月定额耗费为：原材料25 200元，燃料及动力7 700元，职工薪酬费6 930元，制造费用12 474元，合计52 304元。本月实际耗费为：原材料24 900元，燃料及动力7 580元，职工薪酬费7 080元，制造费用13 900元，合计53 460元。本月完工产品的定额耗费为：原材料13 000元，燃料及动力4 000元，职工薪酬费3 380元，制造费用6 084元，合计26 464元。

根据上列资料，分配计算如表7-8所示。

表 7-8 产品成本计算表

单位：元

成本项目			原材料	燃料及动力	职工薪酬费	制造费用	合计
①	月初在产品成本	定额	12 500	3 800	3 550	6 390	26 240
②		实际	13 100	4 100	3 890	6 620	27 710
③	本月生产耗费	定额	25 200	7 700	6 930	12 474	52 304
④		实际	24 900	7 580	7 080	13 900	53 460
⑤=①+③	合 计	定额	37 700	11 500	10 480	18 864	78 544
⑥=②+④		实际	38 000	11 680	10 970	20 520	81 170
⑦=⑥÷⑤	耗费分配率		1.007 957 5	1.015 652 1	1.046 755 7	1.087 786 2	
⑧	完工产品成本	定额	13 000	4 000	3 380	6 084	26 464
⑨=⑧×⑦		实际	13 103	4 063	4 960	6 618	28 744
⑩	月末在产品成本	定额	24 700	7 500	7 100	12 780	52 080
⑪=⑩×⑦		实际	24 897	7 617	7 432	13 902	53 848

（四）定额比例法与在产品成本按定额成本计算法的比较

定额比例法与在产品成本按定额成本计算法的共同点是：它们都用到了定额资料；不同点是：定额比例法是以定额消耗量或定额耗费作为分配生产耗费合计数，从而计算完工产品和在产品成本的标准，即用这种方法计算出的在产品成本是实际成本，而在产品成本按定额成本计算法计算出的在产品成本是定额成本。

采用这两种方法都要求企业定额资料准确、稳定。但适用情况有差别：

定额比例法更适用于各月末在产品数量变化较大的产品。由于各月末在产品数量变化较大，因而月初在产品脱离定额的差异总额与月末在产品脱离定额的差异总额会较大，若仍采用在产品按定额成本计价法，将月末在产品脱离定额差异全部由完工产品负担，会对完工产品成本的正确性发生较大的影响，因而需要按定额比例在完工产品和月末在产品之间分配生产耗费，共同负担成本脱离定额的差异。

在产品成本按定额成本计算法更适用于各月在产品数量变动不大的产品。由于各月末在产品数量变化不大，因而月初在产品耗费脱离定额差异总额与月末在产品耗费脱离定额差异总额的差额也不会大。因此，月末在产品不计算耗费差异，对完工产品和月末在产品成本的影响不大。

前面我们介绍了七种方法，它们可以分成两类：一是先计算在产品成本的方法；二是同时计算完工产品和在产品成本的方法。前者适用于一些比较特殊的情况，后者适用于一般情况。在学习时一定要注意各种方法的应用条件，只有在符合应用条件时应用，才能保证成本核算的准确性。

八、完工产品成本结转的账务处理

工业企业的完工产品包括产成品、自制半成品、自制材料、工具和模具等。基本生产车间生产的产成品、自制半成品经仓库验收入库以后，其成本应从“基本生产成本”总账和各种产品成本明细账的贷方，分别转入“产成品”“自制半成品”账户的借方；辅助生产车间完工的自制材料、工具、模具等的成本，应从“辅助生产成本”账户分别转入“原材料”“低值易耗品”等账户的借方。

【历史浏览】

按照以下提示回顾本章内容：

1. 基本生产耗费最终在产品成本明细账中归集起来；本期发生的基本生产耗费和期初在产品成本的合计数，就是这种产品的总成本；如果这种产品在这一会计期间既有完工的又有未完工的，那就必须在完工产品和在产品之间分配这个合计数，才能确定完工产品和月末在产品的成本。

2. 确定完工产品成本的方法有两种：一是先计算确定月末在产品成本，然后倒算出完工产品成本；二是将公式前两项之和按照一定比例在完工产品和月末在产品之间进行分配，同时求得完工产品成本和月末在产品成本；无论采用哪一种方法，都以在产品的数量核算为前提。

3. 企业应根据在产品数量的多少、各月在产品数量变化的大小、各种成本项目比重的大小以及定额管理基础好坏等具体条件和实际情况，选择既合理又简便的分配方法。

4. 约当产量比例法就是按完工产品产量与月末在产品约当产量的比例分配计算完工产品成本与月末在产品成本的方法；只要在正确统计月末在产品结存数量和正确估计月末在产品完工程度的前提下，就可以比较客观简便地划分完工产品与月末在产品的成本。

5. 定额比例法是按照完工产品和月末在产品的定额消耗量或定额耗费的比例，分配计算完工产品和月末在产品成本的一种方法，其中，原材料耗费按原材料定额消耗量或原材料定额耗费比例分配；职工薪酬费、制造费用等各项加工耗费按定额工时或定额耗费比例分配。这种方法适用于各项消耗定额或耗费定额比较准确、稳定，但各月末在产品数量变化较大的产品。这是因为，如果各项消耗定额或耗费定额不准确、不稳定，那么作为分配标准的定额消耗量、定额工时、定额耗费也就失去了准确、稳定性；如果各月末在产品数量变化不大，那么就可以应用在产品按定额成本计价法。

【复习思考题】

1. 什么是完工产品和在产品？这种界定的意义何在？

2. 基本生产耗费通过什么账户核算？什么情况下需要将基本生产耗费在完工产品和在产品之间进行分配？为什么？

3. 为什么说产成品成本的核算应以在产品数量的核算为前提？

4. 什么情况下可以对在产品的成本忽略不计？为什么？
5. 什么情况下在产品的成本可以按照固定成本计算？为什么？
6. 什么情况下在产品的成本可以按定额成本计算？为什么？
7. 采用约当产量比例法的关键因素是什么？
8. 采用约当产量比例法时，如何确定在产品的完工程度？为什么？
9. 什么是定额比例法？采用定额比例法如何选择和应用分配标准？
10. 定额比例法与在产品成本按定额成本计算法的异同点是什么？

第八章

产品成本核算的基本方法

第一节　生产类型和管理要求对产品成本核算方法的影响

前面我们学习了产品成本核算的一般程序。这个一般程序在不同类型的企业中是相同的，也就是说，在分析成本核算的一般程序时，我们考察的是一般情况，暂时回避了不同类型企业生产特点的差别以及管理要求的不同。事实上，在不同类型的企业中，由于生产特点各异、管理要求不同，成本核算的对象、产品成本明细账的设置方式、不同生产步骤之间产品成本的结转方式、产成品成本的核算周期等方面是有差别的。根据这些差别，可以抽象、概括出几种不同的产品成本核算方法。

一、生产类型的划分

企业的生产类型，可以有多种不同的划分方法。但是，与成本核算方法有密切联系的划分方法是如下两种：

（一）生产按工艺过程的特点分类

生产工艺过程是指产品从投产到完工的生产工艺技术过程。按生产工艺过程的特点，工业企业的生产可分为单步骤生产和多步骤生产两种类型。

1. 单步骤生产（或称简单生产）

单步骤生产又称简单生产，是指生产工艺过程不能间断，或由于工作地点的限制不便于分散在不同地点进行的生产。这类生产，工艺技术较简单，生产周期较短，产品品种较少且相对稳定。这类企业生产由于其技术上的不可间断性（例如发电），或由于工作地点上的限制（例如采掘），通常由一个企业整体进行，而不能由几个车间协作进行。

2. 多步骤生产（或称复杂生产）

多步骤生产又称复杂生产，是指产品的生产工艺过程可以间断，且能够在不同地点和时间进行的生产。

按照产品的加工方式，多步骤生产又可分为连续式多步骤生产和装配式多步骤生产。连续式多步骤生产，是指从原材料投入生产到产品完工，要依次经过各生产步骤的连续加工的生产。前一加工步骤完工的半成品成为后一加工步骤加工的对象，如纺织、冶金、造纸、化工、炼油、制糖、面粉等产品的生产过程属于这一类型。装配式多步骤生产，是指各个生产步骤可以在不同地点和不同时间同时进行，先将原材料平行加工成零件、部件，然后将零件、部件装配成产成品，如机械工业、汽车制造工业、无线电工业、仪表工业等产品的生产过程属于这一生产类型。

（二）生产按生产组织特点分类

生产组织具体是指所生产产品品种的多寡、数量的多少、每一品种重复的程度等。通常情况下，企业生产的产品品种越少、品种的相似性越强、产品的产量越大，随之生产的稳定性和重复程度越高。按照生产组织特点的不同，生产可以大体分为如下三类：

1. 大量生产

大量生产是指不间断地、重复地生产性质相同的产品的生产，如专业化汽车制造、拖拉机制造等。

大量生产的主要特点有：品种少，每种产品产量大，经常不断地重复制造一种或少数几种相同的产品。

在大量生产的条件下，有可能大量使用高效率的专用设备，建立流水线和自动线，从而使生产的机械化、自动化水平提高，进而提高了工人的操作熟练程度。由于广泛采用流水线和自动线，各个生产环节之间的比例关系往往细致合理，生产的连续性、平行性较高，使得产品的生产周期大大缩短，流动资金周转也加快了。因此，大量生产的产品成本较单件生产和成批生产的产品成本要低。

属于大量生产的工厂有：自行车厂、缝纫机厂、汽车制造厂、滚珠轴承制造厂等。

2. 成批生产

成批生产是指按照预先规定的批别来组织的生产，如服装、机床、机车、工具等。

成批生产的主要特点是：产品品种较多，各种产品数量多少不等，每隔一定时期重复生产一批。

成批生产有一定的稳定性和重复性，但比大量生产低。在成批生产的条件下，当一批产品的制造改为另一批产品的制造时，生产的设备必须进行调整，以适应新的加工要求；每批产品的数量越大，变动次数越少。因此，在成批生产中，生产的专业化程度和连续性都比大量生产低。由于产品品种较多，因此工人的操作熟练程度较大量生产相对要低，这就要求工人掌握比较广泛的技术知识和操作技能，以适应成批生产的特点。

属于成批生产的工厂有机床制造厂、机车制造厂、起重机制造厂、服装制造厂等。

3. 单件生产

单件生产是指根据购买单位订单所提出的特定规格和数量而进行的产品生产，如重型机器制造、精密仪器制造、大型电机制造、造船业、机器修理业等。

单件生产的主要特点是：品种多，每种产品生产一件或几件后不再重复生产，或不定期重复生产。

在单件生产的条件下，产品生产的稳定性和重复性很低，所用设备和工艺装备大多是通用的，各车间、工段之间的生产联系复杂，生产的连续性很差。

属于单件生产的工厂有造船厂、大型发电机制造厂、汽轮机制造厂、锅炉制造厂、矿山设备的重型机器制造厂等。

成批生产按照产品批量的大小，又可分为大批生产和小批生产。大批生产由于产品批量较大，往往在几个月内不断地重复生产一种或几种产品，因而性质上接近于大量生产；小批生产由于产品批量较小，一批产品一般可以同时完工，因而性质上近于单件生产。因此，实际工作中，经常将企业生产类型简单概括为大批大量生产和小批单件生产两类。前者是按照内部生产批别或客户订单组织生产，同一生产批号的产品除了少量分批出货外一般是同时完工；后者是不断地、连续地生产有限品种或类别的产品生产。

（三）生产工艺技术与生产组织的结合

每一个企业的生产既有生产组织问题，又有工艺技术问题。工艺过程中的单步骤生产，在生产组织上一般采用大批大量生产方式；工艺过程中的连续式多步骤生产，在生产组织上往往采用大批大量生产方式；工艺过程中的装配式多步骤生产，在生产组织上则是大批大量生产和小批单件生产都有可能采用。

需要指出的是，同一企业的各个生产车间（或工段、小组）的生产，可能具有不同的工艺过程特点和不同的生产组织方式。例如，汽车制造厂的生产，就整个企业的产品生产来说，一般属于装配式多步骤的大批大量生产，但是其加工车间所生产的零部件大部分可能是连续式多步骤的小批单件生产。

二、生产类型和管理要求对产品成本核算方法的影响

（一）产品成本核算方法的组成要素

产品成本核算方法，就是将为生产产品所发生的生产费用归集起来，并在各种产品之间、产成品和在产品之间进行分配，从而核算出各种产成品、在产品成本的一系列方法。产品成本核算方法的组成要素可以概括为如下几点：

（1）成本核算对象的确定；

（2）产品成本明细账的设置；

（3）成本项目的设置；

（4）生产耗费的归集及计入产品成本的程序；

（5）间接计入费用的分配标准；

（6）产成品成本核算期的确定；

（7）完工产品成本和在产品成本的划分方法。

在成本核算方法的上述七个构成要素中，与企业生产类型联系比较密切的是第（1）、（4）、（6）、（7）点。所以，我们主要针对这几个方面来分析生产类型和管理要求对成本核算方法的影响。

（二）生产类型和管理要求对成本核算方法的影响

1. 对成本核算对象的影响

（1）单步骤生产下的成本核算对象：单步骤生产一般采用大量生产的组织方式，其成本核算对象不可能是批别，也不可能是生产步骤，所以只能是最终产品的品种。

（2）连续式多步骤生产下的成本核算对象：如果是大批大量生产，其成本核算对象是

品种或步骤；如果管理上不要求核算步骤成本，那么成本核算对象就是最终产品的品种。

(3) 装配式生产下的成本核算对象：如果生产组织是小批单件生产，那么成本核算对象首先是批别；如果管理上要求核算步骤成本，成本核算对象还有步骤。

2. 对产成品成本核算期的影响

这一问题主要取决于生产组织的特点：

(1) 小批单件生产，其产成品的成本核算期间一般与产品生产周期一致，即产品生产周期终了时才核算产成品成本。

(2) 大批大量生产，其产成品的成本核算期间一般与会计期间一致，即按照会计期间定期核算产成品成本。

但是，按照产品成本核算制度的要求，不管是小批单件生产还是大批大量生产，产品成本核算都是按照会计期间（最小会计期间是月份）进行。

3. 对完工产品成本和在产品成本划分方法的影响

在单步骤生产中，生产过程不能间断，生产周期也较短，一般没有在产品，或在产品数量很少，因而计算产品成本时，生产耗费一般不必在完工产品与在产品之间进行分配。

在多步骤生产中，是否需要在完工产品与在产品之间分配耗费，很大程度上取决于生产组织的特点。在大量大批生产中，由于生产不间断进行，而且经常有在产品，因而在核算成本时，就需要采用适当的方法，将生产耗费在完工产品与在产品之间进行分配。在小批单件生产中，如果成本核算期与生产周期一致，在每批产品完工前，产品成本明细账中所登记的生产耗费就是该批产品月末在产品的成本；完工后，所登记的耗费就是完工产品的成本，因而不存在完工产品与在产品之间分配耗费的问题。

4. 对生产耗费的归集及计入产品成本的程序的影响

在不同生产类型的企业中，生产耗费的归集及计入产品成本的程序一般是相同的。但是在多步骤生产并且管理上要求按照步骤核算成本的企业还存在着不同步骤之间成本如何结转的问题，对此将在本章第四节做详细说明。在仅仅按照最终产品的品种或批别核算成本的企业则不存在这一问题。

三、产品成本核算的主要方法

（一）基本方法

为了适应各种生产类型的特点和管理要求，在产品成本核算工作中有着三种不同的产品成本核算对象以及以产品成本核算对象为标志的三种不同的产品成本核算方法：

(1) 按照产品的品种（不分批、不分步）核算产品成本。这种以产品品种为成本核算对象的产品成本核算方法，称为品种法。

(2) 按照产品的批别（分批、不分步）核算产品成本。这种以产品批别为成本核算对象的产品成本核算方法，称为分批法。

(3) 按照产品的生产步骤（分步、不分批）核算产品成本。这种以产品生产步骤为成本核算对象的产品成本核算方法，称为分步法。

以上各种产品成本核算方法的适用范围如表 8-1 所示。

表 8-1　产品成本核算方法的适用范围

产品成本核算方法	生产组织	工艺过程和管理要求
品种法	大量大批生产	单步骤生产或管理上不要求分步骤核算成本的多步骤生产
分批法	小批单件生产	同上
分步法	大量大批生产	管理上要求分步骤核算成本的多步骤生产

这三种方法是核算产品实际成本必不可少的方法，因而是产品成本核算的基本方法。由于产品成本核算对象不外乎分品种、分批和分步三种，因而基本方法总的来说也只有这三种。

（二）辅助方法

除了上述三种基本方法以外，在产品的品种、规格繁多的工业企业中，为了简化成本计算工作，还采用一种简便的产品成本核算方法——分类法；在定额管理工作有一定基础的工业企业中，为了配合和加强生产费用和产品成本的定额管理，还采用一种将符合定额的耗费和脱离定额的差异分别核算的产品成本核算方法——定额法。

分类法和定额法从核算产品实际成本的角度来说，不是必不可少的，因而可以统称为辅助方法。但是，有的辅助方法也很重要，例如定额法对于控制生产耗费、降低产品成本就有着重要的作用。

【历史浏览】

按照以下提示回顾本章内容：

1. 与成本核算方法有密切联系的生产类型的划分方法，一是生产按工艺过程的特点分类，二是生产按照生产组织的特点分类。

2. 按生产工艺过程的特点的不同，工业企业的生产可分为单步骤生产和多步骤生产两种类型；按照生产组织特点的不同，生产可以分为大量生产、成批生产、单件生产三种类型。

3. 单步骤生产又称简单生产，是指生产工艺过程不能间断，或不能分散在不同地点进行的生产。

4. 多步骤生产又称复杂生产，是指产品的生产工艺过程由若干个可以间断的、分散在不同地点、分别在不同时间进行的生产步骤所组成的生产。

5. 大量生产的主要特点是：品种少，每种产品产量大，经常不断地重复制造一种或少数几种相同的产品。

6. 成批生产的主要特点是：产品品种较多，各种产品数量多少不等，每隔一定时期重复生产一批。

7. 单件生产的主要特点是：品种多，每种产品生产一件或几件后，不再重复生产，或不定期重复生产。

8. 为了适应各种生产类型的特点和管理要求，在产品成本核算工作中有着三种不同的产品成本核算对象以及以产品成本核算对象为标志的三种不同的产品成本核算方法：品种法、分批法、分步法。

【复习思考题】

1. 什么是生产工艺过程？什么是生产组织？举例说明如何按照这两种标准对生产进行分类？

2. 举例说明单步骤生产和多步骤生产各自的特点。

3. 举例说明大量生产、成批生产、单件生产各自的特点。

4. 生产的工艺过程和生产组织是如何结合的？

5. 生产类型和管理要求是如何影响产品成本核算方法的？

6. 产品成本核算的基本方法有哪些？它们是如何划分的？

7. 产品成本核算的辅助方法有哪些？为什么它们是辅助方法？

第二节 品种法

一、品种法的特点和适用范围

产品成本核算的品种法，是以最终产品的品种作为成本核算对象来设置产品成本明细账，从而归集生产耗费、核算产品成本的一种方法。

这种方法之所以叫作品种法，就是因为其成本核算对象是最终产品的品种。品种法不是以产品的生产批别作为成本核算对象，因为采用品种法的企业不可能是按照产品的生产批别来组织生产；如果企业是按照产品的生产批别来组织生产，那么就有理由按照产品生产批别核算成本，这时，采用的成本核算方法就不叫品种法，而被称为分批法了。品种法也不是以产品的生产步骤作为成本核算对象，因为如果企业按照生产步骤作为成本核算对象，这时，采用的成本核算方法也就不叫品种法，而被称为分步法了。那么，什么样的企业只以最终产品的品种作为成本核算对象来核算成本呢？概括起来，有如下两种情况：

一种是单步骤、大批大量生产的企业，如发电、供水、采掘等企业。这类企业大量地、重复地生产单一品种，生产过程比较短，在工艺上不能或没有必要将不同的生产步骤分别在不同地点进行，而且往往没有或很少有在产品。这种品种法最简单，以产品品种为对象按照会计期间将生产车间发生的生产耗费汇集起来，就是该产品的总成本，除以产量就是单位成本。这种品种法属于单一品种的品种法，有人称之为简单法。

提示音

简单法仅仅是品种法的一种类型。

另一种是管理上不要求按照步骤核算成本的大批大量、多步骤生产的企业，如生产糖果、饼干、水泥的企业。这种企业大批大量地、重复地生产数个品种，在工艺上能够或有必要将不同的生产步骤分别在不同地点进行，但是管理上却不要求按照步骤核算成本；这种企业在会计期间末可能有在产品，所以需要将生产耗费的累计数在产成品和在产品之间进行分配。这种品种法相对复杂一些，需要分别不同品种归集生产耗费、核算成本；它属于多品种的品种法。

品种法的主要特点可以归纳为如下几个方面。

（一）成本核算对象是最终产品的品种

采用品种法的企业属于大批大量的单步骤生产或大批大量多步骤生产但管理上不要求核算步骤成本的企业，其产品的品种较少，有条件按照产品品种设置产品成本明细账、核算成本。采用品种法进行成本核算时，需要按照每一种产品设置成本明细账（或成本计算单），用以归集生产过程中发生的生产耗费。如果企业（或车间）只生产一种产品，则只需为该种产品开设成本明细账（或成本计算单），账中按成本项目设置专栏。在这种情况下，发生的生产耗费全都是直接计入生产耗费，可以直接记入产品成本明细账（或成本计算单）有关成本项目中，而不存在将生产耗费在各种产品之间分配的问题。如果企业（或车间）生产两种或两种以上产品，就需要按照每种产品分别开设产品成本明细账（或成本计算单），对于生产过程中所发生的生产耗费，凡是能分清成本核算对象的，则应直接记入该成本计算对象的产品成本明细账（或成本计算单）中；凡是不能分清应由哪种产品负担的间接计入生产耗费，则应采用适当的分配方法，分别记入各产品成本明细账（或成本计算单）。

（二）产成品成本核算期与会计期间一致

由于采用品种法核算产品成本的企业是大批大量生产，其特点是原材料不断投入、产成品不断产出，因而，月终经常会有产成品，这样，就不能按照产品的生产周期核算产成品成本，而应定期按月进行。

（三）基本生产耗费一般需要在产成品和在产品之间进行分配

由于采用品种法核算产品成本的企业是大批大量生产，其特点是原材料不断投入、产成品不断产出，所以月末往往既有产成品又有在产品，为了核算产成品和在产品成本，需要将归集的基本生产耗费累计数在产成品和在产品之间的分配。

二、品种法的核算程序

（一）品种法的核算程序

采用品种法计算产品成本时，可按以下几个步骤进行。

1. 开设产品成本明细账

按产品品种开设产品成本明细账或成本计算单、按生产车间开设制造费用（基本生产）明细账；如果设置有辅助生产车间，还应开设辅助生产成本明细账。开设了成本明细账，就有了归集生产耗费、核算成本的载体。

2. 分配各种要素耗费

根据各项费用的原始凭证和其他有关资料，登记各项货币支出，编制各种耗费分配表，分配各种要素耗费；然后根据要素耗费分配的结果登记有关明细账。

为什么首先分配要素耗费呢？因为材料、工资、折旧等要素耗费是产生生产耗费的源头；也就是说，生产耗费、生产成本从源头、从内容上看是由要素耗费构成的。

（1）根据货币资金支出业务，按用途分类汇总各种付款凭证，登记有关明细账。比如企业日常经营活动中，用现金或银行存款支付的办公费、水电费、利息费、保险费等，平时作借记“制造费用（基本生产）”“辅助生产成本”“管理费用”“财务费用”“待摊耗费”等，贷记“现金”“银行存款”这样的付款凭证；按用途分类汇总各种付款凭证后，登记制造费用、管理费用、辅助生产成本、财务费用、待摊耗费等明细账。

（2）根据领用材料的凭证和退料凭证及有关分配标准，编制材料耗费分配表，分配材料耗费，并登记有关明细账。

（3）根据各车间、部门工资结算凭证及有关职工薪酬费的计提办法，编制职工薪酬分配表，分配职工薪酬耗费，并登记有关明细账。

（4）根据各车间、部门计提固定资产折旧的方法，编制折旧费分配表，分配折旧费，并登记有关明细账。

（5）根据待摊耗费明细账、有关预提账户明细账的记录，编制待摊耗费和预提耗费分配表，分配待摊耗费和预提耗费，并登记有关明细账。

3. 分配辅助生产耗费

根据上述各种耗费分配表和其他有关资料登记的“辅助生产成本明细账”上归集的辅助生产耗费，采用适当的分配方法，编制辅助生产耗费分配表，分配辅助生产耗费。

相对于要素耗费而言，辅助生产耗费属于综合耗费，它也是由要素耗费构成的。为什么在分配要素耗费以后就分配辅助生产耗费呢？因为基本生产车间、行政管理部门等机构很可能使用了辅助生产车间提供给它们的劳务。

4. 分配基本车间制造费用

根据上述各种耗费分配表和其他有关资料登记的基本生产车间“制造费用明细账”上归集的制造费用，采用一定的方法在各种产品之间进行分配，编制制造费用分配表，并将分配结果登记到产品成本明细账（或成本计算单）。

基本车间制造费用也属于综合耗费，也是由要素耗费构成的。按照现行企业会计制度，基本车间的制造费用一般需要通过设置“制造费用（基本生产）”账户单独核算，以利于对制造费用的预算编制和控制。基本车间制造费用都由产品成本负担，所以它都分配到产品成本明细账。

5. 分配计算各种产成品成本和在产品成本

根据上述各种耗费分配表和其他有关资料登记的“产品成本明细账（或成本计算单）”上归集的基本生产耗费，月末采用适当的方法分配计算各种产成品成本和在产品成本。

如果月末车间没有在产品，那么产品成本明细账中归集的生产费用合计数就是产成品的总成本；如果月末车间既有产成品又有在产品，那么产品成本明细账中归集的生产耗费合计数就必须在产成品和在产品之间进行分配。

6. 结转产成品成本

根据各成本计算单中计算出来的本月产成品成本，汇总编制“产成品成本汇总表”，计算出产成品的总成本和单位成本，并进行结转。编制的会计分录如下：

借：产成品——××产品

　　贷：基本生产成本——××产品

品种法核算成本的基本程序如图 8－1 所示。

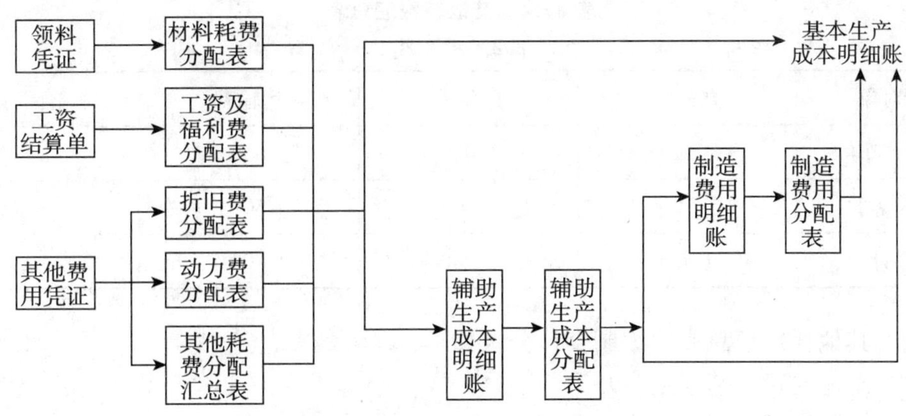

图 8-1　品种法成本核算程序图

（二）品种法举例

1. 资料

假定某企业有一个基本生产车间，大量生产甲、乙两种产品，其工艺过程均属单步骤生产。另有一个修理车间，该辅助生产车间的制造费用不通过“制造费用（辅助生产）”账户核算，而是直接归集在“辅助生产成本”账户中。该企业 202×年 8 月份有关成本计算资料如下：

（1）产量及耗用工时资料，如表 8-2 所示。

表 8-2　产量及耗用工时资料

产品名称	产成品产量（件）	月末在产品数量（件）	消耗工时（小时）
甲	600	100	15 000
乙	400	50	5 000
合　计			20 000

（2）月初在产品成本资料，如表 8-3 所示。

表 8-3　月初在产品成本资料　　单位：元

产品名称	直接材料	直接人工	制造费用	合　计
甲	3 400	1 600	1 000	6 000
乙	5 600	2 200	1 200	9 000

（3）其他有关资料见成本核算过程中。

2. 成本计算程序及有关账务处理

（1）编制各种耗费分配表，分配各种要素耗费。

1）编制各项货币支出汇总表（假定货币支出均用银行存款支付），如表 8-4 所示。

表 8-4　其他耗费汇总表

202×年 8 月　　　　单位：元

分配对象	办公费	差旅费	运输费	合　计
基本生产车间	1 000	2 000	800	3 800
机修车间	500		500	1 000
合　计	1 500	2 000	1 300	4 800

根据“其他耗费汇总表”编制会计分录如下：

借：制造耗费（基本生产）　　3 800

　　辅助生产成本——机修车间　　1 000

　贷：银行存款　　4 800

2）按材料用途，编制“材料耗费分配汇总表”，如表 8-5 所示。

表 8-5　材料耗费分配汇总表

202×年 8 月　　　　单位：元

分配对象		成本项目或费用项目	原材料			低值易耗品		
			计划成本	差异(2%)	实际成本	计划成本	差异(－1%)	实际成本
基本生产车间	甲产品	直接材料	40 000	800	40 800			
	乙产品	直接材料	32 000	640	32 640			
	一般耗用	机物料消耗	1 200	24	1 224			
		劳动保险费				1 000	－10	990
机修车间		直接材料	3 000	60	3 060			
合　计			76 200	1 524	77 724	1 000	－10	990

根据“材料耗费分配汇总表”，编制会计分录如下：

借：基本生产成本——甲产品　　40 000

　　　　　　　　——乙产品　　32 000

　　辅助生产成本——机修车间　　3 000

　　制造费用（基本生产）　　1 200

　贷：原材料　　76 200

借：基本生产成本——甲产品　　800

　　　　　　　　——乙产品　　640

　　辅助生产成本——机修车间　　60

　　制造费用（基本生产）　　24

　贷：材料成本差异　　1 524

借：制造费用（基本生产）　　1 000

　贷：周转材料　　1 000

借：制造费用（基本生产）　　10

　贷：材料成本差异　　10

注：□表示红字。

3）根据电表计量的实际耗用量和应付的电费，编制“动力费用分配表”，如表 8－6 所示。

表 8－6　动力费用分配表

202×年 8 月　　单位：元

分配对象	成本项目或耗费项目	耗电量（度）	单位成本（分配率）	分配金额
基本生产车间	直接材料	78 000		23 400
	水电费	3 000		900
机修车间	直接材料	9 000		2 700
合　计		90 000	0.3	27 000

基本生产车间生产产品直接耗用的电费还应在甲、乙产品之间按实际生产工时比例进行分配，分配结果如表 8－7 所示。

表 8－7　基本生产车间动力费用分配表

202×年 8 月　　单位：元

分配对象	成本项目	工时（小时）	分配率	金　额
甲产品	直接材料	15 000		17 550
乙产品	直接材料	5 000		5 850
合　计		20 000	1.17	23 400

根据“基本生产车间动力费用分配表”，编制会计分录如下：

借：基本生产成本——甲产品　　17 550

　　　　　　　　——乙产品　　5 850

　　辅助生产成本——机修车间　　2 700

　　制造费用（基本生产）　　900

　贷：应付账款　　27 000

4）根据各车间、部门的工资计算单和规定的福利费计提比例分配工资并计提福利费（假设无其他类型职工薪酬）。其中，基本生产车间工人工资 37 000 元，管理人员工资 3 000 元；机修车间工人工资 4 000 元，管理人员工资 2 000 元。编制“工资及福利费分配表”，如表 8－8 所示。

表 8-8　工资及福利费分配表

202×年 8 月　　　　单位：元

分配对象	成本项目或费用项目	分配标准（工时）	分配率（1.85）	工资分配金额	职工福利费（工资的 14%）	工资及福利费合计
甲产品	直接人工	15 000		27 750	3 885	31 635
乙产品	直接人工	5 000		9 250	1 295	10 545
小计		20 000		37 000	5 180	42 180
基本生产车间	工资费用			3 000	420	3 420
机修车间	工资费用			6 000	840	6 840
合　计		20 000		46 000	6 440	52 440

根据“工资及福利费分配表”，编制会计分录如下：

借：基本生产成本——甲产品　　27 750
　　　　　　　　——乙产品　　9 250
　　辅助生产成本——机修车间　　6 000
　　制造费用（基本生产）　　3 000
　贷：应付职工薪酬——应付工资　　46 000

借：基本生产成本——甲产品　　3 885
　　　　　　　　——乙产品　　1 295
　　辅助生产成本——机修车间　　840
　　制造费用（基本生产）　　420
　贷：应付职工薪酬——应付福利费　　6 440

5）根据各车间、部门的固定资产使用情况及固定资产折旧的计提办法，编制“固定资产折旧费分配表”，如表 8-9 所示。

表 8-9　固定资产折旧费分配表

202×年 8 月　　　　单位：元

分配对象	费用明细项目	分配金额
基本生产车间	折旧费	3 000
机修车间	折旧费	1 000
合　计		4 000

根据“固定资产折旧费分配表”，编制会计分录如下：

借：制造费用（基本生产）　　3 000
　　辅助生产成本——机修车间　　1 000
　贷：累计折旧　　4 000

6）根据待摊耗费和有关预提账户明细账上所归集的耗费，按照本月应摊销和预提的数额，编制“待摊耗费和预提耗费分配表”，如表 8-10 所示。

表 8-10　待摊耗费和预提耗费分配表

202× 年 8 月　　　　单位：元

耗费 明细项目	待摊耗费		其他应付款		合　计
	基本生产车间	机修车间	基本生产车间	机修车间	
保险费	800	400			1 200
修理费			1 500	200	1 700
合　计	800	400	1 500	200	2 900

根据“待摊耗费和预提耗费分配表”，编制会计分录如下：

借：制造费用（基本生产）　　800
　　辅助生产成本——机修车间　　400
　贷：待摊耗费　　1 200
借：制造费用（基本生产）　　1 500
　　辅助生产成本——机修车间　　200
　贷：其他应付款　　1 700

（2）分配辅助生产耗费。

根据上列各种费用分配表和其他有关资料，登记辅助生产成本明细账，归集辅助生产耗费，如表 8-11 所示。月末应将归集在“辅助生产成本明细账”上的耗费采用适当的方法进行分配。

表 8-11　辅助生产成本明细账

车间名称：机修车间　　202×年 8 月　　单位：元

202×年		凭证号数	摘　要	材料费	职工薪酬费	折旧费	保险费	修理费	其他	合　计
月	日									
8	31		根据分配表（8-3）						1 000	1 000
8	31		根据分配表（8-4）	3 060						3 060
8	31		根据分配表（8-5）	2 700						2 700
8	31		根据分配表（8-7）		6 000					6 000
8	31		根据分配表（8-7）		840					840
8	31		根据分配表（8-8）			1 000				1 000
8	31		根据分配表（8-9）				400	200		600
8	31		月　　结	5 760	6 840	1 000	400	200	1 000	15 200
8	31		本月转出	5 760	6 840	1 000	400	200	1 000	15 200

本例中，该企业的辅助生产耗费采用直接分配法分配。本月机修车间共完成修理工时 2 000 小时，其中，基本生产车间 1 200 小时，企业管理部门 800 小时。编制“辅助生产耗

费分配表”，如表 8－12 所示。

表 8－12 辅助生产耗费分配表

车间名称：机修车间　　202×年 8 月　　单位：元

受益单位	修理工时	分配率	分配金额
基本生产车间	1 200		9 120
企业管理部门	800		6 080
合　计	2 000	7.6	15 200

根据“辅助生产费用分配表”，编制会计分录如下：

借：制造费用（基本生产）　9 120

　　管理费用　6 080

　贷：辅助生产成本——机修车间　15 200

（3）分配基本生产车间制造费用。

根据上列各种费用分配表和有关资料，登记制造费用（基本生产）明细账，归集基本生产车间的制造费用，如表 8－13 所示。月末，将归集在制造费用（基本生产）明细账中的费用按照实际工时的比例，在甲、乙两种产品中进行分配。制造费用（基本生产）分配表如表 8－14 所示。

表 8－13 制造费用（基本生产）明细账

车间名称：基本车间　　202×年 8 月　　单位：元

摘　要	机物料消耗	劳动保护费	水电费	职工薪酬费	折旧费	保险费	修理费	其他	合　计
根据分配表（8－3）								3 800	3 800
根据分配表（8－4）	1 224	990							2 214
根据分配表（8－5）			900						900
根据分配表（8－7）				3 000					3 000
根据分配表（8－7）				420					420
根据分配表（8－8）					3 000				3 000
根据分配表（8－9）						800	1 500		2 300
根据分配表（8－11）							9 120		9 120
月　计	1 224	990	900	3 420	3 000	800	10 620	3 800	24 754
月末分配转出	1 224	990	990	3 420	3 000	800	10 620	3 800	24 754

表 8-14　制造费用（基本生产）分配表

车间名称：基本车间　　202×年 8 月　　单位：元

产品名称	生产工时（小时）	分配率	分配金额
甲产品	15 000		18 565.5
乙产品	5 000		6 188.5
合　计	20 000	1.237 7	24 754

根据“制造费用（基本生产）分配表”，编制会计分录如下：

借：基本生产成本——甲产品　　18 565.5

　　　　　　　　——乙产品　　6 188.5

　贷：制造费用（基本生产）　　24 754

（4）分配计算产成品成本和在产品成本。

1）计算甲产品成本。甲产品按约当产量法将生产耗费在产成品和在产品之间分配。该产品本月耗用的原材料在生产开始时一次性投入，在产品完工程度为 50%，本月产成品 600 件，月末在产品 100 件。计算结果如表 8-15 所示。

表 8-15　产品成本明细账

产品：甲产品　　202×年 8 月　　单位：元

摘　要	直接材料	直接人工	制造费用	合　计
月初在产品成本	3 400	1 600	1 000	6 000
本月生产耗费	58 350	31 635	18 565.5	108 550.5
合　计	61 750	33 235	19 565.5	114 550.5
产成品数量	600	600	600	
在产品约当产量	100	50	50	
分配率	88.21	51.13	30.1	
产成品成本	52 926	30 678	18 060	101 664
月末在产品成本	8 824	2 557	1 505.5	12 886.5

注：表 8-14 中分配率计算如下：

直接材料＝61 750÷(600＋100)≈88.21；

直接人工＝33 235÷(600＋100×50%)≈51.13；

制造费用＝19 565.5÷(600＋100×50%)≈30.1。

2）计算乙产品成本。乙产品按定额比例法将生产耗费在产成品和在产品之间分配。该产品单位产品材料消耗定额 90 元，单位产品工时消耗定额 10 小时。产品耗用的原材料在生产开始时一次性投入，在产品完工程度为 50%，本月完工产品 400 件，月末在产品 50 件。计算结果如表 8-16 所示。

表 8-16　产品成本明细账

产品：乙产品　　202×年 8 月　　单位：元

摘　要	材料定额成本	定额工时（小时）	直接材料	直接人工	制造费用	合　计
月初在产品成本			5 600	2 200	1 200	9 000
本月生产耗费			38 490	10 545	6 188.5	55 223.5
合　计			44 090	12 745	7 388.5	64 223.5
完工产品产量			400	400	400	
在产品产量			50	50	50	
分配率			1.09	3	1.74	
完工产品成本	36 000	4 000	39 240	12 000	6 960	58 200
月末在产品成本	4 500	250	4 850	745	428.5	6 023.5

表 8-15 有关数据计算如下：

①产成品材料定额成本＝90×400＝36 000（元）；

在产品材料定额成本＝90×50＝4 500（元）。

②产成品定额工时＝10×400＝4 000（小时）；

在产品定额工时＝10×50×50%＝250（小时）。

③分配率：直接材料：44 090÷(36 000＋4 500)≈1.09；

直接人工：12 745÷(4 000＋250)≈3；

制造费用：7 388.5÷(4 000＋250)≈1.74。

（5）编制产成品成本汇总表。

根据甲、乙产品成本明细账中的产成品成本，编制“产成品成本汇总表”，如表 8-17 所示。

表 8-17　产成品成本汇总表

202×年 8 月　　单位：元

产品名称	单位	产量	直接材料	直接人工	制造费用	合　计	单位成本
甲产品	件	600	52 926	30 678	18 060	101 664	169.44
乙产品	件	400	39 240	12 000	6 960	58 200	145.5
合　计	—	—	92 166	42 678	25 020	159 864	

根据“产成品成本汇总表”，编制会计分录如下：

借：产成品——甲产品　　101 664

　　　　　——乙产品　　58 200

　贷：基本生产成本——甲产品　　101 664

　　　　　　　　　——乙产品　　58 200

【历史浏览】

按照以下提示回顾本节内容：

1. 产品成本核算的品种法，是以最终产品的品种作为成本核算对象来设置产品成本明细账，从而归集生产费用、核算产品成本的一种方法。

2. 以最终产品的品种作为成本核算对象的企业有如下两种情况：

一种是单步骤、大量生产的企业，如发电、供水、采掘等企业；

另一种是管理上不要求按照步骤核算成本的大批量、多步骤生产的企业，如生产糖果、饼干、水泥的企业。

3. 品种法的主要特点可以归纳为如下几个方面：(1) 成本核算对象是最终产品的品种；(2) 产成品成本核算期与会计期间一致；(3) 基本生产费用一般需要在产成品和在产品之间进行分配。

4. 采用品种法计算产品成本时，可按以下几个步骤进行：(1) 开设产品成本明细账；(2) 分配各种要素费用；(3) 分配辅助生产耗费；(4) 分配基本生产车间制造费用；(5) 分配计算各种产成品成本和在产品成本；(6) 结转产成品成本。

【复习思考题】

1. 什么样的企业适合应用品种法？为什么？

2. 品种法的核算程序是什么？为什么？

第三节　分批法

【学习导航】

⊙ 理解内部生产批号的设置方式；

⊙ 掌握分批法的主要特点和适用范围；

⊙ 掌握分批法的核算程序；

⊙ 能够运用分批法核算产品成本。

一、分批法的特点和适用范围

(一) 什么是分批法

分批法，是按照产品批别归集生产耗费、核算产品成本的一种方法。

分批法的“批”是指内部生产批号（通常称为生产通知单、开工通知单等），它由企业生产计划部门经过整体规划、确定生产的先后次序后制定，通知生产、财务、供应等部门，生产部门据此安排生产，会计部门据此开设产品成本明细账、核算成本，仓库据此发料。总之，各部门通过内部批号，向同一目标从事生产和其他各项活动。

生产通知单是具有规定格式的书面通知，必须注明：何种产品、规格、样式、生产数量、开始制造日期等。它一般有三种形式：(1) 产品生产、装配通知单；(2) 部件装配通知单；(3) 零件生产通知单。一种产品生产，有的只需填制一种或两种生产通知单，有的需要同时填制三种通知单。

提示音

内部生产批号与客户订单有密切的联系，它往往根据需用单位的订单确定，因而按照批别核算产品成本，往往也就是按照订单核算产品成本，所以分批法亦称订单法。生产批号与客户订单的区别主要表现在如下几个方面：(1) 如果在一张订单中订购了多种产品，应按照产品的品种划分为多个批别，组织生产；(2) 如果在一张订单中只有一种产品，但产品的数量较大，不便于集中一次投产，或购货单位要求分批交货，那么也可分批组织生产；(3) 如果在同一时期内，在多张订单中订购了相同的产品，但为了经济合理地组织生产，也可将几个相同产品的订单合为一批、开设一个产品批号，组织生产；(4) 如果在一张订单中只订购了一种产品，但这种产品属于大型复杂的产品，价值高、生产周期长，也可按产品的组成部分或生产步骤分别开设产品批号，组织生产。

（二）分批法的特点

分批法的主要特点可以归纳为如下几个方面：

(1) 以内部生产批号作为成本核算对象。

(2) 产成品成本的核算期一般与产品的生产周期一致，而不是与会计期间一致。因为在小批单件的生产组织之下，同一批产品一般同时完工，所以只有到该批产品完工时，产成品的成本才能核算出来。

(3) 通常不需要将基本生产耗费在完工产品与月末在产品之间进行分配。如果是单件生产，产品完工以前，产品成本明细账所记的生产耗费都是在产品成本；产品完工时，产品成本明细账所记的生产耗费，就是完工产品的成本，因而在月末计算成本时，不存在在完工产品与在产品之间分配耗费的问题。如果是小批生产，批内产品一般都能同时完工，在月末计算成本时，或是全部已经完工，或是全部没有完工，因而一般也不存在在完工产品与在产品之间分配耗费的问题。

（三）分批法的适用范围

一般来说，分批法适用于生产组织中的成批生产和单件生产。具体来说，分批法通常适用于如下几种情况：

(1) 根据购买者订单生产的企业。有些企业专门根据订货者的要求，生产特殊规格、规定数量的产品。订货者的订货可能是单件的大型产品，如船舶、精密仪器；可能是多件同样规格的产品，如根据订货者的设计图样生产几件实验室用的特种仪器。

(2) 产品种类经常变动的小规模制造厂。如生产窗把手、插销等的五金工厂，由于它规模小、工人数量少，同时要根据市场需要不断变动产品的种类和数量，不可能按产品设置流水线大量生产，因而必须按每批投产产品核算成本。

（3）专门进行修理业务的工厂。修理业务多种多样，需要根据承接的各种修理业务分别计算成本，并向客户收取货款。收取货款往往要根据修理合同的规定，以生产成本加上约定利润确定，所以需要计算并向客户报送每一次修理业务的成本。

（4）新产品试制车间等。专门试制、开发新产品的车间要按新产品的种类分别核算成本。

二、分批法的核算程序和应用举例

（一）分批法的核算程序

分批法的核算程序可以概括为如下几点：

（1）在生产开始时，会计部门按内部生产批号开设产品成本明细账。除了会计部门设置产品成本明细账外，各车间也可以按照内部生产批号开设成本明细账，记录本车间发生的费用，以加强车间成本管理。

（2）各月份按批别归集基本生产耗费，登记有关明细账。在分批法之下，特别强调按照生产批别归集生产耗费。对于各批产品直接耗用的各种材料、耗费，一定要在有关原始凭证上注明生产批号，以便据以登记产品成本明细账。辅助生产车间发生的辅助生产耗费、基本生产车间发生的制造费用，先按照发生地点分别在“辅助生产成本”“制造费用（基本生产）”账户归集，月末再按照一定的分配方法分配计入有关产品成本明细账。

（3）产品完工月份，计算并转出完工产成品成本。在批内产品跨月陆续完工的情况下，月末计算成本时，一部分产品已完工，另一部分尚未完工，这时就要在完工产品与在产品之间分配费用，以便计算完工产品成本和月末在产品成本。

由于小批生产的批量不大，批内产品跨月陆续完工的情况不多，因而可以采用简便的分配方法：可以按计划单位成本、定额单位成本或最近一期相同产品的实际单位成本计算并转出完工产品成本；从产品成本明细账中转出完工产品成本后，各项耗费余额之和即为在产品成本。为了正确地分析和考核该批产品成本计划的执行情况，在该批产品全部完工时，还应计算该批产品的实际总成本和实际单位成本；但对已经转账的完工产品成本不做账面调整。如果批内产品跨月完工的情况较多，月末批内完工产品的数量占全部批量的比重较大，为了提高成本核算的正确性，根据具体条件采用适当的分配方法（如约当产量比例法），在完工产品和月末在产品之间分配生产耗费，计算完工产品成本和月末在产品成本。

为了减少在完工产品与月末在产品之间分配耗费的工作，提高成本核算的正确性和及时性，在合理组织生产的前提下也可以适当缩小产品的批量，以较小的批量分批投产，尽量使同一批的产品能够同时完工，避免跨月陆续完工的情况。但是缩小产品批量应有一定的限度。如果批量过小，不仅会使生产组织不合理、不经济，而且会使设立的产品成本明细账过多，加大核算工作量。

（二）应用举例

［例 8-1］ 东风工厂按照购买单位的要求，小批生产甲、乙、丙三种产品，采用分批法核算各批产品成本。2019 年 6 月份的生产情况和生产费用发生情况的资料如下：

（1）本月份生产产品的批号：

2019 号甲产品 7 件，5 月份投产，6 月份（本月）尚未完工。

2019 号乙产品 4 件，5 月份投产，6 月份全部完工，验收入库。

2019 号丙产品 18 件，6 月份投产，月末完工 10 件，在产品 8 件。

（2）本月份的成本资料：

1）各批产品的月初在产品成本详见表 8－18。

表 8－18　月初在产品成本资料　　单位：元

批号	原材料	燃料及动力	职工薪酬费	制造费用	合　计
19501	61 200	7 320	9 320	27 310	105 150
19502	14 800	1 520	2 010	5 350	23 680

2）归集各种耗费分配表，汇总各批产品本月发生的基本生产耗费，详见表 8－19。

表 8－19　各批产品本月基本生产耗费资料　　单位：元

批号	原材料	燃料及动力	职工薪酬费	制造费用	合　计
19501	158 100	16 210	16 410	51 830	242 550
19502	27 130	3 620	4 110	9 780	44 640
19601	252 900	28 350	42 525	56 700	380 475

3）完工产品与月末在产品之间分配耗费的方法。

原材料耗费按完工产品与月末在产品实际数量分配，其他耗费都按约当产量比例分配。第 19601 批产品丙由四道工序加工而成，其各工序月末在产品的数量、加工率以及据以编制的产品约当产量计算表详见表 8－20。

表 8－20　第 19601 批产品丙月末在产品约当产量计算表

工　序	加工率（%）	在产品盘存数	约当产量计算
1	12.5	2	12.5%×2=0.25
2	35	1	35%×1=0.35
3	55	2	55%× 2=1.1
4	82.5	3	82.5%×3=2.475
合　计		8	4.175

4）归集上述各项资料，登记各批产品成本明细账，详见表 8－21 至表 8－23。

表 8－21　产品成本明细账

批号：19501　　购货单位：大通公司　　投产日期：5 月

产品名称：甲　　批量：7 件　　完工日期：

单位：元

摘　要	原材料	燃料及动力	职工薪酬费	制造费用	合　计
月初在产品成本	61 200	7 320	9 320	27 310	105 150
本月生产耗费	158 100	16 210	16 410	51 830	242 550
合　计	219 300	23 530	25 730	79 140	347 700

表 8-22　产品成本明细账

批号：19502　　购货单位：南海集团　　投产日期：5 月

产品名称：乙　　批量：4 件　　完工日期：6 月

单位：元

摘　要	原材料	燃料及动力	职工薪酬费	制造费用	合　计
月初在产品成本	14 800	1 520	2 010	5 350	23 680
本月生产耗费	27 130	3 620	4 110	9 780	44 640
合　计	41 930	5 140	6 120	15 130	68 320
完工产品成本	41 930	5 140	6 120	15 130	68 320
完工产品单位成本	10 482.5	1 285	1 530	3 782.5	17 080

表 8-23　产品成本明细账

批号：19601　　购货单位：光明公司　　投产日期：6 月

产品名称：丙　　批量：18 件　　完工日期：6 月

（完工 10 件）

单位：元

摘　要	原材料	燃料及动力	职工薪酬费	制造费用	合计
本月生产耗费	252 900	28 350	42 525	56 700	380 475
转出完工产品（10 件）成本	140 500	20 000	30 000	40 000	230 500
完工产品单位成本	14 050	2 000	3 000	4 000	23 050
在产品（8 件）成本	12 400	8 350	12 525	16 700	149 975

表 8-22 中，原材料耗费在完工产品和在产品之间的分配计算如下：

$$原材料耗费分配率=\frac{252\ 900}{10+8}=14\ 050$$

完工产品原材料耗费＝14 050×10＝140 500（元）

月末在产品原材料耗费＝14 050×8＝112 400（元）

其他各项耗费在完工产品和月末在产品之间的分配计算如下：

$$燃料及动力耗费分配率=\frac{28\ 350}{10+4.175}=2\ 000$$

完工产品燃料及动力费＝2 000×10＝20 000（元）

月末在产品燃料及动力费＝2 000×4.175＝8 350（元）

$$职工薪酬费分配率=\frac{42\ 525}{10+4.175}=3\ 000$$

完工产品职工薪酬费＝3 000×10＝30 000（元）

月末在产品职工薪酬费＝3 000×4.175＝12 525（元）

$$制造费用分配率=\frac{56\ 700}{10+4.175}=4\ 000$$

完工产品制造费用＝4 000×10＝40 000（元）

月末在产品制造费用＝4 000×4.175＝16 700（元）

三、简化的分批法

（一）什么是简化的分批法

在成批组织生产的企业或车间中，同一月份内投产的产品批数有时很多，有的多至几十批，甚至几百批，在这种情况下，如果仍采用手工记账的方法，那么各种间接计入耗费在各批产品之间按月进行分配的工作就极为繁重，因此，在投产批数繁多而且月末未完工批数较多的企业（例如属于这种情况的机械制造厂或修配厂）中，可以采用一种简化的分批法。

采用这种方法，仍应按照生产批别设立产品成本明细账，但在各批产品完工之前，账内只需按月登记直接计入耗费（例如原材料耗费）和生产工时，每月发生的间接计入耗费，不是按月在各批产品之间进行分配，而是先将其在基本生产成本二级账（或全厂生产耗费登记表）中，按成本项目累计起来，只有在有完工产品的那个月份，才对完工产品按照其累计工时的比例，分配间接计入耗费，计算完工产品成本；而全部产品的在产品应负担的间接计入耗费，仍以总数反映在基本生产成本二级账（或全厂生产耗费登记表）中，不进行分配，即不分批计算在产品成本，因此，这种方法可称之为不分批核算在产品成本的分批法。

（二）简化的分批法举例

［例 8－2］ 某工业企业小批生产多种产品，产品批数较多。为了简化产品成本核算工作，采用简化的分批法核算成本。该企业九月份某车间各批产品的情况如下：

第 20705 批：甲产品 6 件，7 月投产，本月完工；

第 20821 批：乙产品 10 件，8 月投产，本月完工 7 件；

第 20835 批：丙产品 9 件，8 月投产，尚未完工；

第 20901 批：丁产品 4 件，9 月投产，尚未完工。

该企业设立的基本生产成本二级账如表 8－24 所示。

表 8－24 基本生产成本二级账

××车间　　202×年　　单位：元

月	日	摘要	原材料	生产工时	职工薪酬费	制造费用	成本合计
8	31	在产品	400 100	61 520	100 360	139 280	639 740
9	30	本月发生	124 160	60 540	107 142	141 458	372 760
9	30	累 计	524 260	122 060	207 502	280 738	1 012 500
9	30	全部产品累计间接计入耗费分配率			1.7	2.3	
9	30	本月完工产品转出	367 672	78 540	133 518	180 642	681 832
9	30	在产品	156 588	43 520	73 984	100 096	330 668

表 8-24 基本生产成本二级账中，8 月 31 日在产品的生产工时和各项耗费，由 8 月份的生产工时和生产耗费资料结转而来；本月发生的原材料耗费和生产工时，应根据本月原材料耗费分配表、生产工时记录，与各批产品成本明细账平行登记；本月发生的各项间接计入耗费，应根据各该耗费分配表汇总登记。全部产品累计间接计入耗费分配率，计算如下：

职工薪酬费累计分配率＝207 502/122 060＝1.7

制造费用累计分配率＝280 738/122 060＝2.3

基本生产成本二级账中完工产品的原材料耗费和生产工时，应根据后列各批产品成本明细账中完工产品的原材料耗费和生产工时汇总登记。完工产品的各项间接计入耗费，可以根据账中完工产品生产工时分别乘以各累计耗费分配率计算登记。基本生产成本二级账中月末在产品的原材料耗费和生产工时，可以根据账中累计的原材料耗费和生产工时分别减去本月完工产品的原材料耗费和生产工时计算登记；也可以根据后列各批产品成本明细账中月末在产品的原材料耗费和生产工时分别汇总登记，两者计算结果应该相符。基本生产成本二级账中月末在产品的各项间接计入耗费，可以根据其生产工时分别乘以各耗费累计分配率计算登记；也可以根据各该耗费的累计数分别减去完工产品的相应耗费计算登记。由此可见，全部产品的按成本项目反映的在产品成本仍然是计算登记的。

该企业所设各批产品成本明细账如表 8-25 至表 8-28 所示。

表 8-25　产品成本明细账

产品批号：20705　　购货单位：大华公司　　投产日期：7 月

产品名称：甲　　批量：5 件　　完工日期：9 月

单位：元

月	日	摘 要	原材料	生产工时（小时）	职工薪酬费	制造费用	合计
7	31	本月发生	130 760	19 640			
8	31	本月发生	70 940	12 640			
9	30	本月发生	51 440	19 680			
9	30	累计数及累计间接计入耗费分配率	253 180	51 960	1.7	2.3	
9	30	本月转出完工产品成本	253 180	51 960	88 332	119 508	461 020
9	30	完工产品单位成本	50 636		17 666.4	23 901.6	92 204

表 8-26　产品成本明细账

产品批号：20821　　购货单位：盛华公司　　投产日期：8 月
产品名称：乙　　批量：10 件　　完工日期：9 月
（本月完工 7 件）
单位：元

月	日	摘要	原材料	生产工时	职工薪酬费	制造费用	合计
8	31	本月发生	150 620	14 780			
9	30	本月发生	12 940	19 520			
9	30	累计数及累计 间接计入耗费分配率	163 560	34 300	1.7	2.3	
9	30	本月转出完工产品成本	114 492	26 580	45 186	61 134	220 812
9	30	完工产品单位成本	16 356	3 797.14	6 455.14	8 733.43	31 544.57
9	30	在产品	49 068	7 720			

表 8-27　产品成本明细账

产品批号：20835　　购货单位：诚信公司　　投产日期：8 月
产品名称：丙　　批量：9 件　　完工日期：
单位：元

月	日	摘要	原材料	生产工时	职工薪酬费	制造费用	合计
8	31	本月发生	47 740	14 460			
9	30	本月发生	17 420	8 580			

表 8-28　产品本明细账

产品批号：20901　　购货单位：宏远公司　　投产日期：9 月
产品名称：丁　　批量：4 件　　完工日期：
单位：元

月	日	摘要	原材料	生产工时	职工薪酬费	制造费用	合计
9	30	本月发生	42 360	12 760			

在上列各批产品成本明细账中，对于没有完工产品的月份，只登记直接计入耗费（原材料耗费）和生产工时，例如第 20835、第 20901 两批产品；对于有完工产品（包括全批完工或批内部分完工）的月份，除了登记原材料耗费和生产工时及其累计数外，还应根据基本生产成本二级账登记各项累计间接计入耗费的分配率。

第 20705 批产品，月末全部完工，因而其产品成本明细账中累计的原材料耗费和生产工时，就是完工产品的原材料耗费和生产工时；以其生产工时分别乘以各项间接计入耗费累计分配率，即为完工产品的各项间接计入耗费。

第 20821 批产品，月末部分完工、部分在产，因而还应在完工产品与月末在产品之间分配耗费。该种产品所耗原材料在生产开始时一次投入，因而原材料耗费按完工产品与月末在产品的数量比例分配。假定该批产品的月末在产品工时按工时定额计算，其定额工时共计 7 720 小时；则其完工产品的工时应为 26 580（34 300－7 720）小时。以该完工产品工时分别乘以各项累计间接计入耗费分配率，即可计算、登记该批产品成本明细账中的各项间接计入耗费。

各批产品成本明细账登记完毕，其中完工产品的原材料耗费和生产工时应分别汇总记入基本生产成本二级账，并据以计算、登记各批全部完工产品的总成本。

各批产品明细账所记月末在产品的直接计入耗费（例如原材料耗费）之和以及月末在产品工时之和，应与基本生产成本二级账月末在产品的直接计入耗费和工时分别核对相符。

（三）简化的分批法的特点和应用条件

简化的分批法与一般的分批法相比较，具有以下特点：

采用简化的分批法，需要设立基本生产成本二级账或全厂基本生产耗费登记表。其作用在于：(1) 按月提供车间或企业全部产品的累计生产耗费和生产工时（实际生产工时或定额生产工时）资料；(2) 在有完工产品的月份，计算全部产品累计间接计入耗费分配率，并据此计算完工产品总成本和月末在产品总成本。

每月发生的各项间接计入耗费，不是按月在各批产品之间进行分配，而是先在基本生产成本二级账或全厂基本生产耗费登记表中累计起来，在有完工产品的月份，按照完工产品累计生产工时的比例，在各批完工产品之间进行分配；对未完工的在产品则不分配间接计入耗费，即不分配计算在产品成本。

综上所述，这种方法在下列条件之下应用效果较好：(1) 产品批数多，且月末完工产品的批数少；(2) 各月、各批间接计入耗费水平比较均衡；(3) 采用手工记账。

提示音

简化分批法的优点在于手工记账的情况下能够起到简化分配间接计入耗费工作量的作用，而且在苏式会计制度时期采用完全成本法核算成本的情况下，由于属于间接计入耗费的成本项目较多，所有其优势更加明显。目前会计的工作环境和技术条件已经发生了根本的变化，已经完全从过去烦琐的手工记账中解脱出来，变成了运算快捷、准确的计算机系统或人工智能系统。因此，简化的分批法的优点可以说几乎不复存在，若仍采用该法可能得不偿失。因为，这种方法的缺点非常突出：(1) 月末无法提供分产品批次和品种的在产品成本，影响编制存货明细表；(2) 目前制造费用内容比较复杂，而且在产品成本中的比重呈越来越高的趋势，即使是按照单一的时间工时分配标准、按月分别车间进行分配都可能会严重影响产品成本的准确性；如果不同会计期间、不同批次的累计制造费用，按照单一的时间工时、在不同批次之间分配制造费用，必将更严重地脱离实际情况，造成产品成本失实。

【历史浏览】

按照以下提示回顾本节内容：

1. 分批法，是按照产品批别归集生产耗费、核算产品成本的一种方法。分批法的"批"是指内部生产批号，它由企业生产计划部门经过整体规划、确定生产的先后次序后制定，通知生产、财务、供应等部门，生产部门据此安排生产，会计部门据此开设产品成本明细账、核算成本，仓库据此发料。

2. 内部生产批号与客户订单有密切的联系，它往往根据需用单位的订单确定，因而按照批别核算产品成本，往往也就是按照订单核算产品成本，所以分批法亦称订单法。但是，生产批号与客户订单也有明显的区别。

3. 分批法的主要特点是：(1) 以内部生产批号作为成本核算对象；(2) 产成品成本的核算期一般与产品的生产周期一致，而不是与会计期间一致；(3) 通常不需要将基本生产费用在完工产品与月末在产品之间进行分配。

4. 分批法适用于生产组织中的成批生产和单件生产，比如：(1) 根据购买者订单生产的企业；(2) 产品种类经常变动的小规模制造厂；(3) 专门进行修理业务的工厂；(4) 新产品试制车间等。

【复习思考题】

1. 什么是内部生产批号？其作用是什么？内部生产批号与客户订单有什么区别与联系？

2. 分批法有什么特点？为什么？

3. 举例说明分批法的适用范围。

4. 在批内产品跨月陆续完工的情况下，如何核算完工产品和在产品的成本？

5. 什么是简化的分批法？这种方法的弊端是什么？

第四节　分步法

【学习导航】

⊙ 掌握分步法的特点和适用范围；
⊙ 理解逐步结转分步法的本质和必要性；
⊙ 理解逐步结转分步法的核算程序；
⊙ 能够应用综合结转法和分项结转法核算产品成本；
⊙ 重点掌握按照实际成本进行综合结转的方法；
⊙ 理解综合结转法和分项结转法的优缺点；
⊙ 掌握成本还原的方法；
⊙ 理解平行结转分步法的核算程序和优缺点。

一、分步法的特点、适用范围和种类

（一）什么是分步法

在大批大量、多步骤生产的企业里，产品生产的工艺过程是由技术上可以间断的若干生产步骤组成的。例如，钢铁企业钢材的生产可以分为炼铁、炼钢、轧钢等步骤；纺织企业布匹的生产可以分为纺纱、织布等步骤；造纸企业纸张的生产可以分为制浆、制纸、包装等步骤；机械企业机械产品的生产可以分为铸造、加工、装配等步骤。为了加强各生产步骤的成本管理，企业往往不仅要求按照最终产品的品种核算成本，还要求按照产品的生产步骤核算成本，以便为考核和分析各种产品和各生产步骤的成本计划的执行情况提供资料。这种按照产品的生产步骤来开设产品成本明细账、核算产品成本的方法，叫作分步法。

（二）分步法的特点

分步法的主要特点，可以归纳为如下几个方面。

1. 成本核算对象的特点

如果只生产一种产品，成本核算对象就是该种产成品及其所经过的有关生产步骤，产品成本明细账应该按照产品的生产步骤开立。如果生产多种产品，成本核算对象则是各种产成品及其所经过的有关生产步骤。

2. 产成品核算期的特点

由于采用分步法的企业，其产品是大批大量重复生产，即原材料不断投入，产成品不断产出，所以产成品成本核算期没有条件同生产周期一致，而是按照会计期间进行。

3. 完工产品和在产品成本划分的特点

由于产品是大批大量重复生产，所以往往是每个会计期间既有完工产品又有在产品。

因此为了核算完工产品和在产品的成本，需要将生产耗费的累计数在完工产品和在产品之间进行划分。

4. 各步骤之间产品成本必须结转

由于产品生产是分步骤进行的，上一步骤生产的半成品是下一步骤的加工对象。因此，为了核算各种产品的产成品成本，必须按照产品品种在步骤之间结转成本。这是分步法的一个很重要的特点。

（三）分步法的适用范围

分步法适用于大批大量多步骤生产，并且管理上要求核算步骤成本的产品生产。如果生产在组织上是小批单件的，那么，它首先采用的是分批法；如果在工艺上是单步骤生产，那么既无必要也无可能按照生产步骤核算成本；如果工艺上虽然是多步骤生产，但是管理上却不要求核算步骤成本，那么也没有必要采用分步法。因此，一般来说，分步法适用于大批大量多步骤生产，并且管理上要求核算步骤成本的产品生产。如纺织企业，其产成品布匹的生产往往是大批大量的，其工艺可分为纺纱、织布、印染等步骤，而且在管理上往往需要了解半成品纱的成本；炼钢企业，其产成品钢材的生产往往是大批大量的，其工艺可分为炼铁、炼钢、轧钢等步骤，而且管理上要求知道半成品生铁、钢锭等的成本；机器制造企业，有些是大批大量生产比较定型的产品，其工艺可分为铸造、加工、装配等步骤，而且在管理上要求加强每一个步骤的成本管理水平，从而要求提供每一步骤的成本信息；造纸企业，其产成品纸张的生产经常是大批大量的，在工艺上可分为制浆、制纸、包装等步骤，而且管理上要求了解半成品纸浆的成本。

（四）分步法的种类

按照是否核算各步骤的半成品成本以及步骤之间结转成本的方式不同，分步法可分为逐步结转分步法、平行结转分步法两种。

逐步结转分步法不但核算各步骤完工产品的成本，而且随着各步骤的半成品转移到下一步骤，其成本也随之转移到下一步骤。

平行结转分步法不核算各步骤完工产品的成本，各步骤只核算本步骤发生的生产耗费以及应当计入产成品的“份额”。

二、逐步结转分步法

（一）什么情况下应用逐步结转分步法

逐步结转分步法的主要特点是，不但按照生产步骤核算该步骤的完工产品成本，而且随着半成品实物转移到下一步骤，该半成品的成本也随之结转到下一步骤，一直到最后一个生产步骤核算出产成品的成本。那么，什么企业需要应用逐步结转分步法呢？

在采用分步法的大量大批、多步骤生产企业中，下列企业在成本管理中需要提供生产步骤的半成品成本资料，从而需要应用逐步结转分步法。

(1) 各生产步骤所产的半成品不仅由本企业进一步加工，而且经常作为商品产品对外销售。为了计算外售半成品的成本和利润以及全面地考核和分析商品产品成本计划的执行情况，需要核算这些半成品的成本。例如，钢铁企业的生铁、钢锭，纺织企业的棉纱就是如此。

(2) 有一些半成品为本企业几种产品所共同耗用，为了分别核算各种产品的成本，也要核算这些半成品的成本。例如，造纸企业所产的纸浆、机械企业所产的铸件就是如此。

(3) 在实行厂内经济核算或责任会计的企业中，为了全面地考核和分析各生产步骤等内部单位的生产耗费和资金占用水平，需要随着半成品实物在各生产步骤之间的转移，逐步计算和结转半成品成本。

逐步结转分步法由于核算半成品成本，所以也叫作计算半成品成本分步法。

(二) 逐步结转分步法的核算程序

在逐步结转分步法下，各步骤所耗用的上一步骤半成品的成本要随着半成品实物的转移，从上一步骤产品成本明细账转入下一步骤相同产品的产品成本明细账中，以便逐步计算各步骤的半成品成本和最后步骤的产成品成本。这种逐步结转各步骤成本的核算程序如图 8-2 所示。

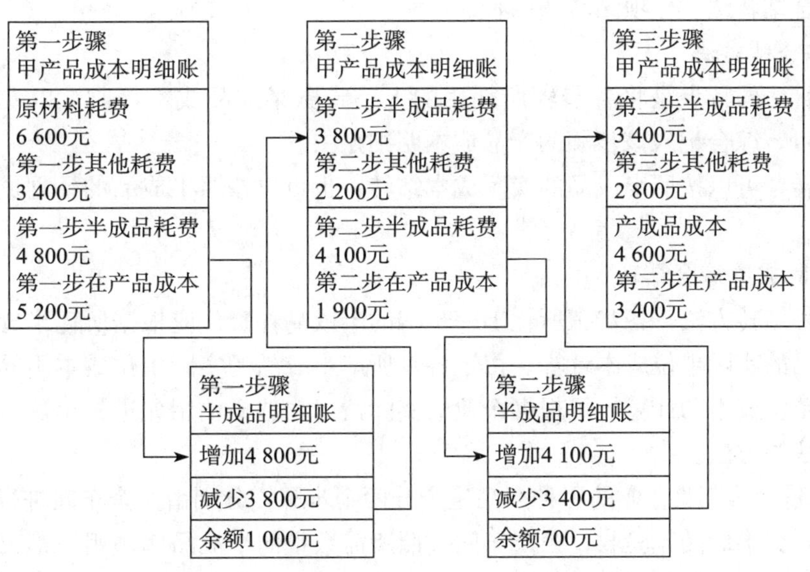

图 8-2　逐步结转分步法成本核算程序示意图

在逐步结转分步法下，各步骤完工转出的半成品成本，应该从该步骤的产品成本明细账中转出；各步骤领用的半成品的成本构成该步骤的一项耗费，称为半成品耗费，应该记入该步骤的产品成本明细账中。如果半成品完工后不通过半成品库收发，而为下一步骤直接领用，则半成品成本就在各步骤的产品成本明细账之间结转，借记“基本生产成本——××步骤”账户，贷记“基本生产成本——××步骤”账户。如果半成品完工后不为下一步骤直接领用，而要通过半成品库收发（见图 8-2），则应编制结转半成品成本的会计分录：在验收入库时，借记“自制半成品”账户，贷记

“基本生产成本”账户，在下一步骤领用时再编制相反的会计分录。

从图 8－2 的核算程序中可以看出，采用这种分步法，每月月末，各项生产耗费（包括所耗上一步骤半成品成本）在各步骤产品成本明细账中归集以后，如果该步骤既有完工的半成品（最后步骤为产成品）又有正在加工中的在产品，为了计算完工的半成品（最后步骤为产成品）的成本，还应将各步骤归集的生产耗费采用适当的分配方法，在完工半成品（最后步骤为产成品）与正在加工中的在产品之间进行分配，然后通过半成品的逐步结转，在最后一步骤的产品成本明细账中，计算出完工产成品成本。

从以上所述可以看出，逐步结转分步法实际上就是品种法的多次连续应用。即在采用品种法核算上一步骤的半成品成本以后，按照下一步骤的耗用数量转入下一步骤成本；下一步骤再一次采用品种法归集所耗半成品的耗费和本步骤其他耗费，计算其半成品成本；如此逐步结转，直至最后一个步骤核算出产成品成本。

（三）各步骤所耗用的半成品成本的反映方式

逐步结转分步法按照结转的半成品成本在下一步骤产品成本明细账中的反映方式不同，分为综合结转法、分项结转法两种。

（四）综合结转法

综合结转法的特点是将各步骤所耗用的上一步骤半成品成本，通常以专设的“半成品”成本项目，综合记入该步骤的产品成本明细账中。

综合结转，可以按照半成品的实际成本结转，也可以按照半成品的计划成本（或定额成本）结转。

1. 按实际成本综合结转

采用这种结转方法，各步骤所耗上一步骤的半成品耗费，应根据所耗半成品的实际数量乘以半成品的实际单位成本计算。由于各月所产半成品的实际单位成本不同，因而所耗半成品实际单位成本的计算，可根据企业的实际情况，选择使用先进先出法、加权平均法及后进先出法等方法。

［例 8－3］ 某工业企业的甲种产品生产分两个步骤，分别由两个车间进行。第一车间生产半成品，交半成品库验收；第二车间按照所需数量向半成品库领用。第二车间所耗半成品费用按全月一次加权平均单位成本计算。两个车间月末在产品均按定额成本计价。其成本核算程序如下：

（1）根据各种耗费分配表、半成品交库单和第一车间在产品定额成本资料，登记第一车间甲产品成本明细账，如表 8－29 所示。

表 8-29　产品成本明细账

202×年 7 月

第一车间　　甲产品（半成品甲）　　　　　　　　　　　　　　　　　　　　单位：元

月	日	摘　要	产量（件）	原材料	职工薪酬费	制造费用	成本合计
6	30	在产品成本（定额成本）		9 200	3 000	6 000	18 200
7	31	本月生产耗费		49 000	24 500	44 000	117 500
7	31	合　计		58 200	27 500	50 000	135 700
7	31	完工半成品成本转出	7 000	53 000	26 000	47 000	126 000
7	31	半成品单位成本		7.57	3.71	6.72	18.00
7	31	在产品成本（定额成本）		5 200	1 500	3 000	9 700

在产品成本明细账中，月初（即 6 月末）在产品成本，应根据上月本账月末在产品成本登记；本月生产耗费，应根据本月各种耗费分配表登记（具体过程从略）；月末在产品成本，应根据月末在产品的数量和定额工时以及每件在产品原材料耗费定额、每小时的职工薪酬费定额和制造费用定额计算登记（具体过程从略）。由于在产品按定额成本计价，因而完工转出的半成品成本应根据生产耗费累计数，减去按定额成本计算的月末在产品成本计算登记。

根据第一车间甲产品成本明细账和半成品入库单，编制结转半成品成本的会计分录：

借：自制半成品——甲种半成品　　　　　　　　　　　　126 000

　贷：基本生产成本——第一车间（甲种半产品）　　　　　　　126 000

（2）根据第一车间产品成本明细账、半成品入库单以及第二车间领用半成品的领用单，登记自制半成品明细账，如表 8-30 所示。

表 8-30　自制半成品明细账

半成品甲　　　　　　　　　　　　　　　　　　　　　　　　　　数量单位：件

月份	月初余额		本月增加		合计			本月减少	
	数量	实际成本	数量	实际成本	数量	实际成本	单位成本	数量	实际成本
7	3 000	94 000	7 000	126 000	10 000	220 000	22	8 000	176 000
8	2 000	44 000							

在上列自制半成品明细账中，月初余额，应根据上月该表月末余额登记；本月增加的数量和实际成本，应根据计价后的半成品交库单登记；合计中的单位成本是全月一次加权平均单位成本，应根据累计的实际成本除以累计的数量计算登记；本月减少的数量，应根据第二车间领用半成品的领用单登记；本月减少的实际成本，应根据本月减少数量乘以累

计单位成本计算登记。

根据自制半成品明细账所列半成品单位成本资料和第二车间领用半成品的领用单，编制下列会计分录：

借：基本生产成本——第二车间（甲产成品） 176 000

贷：自制半成品——甲种半成品 176 000

（3）根据各种生产耗费分配表、半成品领用单、产成品交库单以及第二车间在产品定额成本资料，登记第二车间甲产品成本明细账，如表8-31所示。

表8-31 产品成本明细账

第二车间 甲产品（产成品） 单位：元

月	日	摘 要	产量（件）	半成品	职工薪酬费	制造费用	成本合计
6	30	在产品成本（定额成本）		21 000	1 920	4 000	26 920
7	31	本月生产耗费		176 000	21 980	53 200	251 180
7	31	合 计		197 000	23 900	57 200	278 100
7	31	产成品成本转出	5 000	162 000	20 300	49 700	232 000
7	31	产成品单位成本		32.40	4.06	9.94	46.40
7	31	在产品成本（定额成本）		35 000	3 600	7 500	46 100

在上列产品成本明细账中，“半成品”成本项目就是为了综合登记所耗第一车间半成品的成本而增设的。其中，本月半成品耗费，应根据第二车间计价后的半成品领用单登记。

根据第二车间产品成本明细账和产成品入库单，编制结转产成品成本的会计分录：

借：产成品——甲产品 232 000

贷：基本生产成本——第二车间（甲产成品） 232 000

综上所述，可以看出，在按照实际成本进行综合结转时，下一步骤的产品成本只有在上一步骤的产品成本核算完毕后才能核算出来，也就是说，成本核算的及时性不够；而且，下一步骤的成本水平还受到上一步骤成本水平的影响，也就是说，不利于分清成本责任，从而影响成本考核。按照计划成本进行综合结转可以在一定程度上解决这一问题。

2. 按计划成本综合结转

采用这种结转方法，半成品的日常收发均按计划成本计价；在半成品实际成本计算出来后，再计算半成品的成本差异额和差异率，调整领用半成品的计划成本。按计划成本综合结转所用账表的特点在于：

（1）为了调整所耗半成品的成本差异，自制半成品明细账不仅要反映半成品收发和结存的数量和实际成本，而且要反映半成品的收发和结存的计划成本、成本差异额和成本差异率。

（2）在产品成本明细账中，对于所耗半成品，为了分析上一步骤半成品成本差异对本步骤成本的影响，可以按照所耗半成品的计划成本、成本差异分别登记。此时，产品成本明细账“半成品”项目要分设“计划成本”“成本差异”“实际成本”三栏。

仍以上例企业资料列示其自制半成品明细账，如表 8－32 所示。

表 8－32　自制半成品明细账

单位：件

半成品甲　　计划单位成本：20 元

月　份			7	8
月初余额	数量	(1)	3 000	2 000
	计划成本	(2)	60 000	40 000
	实际成本	(3)	94 000	44 000
本月增加	数量	(4)	7 000	
	计划成本	(5)	140 000	
	实际成本	(6)	126 000	
合　计	数量	(7) ＝(1)＋(4)	10 000	
	计划成本	(8) ＝(2)＋(5)	200 000	
	实际成本	(9) ＝(3)＋(6)	220 000	
	成本差异	(10) ＝(9)－(8)	＋20 000	
	成本差异率	(11) ＝(10)/(8)×100％	＋10％	
本月减少	数量	(12)	8 000	
	计划成本	(13)	160 000	
	实际成本	(14) ＝(13)＋(13)×(11)	176 000	

在表 8－32 所列示的自制半成品明细账中，本月增加和本月减少的计划成本，应根据半成品的入库单和领用单所列数量，按计划单位成本计价以后登记。本月增加的实际成本，应根据第一车间甲产品成本明细账中完工转出的半成品成本登记；累计的成本差异、成本差异率和本月减少的实际成本，其计算公式如下：

$$\text{累计成本差异}=\text{累计实际成本}-\text{累计计划成本}$$
$$=220\ 000-200\ 000=+20\ 000\text{（元）}$$

$$\text{累计成本差异率}=\frac{\text{累计成本差异}}{\text{累计计划成本}}\times 100\%$$
$$=\frac{+20\ 000}{200\ 000}\times 100\%=+10\%$$

本月减少的实际成本＝本月减少的计划成本×(1＋成本差异率)
＝160 000×(1＋10％)
＝176 000

第二车间产品成本明细账中，由于“半成品”成本项目按“计划成本”、“成本差异”和“实际成本”分列三栏，所以其格式和金额如表 8－33 所示。

表 8－33　产品成本明细账

第二车间　　甲产品（产成品）　　单位：元

月	日	摘　要	产量（件）	半成品			职工薪酬费	制造费用	成本合计
				计划成本	成本差异	实际成本			
6	30	在产品成本（定额成本）		21 000		21 000	1 920	4 000	26 920
7	31	本月生产耗费		160 000	＋16 000	176 000	21 980	53 200	251 180
7	31	合　计		181 000	＋16 000	197 000	23 900	57 200	278 100
7	31	产成品成本转出	5 000	146 000	＋16 000	162 000	20 300	49 700	232 000
7	31	产成品单位成本		29.20	3.20	32.40	4.06	9.94	46.40
7	31	在产品成本（定额成本）		35 000		35 000	3 600	7 500	46 100

在表 8－33 所列产品成本明细账中，本月所耗按计划单位成本计算的半成品耗费，应根据按计划单位成本计价的半成品领用单登记；本月所耗半成品的成本差异，应根据所耗半成品的计划成本乘以自制半成品明细账中的成本差异率计算登记：

本月所耗半成品应分配的成本差异＝本月所耗半成品的计划成本×成本差异率
＝160 000×10％＝＋16 000（元）

由于该企业规定在产品按定额成本计价，因而在产品所耗用的半成品没有成本差异，也正因如此，本月所耗半成品的成本差异＋16 000 元全部计入本月产成品成本。

通过以上所述，可以看出，各个生产步骤领用上一生产步骤的半成品等于领用原材料，因此，综合结转半成品成本的核算，相当于各生产步骤领用原材料的核算。按实际成本综合结转半成品成本的核算原理与材料按实际成本进行核算的原理基本相同；按计划成本综合结转半成品成本的核算原理，与材料按计划成本进行日常核算的原理基本相同。

按计划成本综合结转半成品成本，与按实际成本综合结转半成品成本相比，具有两方面的优点：

（1）可以加速成本核算工作。

首先，如果月初半成品结存量较大，本月耗用的半成品大部分甚至全部是以前月份生产的，这时，本月所耗半成品成本差异可以根据上月半成品的成本差异率，即月初结存半成品的成本差异率计算。这样，各生产步骤都可以根据本步骤所耗上一步骤半成品的计划成本乘以月初半成品成本差异率，同时计算所耗半成品的成本差异和实际耗费，而不必等到月末算出上一步骤本月半成品的实际成本、成本差异和成本差异率以后，再来计算所耗半成品的成本差异和实际成本，成本核算不必逐步等待，因而可以加速成本计算工作。其次，如果各步骤所耗半成品的成本差异不调整计入各步骤的产品成本，而是直接调整计入最后的产成品成本，可以进一步加速各步骤的成本核算工作。

（2）有利于分清成本责任和进行成本考核。

按计划成本结转半成品成本，可以在各步骤的产品成本明细账中分别反映所耗半成品的计划成本和成本差异，因而，在分析各步骤产品成本时，可以剔除上一步骤半成品成本变动对本步骤产品成本的影响，有利于分清经济责任，考核各步骤的经济效益。如果各步骤所耗半成品的成本差异，不调整计入各步骤的产品成本，而是直接调整计入最后的产成品成本，这时，由于各步骤产品成本中不包括上一步骤半成品成本变动的影响，因而更便于分清各步骤的经济责任，便于各步骤产品成本的考核。

按照计划成本综合结转半成品成本所应具备的条件是，半成品的计划成本必须比较准确。

3. 综合结转法的成本还原

采用综合结转法结转半成品成本，各步骤所耗半成品的成本是以“半成品”项目综合反映的。这样核算出来的产成品成本不能提供按原始成本项目反映的成本资料；在生产步骤较多的情况下，逐步综合结转半成品成本以后，表现在产成品成本中的绝大部分耗费是最后一个步骤所耗半成品的耗费，其他耗费只是最后一个步骤的耗费，在产品成本中所占的比重很小。这显然不符合企业产品成本的结构（也就是各项成本之间的比例关系）的实际情况，因而不能据以从整个企业的角度来考核与分析产品成本的构成情况。例如某种产品由三个生产步骤组成，上一生产步骤直接为下一生产步骤提供半成品，直到第三个生产步骤。其各步骤成本逐步结转的结果如表 8-34 所示。

表 8-34　各步骤成本逐步结转情况　　单位：元

成本项目 / 生产步骤	半成品	原材料	职工薪酬费	制造费用	成本合计
第一步骤半成品成本		3 400	800	2 200	6 400
第二步骤半成品成本	6 400		1 000	3 200	10 600
第三步骤产成品成本	10 600		1 200	3 800	15 600
原始成本项目合计		3 400	3 000	9 200	15 600

从表 8-34 中的数据可以看出，第一步骤完工的半成品成本 6 400 元，转作第二步骤

的半成品耗费；第二步骤完工的半成品成本 10 600 元，转作第三步骤的半成品耗费。在最后算出的第三步骤产成品成本中，除了这一项数额颇大的半成品耗费（约占产成品成本 15 600 元的 68%）以外，工资及福利费只有 1 200 元，制造费用只有 3 800 元（两者合计只占产成品成本的 32%），这与企业该种产品成本的实际结构，即原材料耗费 3 400 元，工资及福利费 3 000 元和制造费用 9 200 元（后两者合计约占产成品成本的 78%）大不相同。因此，在管理上要求从整个企业角度分析和考核产品成本的构成时，还应将综合结转法核算出的产成品成本进行成本还原，即将产成品成本中的“半成品”成本项目还原为按原始成本项目反映的成本。

如果像上例所列，各步骤所耗的半成品费用恰好是上一生产步骤生产的半成品成本，两者可以互相抵消，成本还原的方法很简单：只要将各步骤所耗半成品耗费略而不计，将各步骤的原材料耗费、工资及福利费和制造费用分别汇总即可。但在实际工作中，上一步骤所产半成品的数量与下一步骤所耗半成品的数量往往不相等，因而上述两者不能互相抵消，这就需要进行专门的成本还原。通常采用的成本还原方法是：从最后一个步骤起，把各步骤所耗上一步骤半成品的综合成本，逐步分解、还原成原材料、工资及福利费和制造费用等原始成本项目，从而求得按原始成本项目反映的产成品成本资料。一般是按本月所产半成品的成本结构进行还原，也就是：从最后一个步骤起，把各步骤所耗上一步骤半成品的综合成本，按照上一步骤所产半成品成本的结构，逐步分解、还原成按原始成本项目反映的产成品成本。

仍以前举甲种产品成本为例：第二车间甲产品成本明细账中算出本月产成品所耗上一车间半成品耗费为 162 000 元，按照第一车间产品成本明细账中算出的本月所产该种半成品成本 111 000 元的成本结构，进行分解、还原，算出按原始成本项目反映的甲种产成品成本。

成本还原一般通过成本还原计算表进行。根据前列第一车间和第二车间甲种产品成本明细账的有关资料，编制甲种产成品的成本还原计算表，如表 8-35 所示。

表 8-35　产品成本还原计算表

202×年 7 月　　单位：元

列　次	(1)	(2)	(3)	(4)	(5)	(6)
项　目	还原前产成品总成本	本月所产半成品成本	本月所产半成品成本结构	产成品成本中半成品成本还原	还原后产成品总成本	还原后产成品单位成本
产量	5 000（件）				5 000（件）	
半成品	162 000			−162 000		
原材料		53 000	42.063 49%	68 142.85	68 142.85	13.629
职工薪酬费	20 300	26 000	20.634 92%	33 428.57	53 728.57	10.746
制造费用	49 700	47 000	37.301 59%	60 428.58	110 128.58	22.025
成本合计	232 000	126 000	100%	0	232 000	46.40

表 8－35 中第（1）列还原前产成品总成本，应根据第二车间甲产品成本明细账中完工转出产成品成本填列，其中“半成品”成本项目 162 000 元是成本还原对象；第（2）列本月所产半成品成本，应根据第一车间甲半成品成本明细账中完工转出的半成品成本填列；第（3）列本月所产半成品成本结构，根据第（2）列各成本项目占总成本的比例确定；第（4）列产成品成本中半成品成本还原以还原对象 162 000 分别乘以第（3）列中的百分比，计算得到；第（5）列还原后产成品总成本，以第（4）列数据与第（1）列数据相加得到；第（6）列还原后产成品单位成本，以第（5）列各成本项目的数据，除以产成品产量 5 000 件得到。

也可按照产成品所耗半成品总成本与该月所产半成品总成本的比率，即还原分配率进行还原。该方法下的成本还原计算如表 8－36 所示。

表 8－36　产品成本还原计算表

202×年 7 月　　单位：元

列　次	(1)	(2)	(3)	(4)	(5)
项　目	还原前产成品成本	本月所产半成品成本	产成品成本中半成品成本还原	还原后产成品总成本	还原后产成品单位成本
产量	5 000（件）			5 000（件）	
还原分配率			1.285 714 2		
半成品	162 000		－162 000		
原材料		53 000	68 142.852	68 142.852	13.629
职工薪酬费	20 300	26 000	33 428.569	53 728.569	10.746
制造费用	49 700	47 000	60 428.579	110 128.579	22.025
成本合计	232 000	126 000	0	232 000	46.40

此时，进行成本还原的步骤为：

（1）计算还原分配率，其计算公式为：

$$还原分配率=\frac{本月产品所耗上一步骤半成品成本合计}{本月所产该种半成品成本合计}$$

依据资料计算为：

$$还原分配率=\frac{162\ 000}{126\ 000}\approx 1.285\ 714\ 2$$

（2）以还原分配率分别乘以本月所产该种半成品各个成本项目的耗费，即可将本月产成品所耗半成品的综合成本，按照本月所产该种产成品的成本构成，分解、还原为原始成本项目。本例中的还原计算如下：

$$\begin{matrix}产成品所耗半成品\\耗费中的原材料耗费\end{matrix}=53\ 000\times 1.285\ 714\ 2=68\ 142.852（元）$$

产成品所耗半成品耗费中的工资及福利费 $=26\ 000\times1.285\ 714\ 2=33\ 428.569$（元）

产成品所耗半成品耗费中的制造费用 $=162\ 000-(68\ 142.852+33\ 428.569)=60\ 428.579$（元）

（3）将表中第（1）列与第（3）列相加，即为第（4）列按原始成本项目反映的还原后的产成品总成本。显然，以第（4）列与第（1）列数字相比较，产成品总成本相同，但各项费用构成不同。

这样还原算出的产成品所耗半成品成本的构成，就是本月所产半成品的成本构成。因为产成品成本中所耗半成品还原后的各项耗费，是以本月所产半成品的各项耗费，分别乘以相同的倍数（还原分配率）计算求得的，因而两者的各项耗费之间的比例关系不变，也就是说，将第二车间产成品中的半成品耗费，按本月第一车间生产的该种半成品成本构成进行了还原。

如果甲产品生产步骤不是两步，而是三步，按照上述方法，应先从第三步起，将其所耗第二步骤生产的半成品综合成本进行分解、还原，但还原后的“半成品”项目还会有未还原尽的综合耗费，即第二步骤产品消耗的第一步骤半成品的成本，这时还应再进行一次还原，直至“半成品”项目的综合耗费全部分解、还原为原始成本项目时为止。

由于以前月份所产半成品的成本构成与本月所产半成品的成本构成不一致，因此，在各月所产半成品的成本构成变动较大的情况下，按照上述方法进行成本还原，对还原结果的正确性就会有较大的影响。如果半成品的定额成本或计划成本比较准确，为了提高还原结果的正确性，产成品所耗半成品耗费可以按定额成本或计划成本的成本构成进行还原。如果采用这种做法，上述成本还原计算表中第（2）列按成本项目分列的本月所产半成品的总成本，应改为按成本项目分列的半成品定额的或计划的单位成本，以便更准确地反映各成本项目分列的构成比例。

4. 综合结转法应用举例

［例 8-4］ 某企业大量生产乙产品，该产品顺序经过三个生产步骤（车间）连续加工，最后形成产成品。原材料在生产开始时一次投入，其他耗费陆续发生，各步骤完工的半成品直接交下步骤加工，不通过半成品仓库收发。该企业采用逐步结转分步法核算产品成本，半成品成本按实际成本综合结转，各步骤在产品成本采用约当产量法计算，所耗半成品费用按照全月一次加权平均单位成本计算。甲产品的产量记录和有关耗费资料如表 8-37 和表 8-38 所示。

表 8-37 产品产量记录

单位：件

摘 要	一车间	二车间	三车间	产成品
月初在产品	50	20	70	—
本月投入或上步骤转入	300	250	200	250
本月完工	250	200	250	—
月末在产品	100	70	20	—

说明：在产品完工程度均为50%。

表 8-38 各项生产耗费资料

单位：元

摘 要	车间	原材料	半成品	职工薪酬费	制造费用	合 计
月初在产品成本	一车间	4 500		550	950	6 000
	二车间		3 000	480	520	4 000
	三车间		17 500	3 850	3 150	24 500
本月发生生产耗费	一车间	27 000		6 050	10 450	43 500
	二车间			10 800	11 700	22 500
	三车间			24 750	20 250	45 000

说明：(1) 月初在产品成本从上月该产品成本明细账获得；

(2) 本月发生生产耗费从本月各种耗费分配表获得。

(1) 根据上述资料登记各车间产品成本明细账，如表 8-39、表 8-40、表 8-41 所示。

表 8-39 产品成本明细账

第一车间 乙产品（半成品乙） 202×年×月 完工量：250 件

单位：元

摘 要	产量（件）	原材料	职工薪酬费	制造费用	合 计
月初在产品成本		4 500	550	950	6 000
本月生产耗费		27 000	6 050	10 450	43 500
合 计		31 500	6 600	11 400	49 500
转出完工半成品成本	250	22 500	5 500	9 500	37 500
半成品单位成本		90	22	38	150
月末在产品成本		9 000	1 100	1 900	12 000

表 8-39 中有关数据计算如下：

1) 分配原材料耗费：

原材料耗费分配率＝31 500/(100＋250)＝90

完工半成品应分配原材料耗费＝250×90＝22 500(元)

月末在产品分配原材料耗费＝100×90＝9 000(元)

半成品单位成本(原材料)＝22 500/250＝90(元/件)

2) 分配工资及福利费：

工资及福利费分配率＝6 600/(100×50%＋250)＝22

完工半成品应分配职工薪酬费＝250×22＝5 500(元)

月末在产品应分配职工薪酬费＝50×22＝1 100(元)

半成品单位成本(职工薪酬费)＝5 500/250＝22(元/件)

3）分配制造费用：

制造费用分配率＝11 400/(100×50%＋250)＝38

完工半成品应分配制造费用＝250×38＝9 500(元)

月末在产品应分配制造费用＝50×38＝1 900(元)

半成品单位成本(制造费用)＝9 500/250＝38(元/件)

表 8-40　产品成本明细账

第二车间　乙产品（乙半成品）　　　202×年×月　　　单位：元

摘　要	产量（件）	半成品	职工薪酬费	制造费用	合　计
月初在产品成本		3 000	480	520	4 000
本月生产耗费		37 500	10 800	11 700	60 000
合　计		40 500	11 280	12 220	64 000
转出完工半成品成本	200	30 000	9600	10 400	50 000
完工半成品单位成本		150	48	52	250
月末在产品成本		10 500	1 680	1 820	14 000

表 8-40 中有关数据计算如下：

1）分配半成品耗费：

半成品耗费分配率＝40 500/(200＋70)＝150

完工半成品应分配半成品耗费＝200×150＝30 000(元)

月末在产品应分配半成品耗费＝70×150＝10 500(元)

完工半成品单位成本(半成品耗费)＝30 000/200＝150(元/件)

2）分配工资及福利费：

工资及福利费分配率＝11 280/(200＋70×50%)＝48

完工半成品应分配职工薪酬费＝200×48＝9 600(元)

月末在产品应分配职工薪酬费＝35×48＝1 680(元)

半成品单位成本(职工薪酬费)＝9 600/200＝48(元/件)

3）分配制造费用：

制造费用分配率＝12 220/(200＋70×50%)＝52

完工半成品应分配制造费用＝200×52＝10 400(元)

月末在产品应分配制造费用＝35×52＝1 820(元)

半成品单位成本(制造费用)＝10 400/200＝52(元/件)

表 8-41　产品成本明细账

第三车间　乙产品（乙产成品）　202×年×月　单位：元

摘　要	产量（件）	半成品	职工薪酬费	制造费用	合　计
月初在产品成本		17 500	3 850	3 150	24 500
本月生产耗费		50 000	24 750	20 250	95 000
合　计		67 500	28 600	23 400	119 500
产成品成本	250	62 500	27 500	22 500	112 500
产成品单位成本		250	110	90	450
月末在产品成本		5 000	1 100	900	7 000

表 8-41 中有关数据计算如下：

1）分配半成品耗费：

半成品耗费分配率＝67 500/(250＋20)＝250

产成品应分配半成品耗费＝250×250＝62 500(元)

月末在产品应分配半成品耗费＝250×20＝5 000(元)

产成品单位成本(半成品耗费)＝62 500/250＝250(元/件)

2）分配工资及福利费：

工资及福利费分配率＝28 600/(250＋20×50%)＝110

产成品应分配职工薪酬费＝110×250＝27 500(元)

月末在产品应分配职工薪酬费＝110×10＝1 100(元)

半成品单位成本(职工薪酬费)＝27 500/250＝110(元/件)

3）分配制造费用：

制造费用分配率＝23 400/(250＋20×50%)＝90

产成品应分配制造费用＝250×90＝22 500(元)

月末在产品应分配制造费用＝10×90＝900(元)

产成品单位成本(制造费用)＝22 500/250＝90(元/件)

(2) 进行成本还原。成本还原计算表如表 8-42 所示。

表 8-42　产品成本还原计算表

产成品：250 件

单位：元

行次	项　目	半成品（第二步骤）	半成品（第一步骤）	原材料	职工薪酬费	制造费用	合　计
(1)	还原前产成品成本	62 500			27 500	22 500	112 500
(2)	第二步半成品成本结构		60%		19.2%	20.8%	100%
(3)	第一次成本还原	−62 500	37 500		12 000	13 000	
(4)	第一步半成品成本结构			22 500/37 500	5 500/37 500	9 500/37 500	1
(5)	第二次成本还原		−37 500	22 500	5 500	9 500	
(6)	还原后产成品成本			22 500	45 000	45 000	112 500
(7)	产成品单位成本			90	180	180	450

填表说明：(1) 根据第三步骤产品成本明细账填列，62 500 元为第一次还原对象；

(2) 根据第二步骤产品成本明细账完工半成品成本计算填列，是第一次还原标准；

(3) 用 62 500 分别乘以第 (2) 行中的成本结构得到，37 500 元为第二次还原对象；

(4) 根据第一步骤产品成本明细账完工半成品成本计算填列填列，是第二次还原标准；

(5) 用 37 500 分别乘以第 (4) 行中的成本结构得到；

(6) ＝(1)＋(3)＋(5)。

5. 综合结转法的优缺点

通过上述对综合结转法的介绍，可以看出其优点是：可以在各生产步骤的产品成本明细账中反映各该步骤完工产品所耗半成品耗费的水平和本步骤加工耗费的水平，有利于各个生产步骤的成本管理。例如，可以从钢铁工业企业轧钢步骤的产品（钢材）成本明细账中看出完工产品（轧成的钢材）所耗半成品钢锭的耗费水平和轧钢耗费的水平，有利于轧钢步骤的成本管理。缺点是：为了从整个企业的角度反映产品成本的构成，必须进行成本还原，从而增加了核算工作量。因此，这种结转方法很适宜在半成品具有独立的国民经济意义、管理上要求计算各步骤完工产品所耗半成品耗费但不要求进行成本还原的情况下采用。例如，钢铁工业企业的半成品生铁和钢锭，既是本企业半成品，又是具有独立的国民经济意义的商品产品，要求计算生铁和钢锭成本，在分析和考核产成品钢材成本时，只需要了解所耗钢锭耗费、轧钢步骤的加工耗费即可，而不需要了解所耗原材料铁矿石耗费、所耗各生产步骤工资及福利费、制造费用，这种企业就适合采用综合结转法。

（五）分项结转法

分项结转法的特点是将各步骤所耗用的上一步骤半成品成本，按照成本项目分项转入该步骤产品成本明细账的各个成本项目中。如果半成品通过半成品库收发，在自制半成品明细账中登记半成品成本时，也要按照成本项目分别登记。

分项结转，可以按照半成品的实际成本结转，也可以按照半成品的计划成本结转，然后按成本项目分项调整成本差异。由于后一种做法核算工作量较大，因而一般多采用按实际成本分项结转的方法。

1. 分项结转法的核算程序

仍以前举甲产品成本为例，说明分项结转法的核算程序。

（1）根据前面列示的第一车间甲产品成本明细账、第一车间半成品交库单和第二车间半成品领用单登记自制半成品明细账，如表 8－43 所示。表中甲半成品单位成本的各成本项目，都是按全月一次加权平均法计算的。

表 8－43　自制半成品明细账

甲半成品　　　　单位：元

月份	摘　要	数量（件）	实际成本			
			原材料	职工薪酬费	制造费用	成本合计
7	月初余额	3 000	37 000	20 000	37 000	94 000
7	本月增加	7 000	53 000	26 000	47 000	126 000
7	合　计	10 000	90 000	46 000	84 000	220 000
7	单位成本		9.20	4.60	8.40	22.20
7	本月减少	8 000	72 000	36 800	67 200	176 000
8	月初余额	2 000	18 000	9 200	16 800	44 000

在表 8－43 所列自制半成品明细账中，本月增加的数量，应根据第一车间半成品交库单所列交库数量登记；本月增加的实际成本，应根据第一车间甲产品成本明细账所记完工转出的半成品成本按成本项目登记；本月减少的数量，应根据第二车间领用半成品的领用单所列领用数量登记；本月减少的实际成本，应根据领用数量乘以按成本项目分列的单位成本计算登记；月末余额，应根据累计的数量和实际成本分别减去本月减少的数量和实际成本计算登记。

（2）根据各种耗费分配表、半成品领用单、自制半成品明细账、产成品交库单和第二车间在产品定额成本等资料，登记第二车间甲产品成本明细账，如表 8－44 所示。

表 8-44 产品成本明细账

第二车间 甲产品（产成品） 单位：元

月	日	摘 要	产量（件）	原材料	职工薪酬费	制造费用	成本合计
6	30	在产品成本（定额成本）		7 500	6 420	13 000	26 920
7	31	本月本步骤加工耗费			21 980	53 200	75 180
7	31	本月耗用半成品耗费		72 000	36 800	67 200	176 000
7	31	合 计		79 500	65 200	133 400	278 100
7	31	转出产成品成本	5 000	67 000	54 100	110 900	232 000
7	31	产成品单位成本		13.40	10.82	22.18	46.40
7	31	在产品成本（定额成本）		12 500	11 100	22 500	46 100

在表 8-44 所列产品成本明细账中，本月本步骤加工耗费，应根据工资及福利费分配表和制造费用分配表登记；本月耗用半成品耗费，应根据半成品领用单和自制半成品明细账所记半成品单位成本计算登记；本月转出产成品成本，应根据合计数减去按定额成本计算的在产品成本计算登记。其中的产成品单位成本合计数 46.40 元，与前列甲种产成品成本还原计算表中的还原后产成品单位成本合计数相同，但两者的成本结构不同。这是因为：产品成本还原计算表中产成品所耗半成品各项耗费，是按本月所产半成品的成本结构还原算出的，没有考虑以前月份所产半成品，即月初结存半成品成本结构的影响；而上列产品成本明细账中产成品所耗半成品各项耗费，不是按本月所产半成品的成本结构还原计算，而是按其原始成本项目逐步转入的，包括了以前月份所产半成品成本结构的影响，是比较正确的。

2. 分项结转法应用举例

[例 8-5] 某企业大量生产乙产品，该产品顺序经过三个生产步骤连续加工，最后形成产成品。原材料在各步骤开始时一次投入，其他费用陆续发生，各步骤完工的半成品直接交下步骤加工，不通过半成品库收发。该企业采用分项逐步结转分步法计算产品成本，半成品成本按实际成本分项结转，各步骤在产品成本采用约当产量法计算。乙产品的产量记录和有关耗费如表 8-45、表 8-46 所示。

表8-45　产品产量记录　　单位：件

摘　要	一车间	二车间	三车间	产成品
月初在产品	50	100	50	—
本月投入或上步骤转入	350	300	250	—
本月完工	300	250	200	200
月末在产品	100	150	100	—
完工程度	30%	60%	50%	

表8-46　月初在产品成本和本月生产耗费资料　　单位：元

摘　要	车间	直接材料	职工薪酬费	制造费用	合　计
月初在产品成本	一车间	5 000	600	1 000	6 600
	二车间	1 000	500	550	2 050
	三车间	6 000	2 000	2 400	10 400
本月生产耗费	一车间	30 000	6 000	10 000	46 000
	二车间	8 000	10 000	12 000	30 000
	三车间	10 000	20 000	18 000	48 000

根据上述资料登记各车间产品成本明细账，如表8-47、表8-48、表8-49所示。

表8-47　产品成本明细账

第一车间　乙产品（乙半成品）　　单位：元

摘　要	产量（件）	原材料	职工薪酬费	制造费用	成本合计
月初在产品成本		5 000	600	1 000	6 600
本月生产耗费		30 000	6 000	10 000	46 000
合　计		35 000	6 600	11 000	52 600
转出完工半成品成本	300	26 250	6 000	10 000	42 250
单位成本		87.5	20	33.3	140.8
月末在产品成本		8 750	600	1 000	10 350

表8-47中有关数据计算如下：

（1）分配原材料耗费：

原材料耗费分配率＝35 000/(300＋100)＝87.5

完工半成品应分配原材料耗费＝300×87.5＝26 250(元)

月末在产品分配原材料耗费＝100×87.5＝8 750(元)

半成品单位成本(原材料)＝26 250/300＝87.5(元/件)

（2）分配工资及福利费：

工资及福利费分配率＝6 600/(300＋100×30%)＝20
完工半成品应分配职工薪酬费＝300×20＝6 000(元)
月末在产品应分配职工薪酬费＝100×30%×20＝600(元)
半成品单位成本(职工薪酬费)＝6 000/300＝20(元/件)

（3）分配制造费用：

制造费用分配率＝11 000/(300＋100×30%)≈33.33
完工半成品应分配制造费用＝300×33.3＝9 999(元)
月末在产品应分配制造费用＝100×30%×33.3＝1 000(元)
半成品单位成本(制造费用)＝9 999/300≈33.33(元/件)

表 8－48　产品成本明细账

第二车间　乙产品（乙半成品）　　单位：元

摘　要	数量（件）	原材料	职工薪酬费	制造费用	成本合计
月初在产品成本		1 000	500	550	2 050
本月本步骤加工耗费		8 000	10 000	12 000	30 000
本月耗用半成品耗费		26 250	6 000	10 000	42 250
合　计	400	35 250	16 500	22 550	74 300
转出完工半成品成本	250	22 025	12 125	16 575	50 725
半成品单位成本		88.1	48.5	66.3	202.9
月末在产品成本	150	13 225	4 375	5 975	23 575

表 8－48 中有关数据计算如下：

（1）分配半成品耗费：

半成品耗费分配率＝35 250/(250＋150)≈88.1
完工半成品应分配半成品耗费＝250×88.1＝22 025(元)
月末在产品应分配半成品耗费＝35 250－22 025＝13 225(元)
完工半成品单位成本(半成品耗费)＝22 025/250＝88.1(元/件)

（2）分配工资及福利费：

工资及福利费分配率＝16 500/(250＋150×60%)≈48.5
完工半成品应分配职工薪酬费＝250×48.5＝12 125(元)
月末在产品应分配职工薪酬费＝16 500－12 125＝4 375(元)
半成品单位成本(职工薪酬费)＝12 125/250＝48.5(元/件)

（3）分配制造费用：

制造费用分配率＝22 550/(250＋150×60%)≈66.3
完工半成品应分配制造费用＝250×66.3＝16 575(元)

月末在产品应分配制造费用＝22 550－16 575＝5 975(元)

半成品单位成本(制造费用)＝16 575/250＝66.3(元/件)

表 8－49　产品成本明细账

第三车间　乙产品（产成品）　　单位：元

摘　要	产量（件）	原材料	职工薪酬费	制造费用	成本合计
月初在产品成本		6 000	2 000	2 400	10 400
本月本步骤加工耗费		10 000	20 000	18 000	48 000
本月耗用半成品耗费		22 025	12 125	16 575	50 725
合　计		38 025	34 125	36 975	109 125
转出产成品成本	200	25 350	27 300	29 580	82 230
产品单位成本		126.75	136.50	147.90	411.15
月末在产品成本		12 675	6 825	7 395	26 895

表 8－49 中有关计算如下：

(1) 单位成本的计算：

单位产品原材料成本＝38 025/(200＋100)＝126.75(元)

单位产品职工薪酬费＝34 125/(200＋100×50％)＝136.5(元)

单位产品制造费用成本＝36 975/(200＋100×50％)＝147.9(元)

(2) 本月转出产成品成本的计算：

产成品原材料成本＝126.75× 200＝25 350(元)

产成品职工薪酬费＝136.5× 200＝27 300(元)

产成品制造费用成本＝147.9× 200＝29 580(元)

(3) 月末在产品成本的计算：

在产品原材料成本＝126.75×100＝12 675(元)

在产品职工薪酬费＝136.5×100× 50％＝6 825(元)

在产品制造费用成本＝147.9×100× 50％＝7 395(元)

3. 分项结转法的优缺点

从以上所述可以看出，采用分项结转法结转半成品成本，可以直接、正确地提供按原始成本项目反映的企业产品成本资料，便于从整个企业的角度考核和分析产品成本计划的执行情况，不需要进行成本还原。但是，这一方法的成本结转工作比较复杂，而且在各步骤完工产品成本中看不出所耗上一步骤半成品耗费是多少、本步骤加工费用是多少，不便于进行各步骤完工产品的成本分析。例如，钢铁工业企业的炼钢步骤所生产半成品钢锭的成本，如果分项转入轧钢步骤产品成本明细账各个成本项目，则在其完工转出的产成品钢材成本中就看不出所耗钢锭耗费有多少、本步骤的轧钢耗费有多少，因而不便于进行轧钢步骤的成本管理。在上述第二车间乙产品成本明细账中，虽然分行分成本项目登记了本月本步骤加工耗费和本月所耗半成品耗费，但在完工转出的产成品成本中，看不出其中所耗半成品耗费是多少、本步骤加工耗费是多少。因此，分项结转法一般适用于在管理上不要求计算各步骤完工产品所耗半成品耗费和本步骤加工耗费，而要求按原始成本项目核算产品成本的企业。这类企业，各生产步骤的成本管理要求不高，实际上只是按生产步骤分工计算成本，其目的主要是编制按原始成本项目反映的企业产品成本报表。

（六）逐步结转分步法的优缺点

综上所述，逐步结转分步法的优缺点可以概括如下：

（1）逐步结转分步法的成本核算对象是企业产成品及其各步骤的半成品，这为分析和考核企业产品成本计划和各生产步骤半成品成本计划的执行情况，为正确计算半成品销售成本提供了资料。

（2）不论是综合结转还是分项结转，半成品成本都是随着半成品实物的转移而结转，各生产步骤产品成本明细账中的生产耗费金额，反映着留存在各个生产步骤的在产品成本，因而还能为在产品的实物管理和生产资金管理提供资料。

（3）采用综合结转法结转半成品成本时，由于各生产步骤产品成本中包括所耗上一生产步骤半成品成本，从而能全面反映各步骤完工产品中所耗上一步骤半成品耗费水平和本步骤加工耗费水平，有利于各步骤的成本管理。采用分项结转法结转半成品成本时，可以直接提供按原始成本项目反映的产品成本资料，满足企业分析和考核产品构成和水平的需要，而不必进行成本还原。

（4）这一方法的核算工作比较复杂，核算工作的及时性也较差；如果采用综合结转法，需要进行成本还原；如果采用分项结转法，结转的核算工作量较大；如果半成品按计划成本结转，还要计算和调整半成品成本差异；如果半成品按实际成本结转，各步骤则不能同时核算成本，成本核算的及时性差。因此，应用这一方法时，必须从实际出发，根据管理要求，权衡利弊，做到既满足管理要求、提供所需各种资料，又能简化核算工作。

与上述优缺点相联系，逐步结转分步法一般适宜在半成品品种不多、逐步结转半成品成本的工作量不是很大的情况下，或者半成品的种类较多但管理上要求提供各个生产步骤半成品成本数据的情况下采用。

三、平行结转分步法

（一）什么是平行结转分步法

在采用分步法的大批、大量多步骤生产的企业，有的产品生产过程，首先是对各种原材料平行地进行连续的加工，成为各种半成品——零件和部件，然后再装配成各种产成品。由于在这类生产企业中，各生产步骤所产半成品的种类很多，但半成品外售的情况却很少，在管理上不要求计算半成品成本，因而为了简化和加速成本计算工作，在计算产品成本时，可以不计算各步骤所产半成品成本，也不计算各步骤所耗上一步骤的半成品成本（即各步骤之间不结转所耗半成品成本），只计算本步骤所发生的各项生产费用以及这些费用中应计入产成品成本的“份额”。然后，将各步骤应计入同一产成品成本的份额平行结转、汇总，即可计算出该种产品的产成品成本。这种平行结转各步骤成本的方法，称为平行结转分步法，或称不计列半成品成本分步法。

（二）平行结转分步法核算程序示意图

平行结转分步法的核算程序，如图 8 - 3 所示。

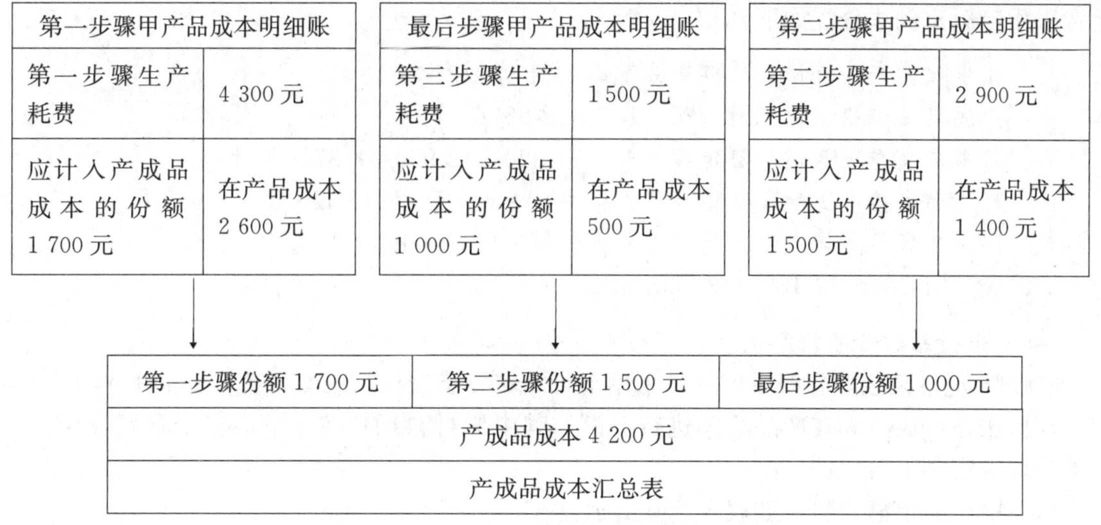

图 8－3　平行结转分步法成本核算程序示意图

从图 8－3 可以看出平行结转分步法的基本核算程序如下：

首先，按产品和加工步骤设置成本明细账，各步骤成本明细账分别成本项目归集本步骤

发生的生产耗费，但不包括耗用上一步骤半成品的成本。

其次，月末将各步骤归集的生产耗费在产成品与广义在产品之间进行分配，计算各步骤

费用中应计入产成品成本的份额。

最后，将各步骤耗费中应计入产成品成本的份额按成本项目平行结转，汇总计算产成品

的总成本及单位成本。

（三）如何计算各步骤应计入产品成本的“份额”

正确确定各步骤生产耗费中应计入产成品成本的份额，即每一生产步骤的生产耗费在完工产成品和广义在产品之间正确地进行分配，是采用这一方法的关键所在。完工产成品是指企业最后完工的产成品，在产品是指尚未产成的在产品和半成品，包括：(1) 尚在本步骤加工中的在产品；(2) 本步骤已完工转入半成品库的半成品；(3) 经过本步骤加工后转入以后各步骤进一步加工、尚未最后产成的在产品。这就是站在整个企业角度来看的广义在产品。

在平行结转分步法之下，通常按照定额比例法或在产品按定额成本计价法，分配各步骤归集的生产耗费。因为采用这种分配方法，作为分配标准的定额资料容易取得：产成品的定额消耗量、定额耗费资料，可以根据产成品数量分别乘以消耗定额、耗费定额计算；在成品的定额消耗量或定额耗费资料，由于广义在产品的实物分散在本步骤、半成品库和以后各步骤，所以可以采用倒挤的方法计算，因而也比较简便。

［例 8－6］　某种产成品入库 70 件，在该种产品的工时定额中，某生产步骤所占的工时定额为 185 小时，该步骤月初广义在产品的定额工时和本月投入的定额工时共为 21 320 小时，月初广义在产品和本月的直接人工耗费共为 31 980 元。该产品该步骤的直接人工

耗费采用定额比例法分配如下：

该步骤该产品直接人工耗费分配率＝31 980/21 320＝1.5

产成品该步骤定额工时＝70×185＝12 950(小时)

月末广义在产品该步骤定额工时＝21 320—12 950＝8 370(小时)

产成品直接人工耗费中该步骤份额＝12 950×1.5＝19 425(元)

广义在产品直接人工耗费中该步骤份额＝8370×1.5＝12 555(元)

或＝31 980－19 425＝12 555(元)

（四）平行结转分步法举例

[例 8－7] 某企业生产甲产品，采用平行结转分步法核算成本。各步骤的生产耗费按定额比例法在产成品和在产品之间进行分配，其中原材料耗费按定额原材料耗费比例法，其他耗费按定额工时比例分配。

(1) 甲产品定额资料，如表 8－50 所示。

表 8－50 甲产品定额资料

单位：元

车间份额	月初在产品		本月投入		本月产成品				
	定额原材料耗费	定额工时（小时）	定额原材料耗费	定额工时（小时）	单件定额		产量（件）	定额原材料耗费	定额工时（小时）
					原材料耗费	工时（小时）			
第一车间份额	13 200	6 100	8 000	3 500	40	20	280	11 200	5 600
第二车间份额		3 250		8 640		30	280		8 400
合计	13 200	9 350	8 000	12 140	40	50	280	11 200	14 000

(2) 根据定额资料、各种耗费分配表和产成品产量月报，登记第一、二车间的产品成本明细账，如表 8－51、8－52 所示。

表 8－51 产品成本明细账

第一车间：甲产品

单位：元

月	日	摘要	产量（件）	原材料		定额工时（小时）	职工薪酬费	制造费用	成本合计
				定额	实际				
2	28	在产品成本		13 200	15 270	6 100	6 280	30 350	51 900
3	31	本月生产耗费		8 000	8 050	3 500	3 800	17 650	29 500
3	31	合计		21 200	23 320	9 600	10 080	48 000	81 400
3	31	耗费分配率			1. 1		1. 05	5	
3	31	产成品成本中本步骤份额	280	11 200	12 320	5 600	5 880	28 000	46 200
3	31	在产品成本		10 000	11 000	4 000	4 200	20 000	35 200

表 8-52　产品成本明细账

第二车间：甲产品　　　　单位：元

月	日	摘要	产量（件）	原材料		定额工时（小时）	职工薪酬费	制造费用	成本合计
				定额	实际				
2	28	在产品成本				3 250	3 646	13 056	16 702
3	31	本月生产耗费				8 640	13 000	39 260	52 260
3	31	生产耗费累计				11 890	16 046	52 316	68 962
3	31	耗费分配率					1.4	4.4	
3	31	产成品成本中本步骤份额	280			8 400	11 760	36 960	48 720
3	31	在产品成本				3 490	4 886	15 356	20 242

（3）根据第一、二车间产品成本明细账所列产成品成本份额，平行汇总计算产成品总成本和单位成本，如表 8-53 所示。

表 8-53　产成品成本汇总表

甲产品　　　　202×年 3 月　　　　单位：元

车间	产量（件）	原材料	职工薪酬费	制造费用	成本合计
第一车间应计入产成品成本的份额	280	12 320	5 880	28 000	46 200
第二车间应计入产成品成本的份额	280		11 760	36 960	48 720
合计	280	12 320	17 640	64 960	94 920
单位成本		44	63	232	339

（五）平行结转分步法的优缺点和应用条件

平行结转分步法与逐步结转分步法相比较，具有以下优点：

（1）各步骤可以同时核算产品成本，然后将应计入完工产品成本的份额平行结转汇总计入产成品成本，不必逐步结转半成品成本，从而可以简化和加速成本核算工作。

（2）采用这一方法，一般是按成本项目平行结转汇总各步骤成本中应计入产成品成本的份额，因而能够直接提供按原始成本项目反映的产品成本资料，不必进行成本还原，省去了大量烦琐的计算工作。

但是，由于采用这一方法时，各步骤不计算、也不结转半成品成本，因而存在以下缺点：

（1）不能提供各步骤半成品成本资料及各步骤所耗上一步骤半成品费用资料，因而不能全面地反映各步骤生产耗费的水平，不利于各步骤的成本管理。

（2）由于各步骤间不结转半成品成本，使半成品实物转移与费用结转脱节，因而不能为各步骤在产品的实物管理和资金管理提供资料。

与上述优缺点相联系，平行结转分步法一般只适宜在半成品种类较多，逐步结转半成品成本的工作量较大，管理上又不要求提供各步骤半成品成本资料的情况下采用；而且在采用该种方法时，应该加强各步骤在产品收发结存的数量核算，以便为在产品的实物管理和资金管理提供资料。此外，还应加强各步骤在产品的清查工作，以便及时发现在产品的报废和短缺、毁损情况，以弥补这种方法因在产品成本与在产品实物相脱节所产生的缺陷。

提示音

我国传统的成本会计学（主要指计划经济年代形成的以苏联成本会计为蓝本形成的成本会计学），通常按照是否核算半成品成本将分步法分为逐步结转分步法和平行结转分步法两种。逐步结转分步法不但核算管理上需要核算的各步骤全部生产耗费，从而核算该步骤完工的半成品成本，而且随着半成品的实物转移，其成本也随之往下一步骤结转，一直到最后生产步骤核算出完工产品的成本。应当说，逐步结转分步法符合分步法的原意，它既能够核算各步骤生产耗费的发生情况，又能够核算出各步骤的完工产品成本（最后一个步骤之前的完工产品称为半成品）。其明显缺点在于，后一步骤的成本核算要等到前一步骤的半成品成本核算出来之后才能进行，而且后一步骤的成本超支或节约情况容易受到上一步骤成本超支或节约的影响；但如果平时按照计划成本或定额成本结转半成品成本则可以弥补这一缺点。

平行结转分步法尽管也是按照生产步骤开设产品成本明细账、核算步骤成本，从而拥有了“分步法”之名，但是该法的主要特点和缺点包括：（1）各步骤只归集和核算本步骤发生的生产耗费，不归集和核算上一步骤结转而来的半成品成本，这样如果生产属于连续式多步骤，那么除了第一生产步骤之外，其他生产步骤归集的生产耗费就不会完整；（2）各生产步骤不能够核算半成品成本和狭义在产品成本，从而无法提供重要的步骤成本信息，使得该法徒有分步法之名而无分步法之实；（3）会计期末各步骤归集的生产耗费之和，要在“本步骤产成品成本份额”和广义在产品之间进行分配，但是留在各生产步骤的“广义在产品”数据与本步骤的实物在产品（狭义在产品）脱节，不利于在产品的实物管理和价值管理；（4）在应用约当产量法分配各步骤的生产耗费时，很难找到逻辑严谨且明细、易操作的方法，所以核算出来的“各步骤产成品成本份额”也很难有明确的经济意义和管理意义。

总之，平行结转分步法是在手工记账的环境之下，为了简化核算工作量的需要从逐步结转分步法（纯正的分步法）衍生出来的一种“分步法”，目前计算机和人工智能环境下该法的优点和科学性不甚明显。

【历史浏览】

按照以下提示回顾本节内容：

1. 按照产品的生产步骤来开设产品成本明细账、核算产品成本的方法叫作分步法。这种方法的一个显著特点是存在各生产步骤之间成本结转的问题。

2. 按照是否核算各步骤的半成品成本以及步骤之间结转成本的方式不同，分步法可分为逐步结转分步法、平行结转分步法两种。

3. 逐步结转分步法的主要特点是，不但按照生产步骤核算该步骤的完工产品成本，而且随着半成品实物转移到下一步骤，该半成品的成本也随之结转到下一步骤，一直到最后一个生产步骤核算出产成品的成本。

4. 逐步结转分步法，按照结转的半成品成本在下一步骤产品成本明细账中的反映方式不同，分为综合结转法、分项结转法两种。

5. 综合结转法的特点是将各步骤所耗用的上一步骤半成品成本，通常以专设的“半成品”成本项目，综合记入该步骤的产品成本明细账中；综合结转，可以按照半成品的实际成本结转，也可以按照半成品的计划成本（或定额成本）结转。

6. 按计划成本综合结转半成品成本，与按实际成本综合结转半成品成本相比，具有两方面的优点：(1) 可以加速成本核算工作；(2) 有利于分清成本责任和进行成本考核。

7. 在管理上要求从整个企业角度分析和考核产品成本的构成时，还应将综合结转法核算出的产成品成本进行成本还原，即将产成品成本还原为按原始成本项目反映的成本。

8. 平行结转分步法不核算各步骤完工产品的成本，各步骤只核算本步骤发生的生产耗费以及应当计入产成品的“份额”。

【复习思考题】

1. 什么是分步法？分步法与品种法、分批法相比，最显著的特点是什么？
2. 分步法可以分为哪两种？这种分类的依据是什么？
3. 逐步结转分步法的特点是什么？采用该方法的必要性是什么？
4. 举例说明逐步结转分步法的核算程序。
5. 什么是综合结转？如何进行综合结转？
6. 按照实际成本进行综合结转的缺点是什么？
7. 按照计划成本进行综合结转的优点是什么？
8. 什么是分项结转？采用分项结转时，产品成本明细账有什么特色？
9. 什么是成本还原？可以依据什么进行成本还原？它们有什么不同？

第九章

产品成本核算的辅助方法

【学习导航】

⊙ 掌握分类法的特点和适用范围；

⊙ 掌握分类法的核算程序；

⊙ 能够运用系数法核算产品成本；

⊙ 掌握副产品的成本核算方法；

⊙ 了解联产品、等级品的成本核算方法。

第一节 分类法

一、分类法概述

（一）什么是分类法

在一些工业企业中，生产的产品品种、规格繁多，而某些品种、规格的产品，其结构、使用的原材料、工艺等又很接近，如某些生产无线电元件的企业、生产灯泡的企业。如果仍然按照产品的品种归集生产耗费、核算产品成本，成本核算工作就会不胜其烦。在这种情况下，可以先按照一定的分类标准对产品进行分类，然后按照类别归集生产耗费、核算产品成本。这种方法就是产品成本核算的分类法。

分类法的特点是：先要根据产品的结构、所用原材料和工艺过程的不同，将产品划分为若干类，按照产品的类别设立产品成本明细账，归集产品的生产耗费，核算各类产品成本；然后选择合理的分配标准，在每类产品的各种产品之间分配耗费，核算每类产品内各种产品的成本。

分类法可以简化成本核算的工作量，又可以核算出类别的成本，但每一品种规格产品成本的准确性会受到一定的影响。

分类法必须和成本核算的基本方法结合使用，所以它是一种成本核算的辅助方法。

（二）分类法的核算程序

分类法的核算程序可以归纳为如下几点。

1. 合理确定产品类别，并按产品类别设立产品成本明细账

合理确定产品类别，是采用分类法的关键之一。类别的划分有两个原则：一是将产品结构、所用原材料、工艺过程相同或相近的产品作为一类；二是类距既不宜定得过小，使核算工作复杂，也不应定得过大，造成成本核算的“大锅烩”。

2. 结合企业生产类型，选择特定成本核算方法，核算每类完工产品成本

分类法必须与成本核算的基本方法结合使用，而选择基本方法的依据则是企业的生产类型和管理要求。

某些食品厂、无线电元件厂、电线厂、砖瓦厂、制革厂等，从生产组织来看，属于大批大量生产；从工艺技术特点来看，或者属于单步骤生产，或者虽属于多步骤生产，但管理上却不要求核算步骤成本；从产品的品种规格来看，品种规格繁多，并且各种产品明显可以按照一定标准划分类别。因此，这类企业可以在应用品种法的基础上结合应用分类法。

某些炼钢厂、机械厂、造纸厂等，从生产组织来看，属于大批大量生产；从工艺技术特点来看，属于多步骤复杂生产，并且管理上往往要求核算步骤成本；从产品的品种规格来看，品种规格繁多，并且各种产品明显可以按照一定标准划分类别。因此，这类企业可以在应用分步法的基础上结合应用分类法。

凡是按订货合同分批生产，而每一批产品又分为不同规格产品时，如服装厂、制鞋厂等，可以考虑在应用分批法的基础上结合应用分类法。

3. 选择合理的分配标准，分配各类完工产品总成本，核算类内不同品种或规格的产品成本

选择合理的分配标准，是采用分类法的又一关键因素，因为分配标准的合理与否直接影响到成本核算的准确性。

可以选用的分配标准比较多，比如定额消耗量，定额耗费，产品售价、重量、体积、长度等。在选择分配标准时，应考虑选用的分配标准是否与产品成本的高低关系密切；各成本项目可以采用同一分配标准，也可以按照成本项目的性质分别采用不同的分配标准，从而使分配结果更趋合理，例如可以用原材料定额消耗量或原材料定额耗费作为标准分配原材料成本项目，而以定额工时为标准分配工资及福利费、制造费用等成本项目。

在使用分配标准分配类别成本时，可以先将产品的分配标准数量折合成系数进行分配。具体做法是：（1）将产量较大、生产比较稳定或规格折中的产品作为标准产品，把这种产品的分配标准数的系数定为“1”；（2）分别用其他产品的分配标准数除以标准产品的分配标准数，计算出其他各产品的系数；（3）用各种产品的实际产量分别乘以其系数，得到标准产量（或称总系数）；（4）以标准产量计算分配率，分配得到各种产品的成本。这种方法通常被称为系数法。其实，系数法也是分类法。

（三）分类法的适用范围

分类法主要应用到如下几种情况。

1. 产品品种规格繁多并可以合理分类的企业

分类法可以在各种类型的生产中采用；只要产品品种规格繁多，并可以按照一定的标准进行分类的企业均可采用。例如，照明企业不同类别和瓦数的灯泡的生产，无线电元件企业不同类别和规格的无线电元件的生产，钢铁企业各种牌号和规格的生铁、钢锭、钢材的生产等。

2. 生产联产品的企业

联产品是指使用同种原料，经过同一加工过程而同时生产出的几种主要产品。如炼油厂从原油中可以同时提炼出汽油、煤油、机油、柴油等几种主要产品，这些产品都是炼油厂的联产品。再如，奶制品加工厂可以同时生产出牛奶、奶油等主要产品；炼焦厂在炼焦过程中同时生产出焦炭和煤气等。

3. 生产副产品的企业

副产品是指使用同种原料，经过同一加工过程而同时生产出来的除主要产品以外的非主要产品。如炼油过程中产生的渣油、石油焦；肥皂生产中产生的甘油；炼铁生产中产生的高炉煤气等。

4. 生产等级品的企业

等级品是指使用同种原料，经过同一加工过程而同时生产出的品种相同但质量不同的产品。这些产品的结构、所用原材料、工艺过程相同，所以最适合分类法。

二、分类法举例

[例 9-1] 某企业生产的甲、乙、丙三种产品的结构、所用原材料和工艺过程相近，合为一类核算成本。类内各种产品之间分配耗费的标准为：原材料项目按照各种产品的原材料耗费系数进行分配，原材料耗费系数按原材料耗费定额确定；其他项目按定额工时的比例分配。其计算程序是：

（1）根据原材料耗费定额计算原材料耗费系数，如表 9-1 所示。

表 9-1 原材料耗费系数计算表 单位：元

产品名称	单位产品原材料耗费				
	原材料名称或编号	消耗定额（千克）	计划单价	耗费定额	原材料耗费系数
甲（标准产品）	1011	800	0.3	240	
	2021	600	0.4	240	
	3032	200	0.5	100	
	小计			580	1
乙	1011	1 000	0.3	300	
	2021	500	0.4	200	
	3032	100	0.5	50	
	小　计			550	550÷580≈0.948

续表

产品名称	单位产品原材料耗费				
	原材料名称或编号	消耗定额（千克）	计划单价	耗费定额	原材料耗费系数
丙	1011	900	0.3	270	
	2021	600	0.4	240	
	3032	200	0.5	100	
	小　计			610	610÷580≈1.05

（2）按产品类别设置产品成本明细账。根据各项生产耗费分配表和在产品定额成本资料（在产品按定额成本计价），登记该类产品成本明细账，如表 9－2 所示。

表 9－2　产品成本明细账

产品名称：A 类　　单位：元

摘　要	原材料	职工薪酬费	制造费用	成本合计
月初在产品成本	36 000	2 700	4 000	42 700
本月生产耗费	790 600	48 500	64 500	903 600
合　计	826 600	51 200	68 500	946 300
产成品成本	762 600	46 200	61 300	870 100
月末在产品成本	64 000	5 000	7 200	76 200

（3）分配计算甲、乙、丙三种产品的产成品成本。根据各种产品的产量月报、原材料耗费系数和工时消耗定额分配计算甲、乙、丙三种产品的产成品成本，如表 9－3 所示。

表 9－3　各种产成品成本计算表

202×年×月　　单位：元

项目	产量（件）	原材料耗费系数	标准产量（原材料费用总系数）	工时消耗定额	定额工时（小时）	原材料	职工薪酬费	制造费用	成本合计
(1)	(2)	(3)	(4)＝(2)×(3)	(5)	(6)＝(2)×(5)	(7)＝(4)×分配率	(8)＝(6)×分配率	(9)＝(6)×分配率	(10)
分配率						643.98	0.897	1.19	
甲产品	700	1	700	40	28 000	450 786	25 116	33 320	509 222
乙产品	400	0.948	379.20	45	18 000	244 197.22	16 146	21 420	281 763.22
丙产品	100	1.05	105	55	5 500	67 616.78	4 938	6 560	79 114.78
合　计	1 200		1 184.2		51 500	762 600	46 200	61 300	870 100

注：原材料耗费分配率：762 600÷1 184.2≈643.98；职工薪酬费分配率：46 200÷51 500≈0.897；制造费用分配率：61 300÷51 500≈1.19。

在表 9-3 中，各成本项目专栏的合计金额是被分配对象，应根据该类产品成本明细账中本月产成品成本填列。表中标准产量（原材料耗费总系数），是产量与原材料耗费系数的乘积，是在各种产成品之间分配原材料耗费的依据；定额工时是产量与工时定额的乘积，是分配工资及福利费和制造费用的依据。

以原材料耗费分配率分别乘以各种产成品的标准产量，即可求得各种产成品的原材料耗费；以工资及福利费分配率和制造费用分配率，分别乘以各种产成品的定额工时，即可求得各种产成品的工资及福利费和制造费用。

三、联产品、副产品、等级品的成本核算

（一）联产品的成本核算

1. 联产品成本核算的特点

投入相同的原材料，经过同一生产过程后，在某一点分离为各种联产品，通常称这个点为“分离点”。分离后的联产品，有的可以直接销售，有的必须经过进一步加工后再出售。我们把联产品在分离前发生的成本称为联合成本或共同成本，而把进一步加工的成本称为可归属成本。它们之间的关系可用图 9-1 列示：

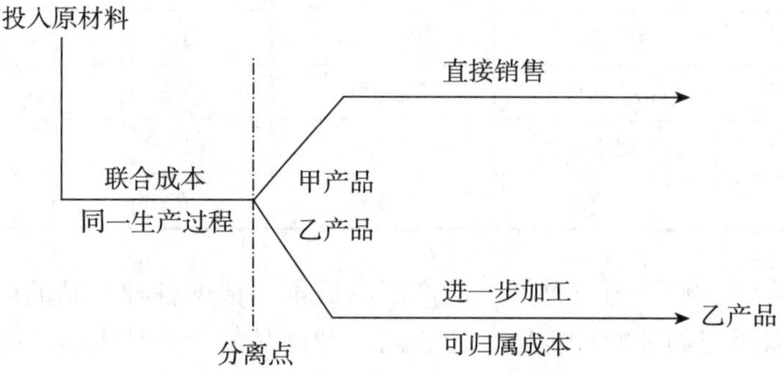

图 9-1 联合成本与可归属成本关系示意图

可见，联产品的成本核算主要是分离点前联产品的联合成本在各联产品之间进行分配的问题。联产品分离前联合成本的核算以及分离后产品成本的核算，可以根据不同的生产类型选择采用一定的成本核算方法进行。

2. 联合成本的分配方法

联合成本的分配可以有许多方法，常用的有系数分配法、实物量分配法、相对销售价值分配法、净实现价值分配法等，在我国使用较多的是系数分配法。

（1）系数分配法。

系数分配法就是将各种联产品的实际产量按事前规定的系数折算为标准产量，然后按标准产量在联产品之间分配联合成本。

［**例 9-2**］ 某炼油厂用裂化原料油同时生产出汽油、催化轻柴油、重质柴油、液化气四种联产品，本期发生原材料耗费 58 000 元，职工薪酬费 9 500 元，制造费用 8 490 元，生产出汽油 3 150 千克，催化轻柴油 1 700 千克，重质柴油 550 千克，液化气 900 千克。假定各联产品之间规定的系数是 1：0.6：0.2：0.3，则各联产品应分摊的联合成本如表 9-4 所示。

表 9-4　联产品成本计算表（系数分配法）

产品名称	产量（千克）	系数	标准产量（千克）	分配率	联合成本分配（元）	单位成本（元）
	(1)	(2)	(3)=(1)×(2)	(4)=∑(5)/∑(3)	(5)=(3)×(4)	(6)=(5)/(1)
汽油	3 150	1	3 150	—	52 608	16.70
催化轻柴油	1 700	0.6	1 020	—	17 036	10.02
重质柴油	550	0.2	110	—	1 837	3.34
液化气	900	0.3	270	—	4 509	5.01
合　计	6 300		4 550	16.701 098	75 990	

采用系数分配法，系数的确定是一个关键因素。产品系数的大小影响该产品单位成本的高低。

(2) 实物量分配法。

实物量分配法就是将各种联产品的联合成本按各联合产品实际重量比例进行分配。

[例 9-3]　某厂生产甲、乙两种联合产品，本期联合成本为 18 000 元，甲产品实际产量 2 000 千克，售价为每千克 4 元；乙产品实际产量 1 600 千克，售价为每千克 8 元，则各联产品应分摊的联合成本如表 9-5 所示。

表 9-5　联产品成本计算表（实物量分配法）

产品名称	产量（千克）	分配率	联合成本分配（元）	单位成本（元）
	(1)	(2)=∑(3)/∑(1)	(3)=(1)×(2)	(4)=(3)/(1)
甲产品	2 000	—	10 000	5
乙产品	1 600	—	8 000	5
合　计	3 600	5	18 000	

该法的优点是简便易行，缺点是各种产品的成本大小与其重量呈正比例关系，单位成本相同，忽略了产品的销售价值，容易造成售价低的联产品亏损。

(3) 相对销售价值分配法。

相对销售价值分配法是按各联产品的销售价值的比例分配联合成本。

仍以例 9-3 的资料，以相对销售价值分配法编制联产品成本计算表如表 9-6 所示。

表 9-6　联产品成本计算表（相对销售价值分配法）

品名	产量（千克）	单价（元）	销售价格（元）	分配率	联合成本分配（元）	单位成本（元）	毛利（元）	毛利率
	(1)	(2)	(3)=(1)×(2)	(4)=∑(5)/∑(3)	(5)=(3)×(4)	(6)=(5)/(1)	(7)=(3)−(5)	(8)=(7)/(3)
甲产品	2 000	4	8 000	—	6 923	3.46	1 077	13.46%
乙产品	1 600	8	12 800	—	11 077	6.92	1 723	13.46%
合　计	3 600		20 800	0.865 384 6	18 000		2 800	

该法的特点是各联产品的毛利率相同，而单位成本不一样。

（4）净实现价值分配法。

净实现价值分配法是按各联产品的净实现价值的比例分配联合成本的一种方法。

净实现价值＝产品销售价格－该产品分离后加工成本

仍以例 9-3 的资料，假设乙产品分离后尚需进一步加工，加工成本为 700 元，以净实现价值分配法编制联产品成本计算表如表 9-7 所示。

表 9-7　联产品成本计算表（净实现价值分配法）

品名	产量（千克）	单价（元）	销售价格（元）	分离后加工成本（元）	净实现价值（元）	分配率	联合成本分配（元）	单位成本（元）	毛利（元）	毛利率
	(1)	(2)	(3)=(1)×(2)	(4)	(5)=(3)−(4)	(6)=∑(7)/∑(5)	(7)=(5)×(6)	(8)=(7)/(1)	(9)=(3)−(7)−(4)	(10)=(9)/(3)
甲产品	2 000	4	8 000	0	8 000	—	7 164	3.582 0	836	10.45%
乙产品	1 600	8	12 800	700	12 100	—	10 836	6.772 5	1 264	9.875%
合　计	3 600		20 800		20 100	0.895 522 3	18 000		2 100	

（二）副产品的成本核算

1. 副产品成本核算的特点

由于副产品与联产品一样，也是使用同种原料，经过同一加工过程而同时生产出来的产品，所以从理论上说，副产品的成本核算与联产品成本核算一样，也是联合成本向副产品分配的问题。但是，副产品与联产品又有所不同：联产品是主要产品，而副产品则是除主要产品以外的非主要产品，它价值较低，在企业中相对不那么重要。因此，对副产品的成本核算往往采用简易的核算方法，即通常只将副产品按照一定标准作价，从分离前的联合成本中扣除。这样，副产品的成本核算就归结为如何对副产品进行计价以及如何从分离前的联合成本中扣除的问题。

2. 副产品成本的计价方法

副产品在分离后，可以作为成品直接出售，也可以进一步加工后再出售。既然进一步加工，就会有新的成本发生。因此，分离后直接出售的副产品与进一步加工的副产品，其成本核算有所不同。

（1）不需要进一步加工的副产品的计价。

通常有如下三种情况：

1）不计算副产品成本，即副产品不负担分离前的联合成本。这种方法显然极其简单，但是由于副产品不计价，所以会影响主产品成本和利润的准确性。基于这样的特点，该法适合应用于副产品数量很少、价值较低，而且分离后不再加工的情况。

2）以副产品的销售价格为基础对副产品计价。比如按照副产品的销售价格减去销售税金和按照正常利润率计算的销售利润后的余额计价。这种方法适用于副产品价值较高的情况。

3）用副产品的计划成本或固定价格对副产品计价。这种方法适用于生产过程中产出的副产品较多或副产品售价经常变动的情况。

（2）需要进一步加工的副产品的计价。

有的副产品与主产品分离后还需要单独进行加工，再行销售，才能满足市场的需求。例如，在制皂过程中产生的含有甘油的盐水在与主产品分离后，还要加入某些辅助材料，经进一步加工后，才能产出甘油。对于这一类副产品，其成本计价有如下两种方法：

1）副产品只负担可归属成本。用这种方法对副产品计价，副产品不负担分离点前发生的任何成本，只负担分离后进一步加工的成本。显然这种方法简便，但它低估了副产品的成本，从而高估了主产品的成本。

2）副产品既负担可归属成本，又负担分离点前的联合成本。这种方法显然比较符合实际，以此核算的副产品的成本也比较准确。

3. 副产品成本从联合成本中的扣除方法

主要有如下两种：

（1）将副产品成本（计价额）从联合成本的“原材料”（或“直接材料”）项目中扣除。

这种方法适用于主、副产品成本中直接材料所占比重较大，或副产品成本占联合成本的比重较小的情况。

（2）将副产品成本（计价额）从联合成本的各成本项目中扣除。

这种方法适用于主、副产品成本项目的比重相差不很悬殊，副产品成本占联合成本的比重较大的情况。

4. 副产品成本核算举例

［例 9-4］ 大华公司在生产主要产品甲产品的同时，附带生产乙、丙、丁三种副产品。乙副产品按照售价扣除有关项目的余额计价，并从联合成本的各成本项目中扣除；丙副产品按照计划成本计价，并从联合成本的原材料项目中扣除；丁副产品由于数量很少，价值很低，所以不予计价。2019 年 8 月有关的产量、成本资料如表 9-8、表 9-9 所示。

表 9-8　产量、单价、计划成本等资料　　单位：元

产品名称	产量（吨）	单位售价	单位税金	单位利润	计划单位成本
甲	500				
乙	100	500	70	30	
丙	50				300
丁	1				

表 9-9　有关成本资料

单位：元

项目	直接材料	直接人工	制造费用	合计
本月发生联合成本	90 000	35 000	25 000	150 000
分离后乙产品加工耗费	—	4 000	2 000	6 000

根据上述资料，编制产品成本计算表，如表 9-10 所示。

表 9-10　产品成本计算表

单位：元

项目	联合成本		丙产品（50 吨）		乙产品（100 吨）				甲产品（500 吨）	
					总成本					
	金额	比重	总成本	单位成本	分离前	分离后	合　计	单位成本	总成本	单位成本
	(1)	(2)=(1)/∑(1)	(3)=(4)×产量	(4)	(5)=∑(5)×(2)	(6)	(7)=(5)+(6)	(8)=(7)/产量	(9)=(1)−(3)−(5)	(10)=(9)/产量
直接材料	90 000	60%	15 000	300	20 400	—	20 400	204	54 600	109.20
直接人工	35 000	23%	—	—	7 820	4 000	11 820	118.20	27 180	54.36
制造费用	25 000	17%	—	—	5 780	2 000	7 780	77.80	19 220	38.44
合　计	150 000	100%	15 000	300	34 000	6 000	40 000	400	101 000	202.00

注：乙产品分离前总成本 34 000=(单位售价 500−单位税金 70−单位利润 30)×产量 100−分离后加工耗费 6 000。

副产品成本核算比联产品成本核算相对简单。副产品和主产品不是固定不变的，随着生产技术的发展、产品的开发和综合利用，副产品可能会转化为主产品，这时就需要采用联产品成本核算方法核算成本。

（三）等级品的成本核算

1. 等级品成本核算的特点

等级品是指使用同种原料，经过同一加工过程而同时生产出的品种相同但品级和质量不同的产品，如电子元件、针纺织品等的生产经常会出现一等品、二等品、三等品、等外品。等级品与联产品、副产品相比，它们都是使用同种原料，经过同一加工过程而同时生产出的产品；不同之处是：等级品是相同品种但质量不同的产品，而联产品、副产品则是不同品种的产品。因此，等级品的成本核算也是将联合成本在不同等级品之间进行分配的问题。

2. 等级品成本核算的方法

等级品根据形成的原因不同，可以分成两大类：一是由于操作不慎、技术不熟练、管理不善等主观原因造成的等级品；二是由于原材料质量、生产技术条件的限制等客观原因造成的等级品。

一般情况下，对于上述第一类等级品，不同等级的产品成本应当相同，等级品售价不同导致的利润差别，正表明企业有必要改善经营管理，工人有必要精心操作；对于第二类等级品，不同等级产品的成本应有所差别。因此，等级品的成本有如下两种分配方法：

（1）实物量分配法。

实物量分配法即按照各等级品实物量的比例分配联合成本到各等级品，结果是不同等级品的成本相同。

（2）系数分配法。

采用这种方法，一般是先按照各等级品的单位售价确定系数，然后以系数将实际产量折算为标准产量，然后按照标准产量的比例分配联合成本至各等级品。结果是系数不同的各等级品的单位成本也不同。

［例 9－5］ 某电子元件厂制造晶体管，本期共生产 50 000 只，由于原材料质量原因造成一级品 40 000 只、二级品 3 000 只、三级品 7 000 只；其售价分别为 12 元、8 元、6 元；本期联合成本为 228 000 元。该企业以售价确定系数，按照系数分配法编制的等级品成本计算表，如表 9－11 所示。

表 9－11　等级品成本计算表　　单位：元

等级品	产量（只）	单价	系数	标准产量（总系数）	分配率	总成本	单位成本
一级品	40 000	12.00	1	40 000	—	200 000	5.00
二级品	3 000	8.00	0.7	2 100	—	10 500	3.50
三级品	7 000	6.00	0.5	3 500	—	17 500	2.50
合　计	50 000	—		45 600	5.00	228 000	—

【历史浏览】

按照以下提示回顾本节内容：

1. 分类法是先按照一定的分类标准对产品进行分类，然后按照类别归集生产费用、核算产品成本的方法。

2. 分类法的核算程序是：（1）合理确定产品类别，并按产品类别设立产品成本明细账；（2）结合企业生产类型，选择特定成本核算方法，核算每类完工产品成本；（3）选择合理的分配标准，分配各类完工产品总成本，核算类内不同品种或规格的产品成本。

3. 合理确定产品类别与选择合理的分配标准，是采用分类法的关键因素。

4. 类别的划分有两个原则：一是将产品结构、所用原材料、工艺过程相同或相近的产品作为一类；二是类距既不宜定得过小，使核算工作复杂，也不应定得过大，造成成本核算的“大锅烩”。

5. 在使用分配标准分配类别成本时，可以先将产品的分配标准数量折合成系数进行分配，这种方法通常被称为系数法。其实，系数法也就是分类法。

6. 分类法主要适用于如下几种情况：（1）产品品种规格繁多，并可以合理分类的企业；（2）生产联产品的企业；（3）生产副产品的企业；（4）生产等级品的企业。

7. 联产品的成本核算，主要是分离点前联产品的联合成本在各联产品之间进行分配的问题；联产品分离前联合成本的核算以及分离后产品成本的核算，可以根据不同的生产类型选择采用一定的成本核算方法进行。

8. 对副产品的成本核算往往采用简易的核算方法，即通常只将副产品按照一定标准作价，从分离前的联合成本中扣除。这样，副产品的成本核算就归结为如何对副产品进行计价以及如何从分离前的联合成本中扣除的问题。

9. 等级品的成本核算也是将联合成本在不同等级品之间进行分配的问题。

【复习思考题】

1. 什么是分类法？其主要特点是什么？为什么分类法需要与成本核算的基本方法结合起来应用？

2. 为什么合理确定产品类别和选择合理的分配标准是采用分类法的关键因素？

3. 什么是系数法？为什么说系数法其实就是分类法？

4. 举例说明分类法如何与产品成本核算的基本方法相结合。

5. 什么是联产品？为什么联产品适合应用分类法？

6. 什么是副产品？副产品成本核算与联产品成本核算有什么异同？

7. 什么是等级品？如何核算等级品的成本？

第二节　定额法

【学习导航】

⊙ 掌握定额法的基本特点；

⊙ 了解定额的核算程序和方法；

⊙ 掌握脱离定额差异的核算，其中重点掌握原材料脱离定额差异的核算；

⊙ 掌握定额变动差异的含义以及核算方法；

⊙ 理解定额法的核算程序和应用；

⊙ 掌握定额法的优缺点和应用条件。

一、定额法的基本特点

上述各种成本核算方法——品种法、分批法、分步法和分类法，它们有一个共同特点，就是通过归集实际发生的生产费用，直接核算出产品的实际成本。那么，在这种情况下，要了解产品的实际成本偏离定额成本的情况，只有等到产品的实际成本核算出来以后才能进行，因为在平时，账面上不能够提供产品实际成本偏离定额成本的信息。这显然不利于企业对生产费用和产品成本进行日常的分析和控制。定额法则不同，它不是通过归集实际发生的生产费用，直接核算出产品的实际成本；这种方法包括定额成本的计算、脱离定额差异的核算、定额变动差异的核算以及产品实际成本的计算四个方面。采用这种方法，企业不仅必须事先制定产品的定额成本，而且在平时，账面上就能够提供产品实际成本偏离定额成本的信息。显然，该方法有利于企业对生产费用和产品成本进行日常的分析和控制。因此，定额法的基本精神不仅在于核算产品的实际成本，而且在于及时揭示实际生产耗费脱离定额的数额和原因，从而达到加强成本控制、降低产品成本的目的。

定额法的基本做法是：事前，以产品的各项现行消耗定额和计划单价为依据，计算产品的定额成本，并以此作为成本分析、成本控制、成本核算的基础和依据；事中，根据实际产量，核算产品的实际生产耗费和定额生产耗费的差异，以及时揭示实际偏离定额的情况；事后，在完工产品定额成本的基础上，加减脱离定额差异和定额变动差异，计算出完工产品的实际成本，从而完成成本核算的功能。

定额法与其他实际成本核算方法相比，有如下几个基本特点：

（1）采用定额法，必须事先制定定额成本，这是由定额法的自身性质决定的；而采用其他实际成本核算方法，则不一定事先制定定额成本。

（2）定额法之下的产品实际成本包括定额成本、脱离定额差异、定额变动差异三部分；而其他实际成本核算方法之下的产品实际成本，则没有包括前述三个部分。

（3）采用定额法，在生产费用实际发生时，将符合定额的费用和不符合定额的费用分别核算，所以这种方法能够及时揭示成本超支或节约的情况，从而为成本的分析、控制、考核提供了有利条件；而其他实际成本核算方法，则只有在产品实际成本核算出来之后，才能够分析和考核成本超支或节约的情况。

在定额法下，产品实际成本的三个组成部分，用等式表示如下：

产品实际成本＝定额成本＋脱离定额差异＋定额变动差异

下面，分别说明等式中三个组成部分的内容。

二、定额成本的核算

（一）什么是定额成本

定额成本不是实际成本，而是企业在现有生产条件下应达到的一种目标成本；它是核算产品实际成本的基础，又是分析、控制、考核成本超支或节约情况的尺度。

定额成本应分别成本项目制定，并与实际成本的成本项目保持一致，这样有利于将实际成本与定额成本进行比较，揭示实际成本脱离定额的差异。但是，定额成本中一般不包括废品损失、停工损失项目，实际成本中的废品损失、停工损失项目被视为超过定额成本的超支差异。

定额成本的每个项目都是现行消耗定额和现行计划单价两个因素的乘积。现行消耗定额，通常包括现行材料消耗定额、现行工时定额，它们是数量指标。定额必须是先进的，而且是经过努力多数人可以达到的，这样才能起到鼓励和促进的作用。计划单价包括材料计划单位成本、计划小时工资率、计划制造费用分配率等。

（二）定额成本的计算程序和方法

产品的定额成本包括零、部件定额成本和产成品定额成本，通常由计划、会计等部门共同制定。定额成本的计算是通过编制定额成本计算表进行的。在零、部件不多的情况下，一般先制定零件定额成本，然后在零件定额成本的基础上再汇总计算部件定额成本，最后在零件定额成本、部件定额成本的基础上制定产成品定额成本。零、部件定额成本还可以作为在产品和报废零、部件计价的根据。如果产品的零、部件较多，为了简化成本计算工作，也可以不计算零件定额成本，而根据列有零件原材料消耗定额、工序计划和工时消耗定额的零件定额卡以及原材料计划单价、计划的工资率、制造费用率，计算部件定额成本，然后汇总计算产成品定额成本；或者根据零、部件的定额卡直接计算产成品定额成本。在不计算零、部件定额成本的情况下，在产品和报废零、部件的计价，就要根据零、部件定额卡和原材料计划单价、计划的工资率、制造费用率临时计算。

零件定额卡和部件定额成本计算表格式如表 9－12、表 9－13 所示。

表 9－12　零件定额卡

零件编号、名称：1101　　　　202×年 9 月

材料名称、编号	计量单位	材料消耗定额
11108	千克	9
工序	工时定额	累计工时定额
1	4	4
2	6	10
3	3	13
4	5	18

表 9－13　部件定额成本计算表

部件编号、名称：2001　　　　202×年 9 月

所用零件编号或名称	零件数量	材料定额						金额合计	工时定额
		11108			11109				
		数量	计划单价	金额	数量	计划单价	金额		
1101	3	27	5.00	135.00				135.00	54
1102	2				12	4.00	48.00	48.00	24
装配									6
合　计				135.00			48.00	183.00	84

定额成本项目					定额成本合计
原材料	职工薪酬福利		制造费用		
	计划工资率	金额	计划费用率	金额	
183.00	2.00	168.00	1.10	92.40	443.40

在上列部件定额成本计算表中，每种零件的材料消耗定额和工时定额，按每一零件的材料消耗定额和工时定额，分别乘以部件所用零件的数量计算；部件的工资及福利费、制造费用定额按部件的工时定额，分别乘以计划工资率、计划制造费用率计算。

产成品定额成本计算表的格式与部件定额成本计算表的格式相类似，不再另行举例。

三、脱离定额差异的核算

在生产耗费发生时，及时地确定脱离定额差异，是定额法的一项非常重要的内容。脱离定额差异是产品实际成本的组成部分，所以它直接关系到产品实际成本核算的准确性和

及时性；脱离定额差异揭示了生产耗费的节约或超支情况，所以它是成本分析、控制、考核的依据。因此，必须及时、正确地组织脱离定额差异的核算，并尽可能同班组经济核算相结合，使人人自觉重视脱离定额差异核算，关心生产消耗，重视成本控制。

脱离定额差异的核算应分别成本项目进行。

（一）原材料脱离定额数量差异的核算

1. 原材料脱离定额数量差异的定义

原材料脱离定额数量差异的定义是：产品实际产量的原材料实际消耗量与原材料定额消耗量之间的差异。其计算公式如下：

$$\begin{matrix}\text{原材料脱离定额数量差异}\\ \text{（以实物量表示）}\end{matrix}=\text{实际消耗量}-\left(\begin{matrix}\text{产品实际}\\ \text{投产量}\end{matrix}\times\begin{matrix}\text{单位产品原}\\ \text{材料消耗定额}\end{matrix}\right)$$

$$\begin{matrix}\text{原材料脱离定额数量}\\ \text{差异（以货币金额表示）}\end{matrix}=\left[\begin{matrix}\text{实际}\\ \text{消耗量}\end{matrix}-\left(\begin{matrix}\text{产品实际}\\ \text{投产量}\end{matrix}\times\begin{matrix}\text{单位产品原}\\ \text{材料消耗定额}\end{matrix}\right)\right]\times\begin{matrix}\text{原材料}\\ \text{计划单价}\end{matrix}$$

提示音

请注意，在本教材中，原材料脱离定额差异包括原材料脱离定额数量差异和原材料脱离定额价格差异（即原材料成本差异），这样不但名实相符，而且与生产工资脱离定额差异、制造费用脱离定额差异的口径保持一致；而在有些教科书中，原材料脱离定额差异是指原材料脱离定额数量差异。

2. 原材料脱离定额数量差异核算的方法

在各成本项目中，原材料耗费（包括自制半成品耗费）一般占有较大的比重，而且大多属于直接计入耗费，因此更有必要和可能在耗费发生的当时就按产品计算定额耗费和脱离定额差异，从而对其加强控制。原材料脱离定额差异的核算方法一般有限额法、切割材料法和盘存法等。

（1）限额法。

采用限额法，必须实行限额领料制度，符合限额的原材料应根据限额领料单等定额凭证领发；超过限额的消耗，或领用代用材料，均需另行填制专用的领料单（差异凭证）。

超额领用的材料全部是脱离定额的超支差异，但代用材料并非都是超支差异。对于代用材料，先要计算出代用材料相当于原规定材料的数量，并从定额中扣除，以确定差异。

退料单也应视为差异凭证。限额领料单中的原材料余额与退料单中所列原材料数量都是原材料脱离定额的节约差异。

提示音

必须注意，按照上述凭证确定的差异，仅仅是原材料的领料差异，而不是用料差异。但是，我们为了核算产品成本而计算确定的原材料脱离定额的差异，却是用料差异。

只有耗用材料的产品数量，即投产产品数量等于限额领料单中规定的产品数量，而且车间无余料，或虽有余料但期初期末余料相等的情况下，用料差异才等于领料差异。

［例 9-5］ 限额领料单中规定的产品数量为 100 件，每件产品的原材料消耗定额为 4 千克，则领料限额为 400 千克。假定实际领料为 395 千克，那么领料差异为节约 5 千克。如果实际耗用材料的产品数量，即投产产品数量等于限额领料单中规定的产品数量，也是 100 件，而且车间无余料，那么 5 千克的领料差异就是用料差异。假定投产的产品数量小于规定的产品数量，为 90 件，车间期初余料为 16 千克，期末余料为 8 千克。则用料差异计算如下：

原材料定额消耗量＝投产产品数量×原材料消耗定额
＝90×4＝360(千克)

原材料实际消耗量＝本期领料量＋期初余料量－期末余料量
＝395＋16－8＝403(千克)

原材料脱离定额数量差异＝原材料实际消耗量－原材料定额消耗量
＝403－360＝＋43(千克)(超支)

（2） 切割材料法。

对于那些贵重的材料以及经常大量使用的原材料，通常要在准备车间经过切割以后投入生产。这时，可以采用切割材料法组织日常的原材料脱离定额数量差异的核算。总的做法是：将分割后材料的数量乘以单位消耗定额，求得切割后材料的定额消耗量，与材料的实际消耗量相比较，其差异就是材料脱离定额数量差异。具体应通过材料切割核算单进行核算。材料切割核算单的格式如表 9-14 所示。

表 9-14 材料切割核算单

材料编号或名称：2281　　材料计量单位：千克　　材料计划单价：8.00 元
产品名称：A　　零件编号或名称：2209　　图纸号：808
切割工人姓名：李玲　　机床编号：286
发交切割日期：202×年 5 月 26 日　　完工日期：202×年 6 月 1 日

<table>
<tr><td colspan="3">发料数量</td><td colspan="4">退回余料数量</td><td colspan="4">材料实际消耗量</td><td colspan="2">废料实际回收量</td></tr>
<tr><td colspan="3">200</td><td colspan="4">10</td><td colspan="4">190</td><td colspan="2">5</td></tr>
<tr><td colspan="2">单件消耗定额</td><td colspan="3">单件回收废料定额</td><td colspan="3">应切割成的毛坯数量</td><td colspan="2">实际切割成的毛坯数量</td><td colspan="2">材料定额消耗量</td><td>废料定额回收量</td></tr>
<tr><td colspan="2">5</td><td colspan="3">0.1</td><td colspan="3">38</td><td colspan="2">37</td><td colspan="2">185</td><td>3.70</td></tr>
<tr><td colspan="4">材料脱离定额数量差异</td><td colspan="4">废料脱离定额数量差异</td><td colspan="4">脱离定额数量差异原因</td><td>责任者</td></tr>
<tr><td>数量</td><td colspan="3">金额</td><td colspan="2">数量</td><td colspan="2">单价</td><td>金额</td><td colspan="3" rowspan="2">未按设计图纸切割，因而增加了边料，减少了毛坯</td><td rowspan="2">××</td></tr>
<tr><td>＋5</td><td colspan="3">40.00</td><td colspan="2">－1.3</td><td colspan="2">2.00</td><td>－2.60</td></tr>
</table>

在上列材料切割核算单中，退回余料是指切割后退回材料仓库、可以按照原来用途使用的材料，其数量应在计算材料实际消耗量时从发料数量中减去。回收的废料是指切割过程中产生的不能按照原来用途使用的边角料，是实际消耗材料的一部分，但退回仓库的废

料价值应从材料耗费中扣减。材料实际消耗量190千克除以单位定额消耗量5千克，即为应切割成的毛坯数量38件。材料定额消耗量和废料定额回收量，应按实际切割成的毛坯数量分别乘以材料消耗定额和废料回收定额计算。材料实际消耗量减去材料定额消耗量，即为材料脱离定额的数量差异（用料差异）；再乘以材料计划单价，即为差异金额。废料实际回收量减去定额回收量为废料脱离定额的差异数量；再乘以废料单价（上例假定为每千克2.00元），则为差异金额。由于废料价值可以冲减材料耗费，因而废料回收超过定额的差异，应填为负数；相反，少于定额的差异应填为正数。上例废料超额回收1.3千克，虽然可以冲减材料耗费2.60元，但由于该项超额回收的废料是在实际切割成的毛坯数量比应切割成的毛坯数量少1（即38－37）件情况下发生的，致使单价为7.30元的毛坯所用好料变成了单价为2.00元的废料，切割成的每件毛坯的材料耗费会因此而增加。所以，这种超额回收废料的差异是不利差异。只有在实际切割成毛坯数量等于甚至大于应该切割成的毛坯数量的情况下，超额回收废料的差异，才会降低单位毛坯的材料耗费，才是有利差异。

（3）盘存法。

在按照限额法和切割材料法核算材料脱离定额差异有困难时，还应按期（按工作班、工作日或按周、旬等）通过盘存的方法核算用料差异。即根据完工产品数量和在产品盘存（实地盘存或账面结存）数量算出投产数量，乘以原材料消耗定额，计算出原材料定额消耗量；根据限额领料单和超额领料单等领、退凭证和车间余料的盘存数量，计算出原材料实际消耗量；然后将原材料的实际消耗量与定额消耗量相比较，计算出原材料脱离定额的数量差异。其具体步骤如下：

1）通过盘点确定本期投产产品数量：

$$\text{本期投产产品数量}=\text{本期完工产品数量}+\text{期末在产品约当数量}-\text{期初在产品约当数量}$$

上列公式表明：投产产品数量与完工产品数量不是一回事。本期完工产品所用的原材料包括了期初在产品中的上期用料，但未包括期末在产品中的本期用料，因而不能根据本期完工产品数量计算本期原材料的定额消耗量。只有本期投产产品数量才是本期实际用料的产品数量，才能据以计算本期原材料的定额消耗量和本期用料的脱离定额差异。

2）计算原材料定额消耗量：

原材料定额消耗量＝投产产品数量×单位原材料消耗量

3）根据领退料凭证和车间期初期末余料，计算原材料实际消耗量：

原材料实际消耗量＝原材料本期领用数量＋车间期初余料－车间期末余料

4）计算原材料脱离定额的差异：

原材料脱离定额数量差异＝原材料实际消耗量－原材料定额消耗量

限额领料单规定的产品数量一般是一个月的产量。为了及时核算用料脱离定额的差异，有效地控制用料，用料差异的核算期越短越好，应尽量按工作班或工作日进行核算。这样，在差异核算期内的投产产品数量一般小于按月规定的产品数量。因此，除了经过切割才能使用的材料外，大部分原材料应采用盘存法核算和控制用料差异。

[例 9-6] 生产乙产品耗用 A 材料。乙产品期初在产品 100 件，本期完工产品 2 000 件，期末在产品 300 件。生产产品所用原材料在生产开始时一次投入，乙产品的原材料消耗定额为每件 2 千克，原材料的计划单价为每千克 10 元。限额领料单中本期实际领料数量为 4 200 千克。车间期初余料为 100 千克，期末余料为 40 千克。有关数据计算如下：

投产的产品数量＝2 000＋300－100＝2 200(件)

原材料定额消耗量＝2 200×2＝4 400(千克)

原材料实际消耗量＝4 200＋100－40＝4 260(千克)

原材料脱离定额数量差异(以实物量反映)＝4 260－4 400＝－140(千克)(节约)

原材料脱离定额数量差异(以货币金额反映)＝－140×10＝－1 400(元)(节约)

不论采用哪一种方法核算原材料消耗量和脱离定额差异，都应分批或定期地将这些核算资料按照成本核算对象汇总，编制原材料定额耗费和脱离定额数量差异汇总表。表中填明该批或该种产品所耗各种原材料的定额消耗量、定额耗费和脱离定额的差异，并分析说明发生差异的主要原因。这种汇总表既可用来汇总反映和分析原材料脱离定额数量差异，又可用来代替原材料耗费分配表，登记产品成本明细账，还可以报送有关领导或向职工公布，以便根据差异发生的原因采取措施，进一步挖掘降低原材料费用的潜力。

现以某工业企业甲种产品为例，列示其 10 月份原材料定额耗费和脱离定额数量差异汇总表，如表 9-15 所示。

表 9-15　原材料定额耗费和脱离定额数量差异汇总表

产品名称：甲　　202×年 10 月 1 日—30 日

原材料类别	材料编号	计量单位	计划单价	定额消耗量		实际消耗量		脱离定额数量差异	
				数量	金额	数量	金额	实物量	货币金额
原料及主要材料	1101	千克	2	5 150	10 300	6 500	13 000	＋1 350	＋2 700
原料及主要材料	1 203	千克	1	4 500	4 500	4 000	4 000	－500	－500
合　计					14 800		17 000		＋2 200

领用自制半成品相当于领用原材料，因而自制半成品的定额消耗量、定额耗费和脱离定额差异的计算方法与原材料相同。

（二）原材料脱离定额价格差异——原材料成本差异的核算

采用定额法核算成本，为了便于产品成本的考核和分析，材料的日常核算必须按计划成本进行。因此，原材料的定额耗费和脱离定额数量差异都按原材料的计划成本计算。前者是原材料的定额消耗量乘以原材料计划单位成本；后者是原材料脱离定额数量差异乘以原材料计划单位成本，即按原材料计划单位成本反映的量差。两者之和，就是原材料的实际消耗数量乘以其计划单位成本，即财务会计中所谓产品所耗用的原材料计划成本。因此，在月末计算产品的实际原材料耗费时，还必须用产品所耗用的原材料计划成本，乘以原材料成本差异率，计算该原材料计划成本应分配负担的原材料成本差异，即所耗原材料的价差。其计算公式如下：

$$\begin{matrix}\text{某产品应分配的原材料成本差异}\\\text{（原材料脱离定额价格差异）}\end{matrix}=\left(\begin{matrix}\text{该产品原材}\\\text{料定额耗费}\end{matrix}+\begin{matrix}\text{原材料脱离}\\\text{定额差异}\end{matrix}\right)\times\begin{matrix}\text{原材料成}\\\text{本差异率}\end{matrix}$$

［例 9－7］ 某企业 B 产品 9 月份所耗原材料定额耗费为 68 000 元，脱离定额差异为超支 800 元，原材料的成本差异率为超支 1%。

$$\text{该产品应分配的原材料成本差异}=(68\,000+800)\times(+1\%)=+688(\text{元})$$

在实际工作中，原材料成本差异的分配计算，通过材料成本差异分配表或发料凭证汇总表进行。

在多步骤生产中采用定额法时，如果逐步结转半成品成本，半成品的日常核算也应按照定额成本进行。在月末计算产品实际成本时，也应比照原材料成本差异的分配方法，分配计算产品所耗半成品的成本差异。

（三）生产工人工资脱离定额差异的核算

1. 生产工人工资脱离定额差异的定义和计算公式

生产工人工资脱离定额差异与原材料脱离定额的数量差异有所不同：后者只反映量差，其价差则通过单独计算原材料成本差异来反映；前者既反映量差（即产品实际生产工时与定额生产工时不同形成的工资差异），又反映价差（即实际工资率与定额工资率不同形成的工资差异）。用等式来表示生产工人工资脱离定额差异的定义如下：

$$\begin{matrix}\text{某产品生产工人工资}\\\text{脱离定额差异}\end{matrix}=\begin{matrix}\text{该产品实际}\\\text{生产工人工资}\end{matrix}-\begin{matrix}\text{该产品定额}\\\text{生产工人工资}\end{matrix}$$

生产工人工资脱离定额差异的计算有如下两种情况：

（1）在计时工资制度下，生产工人工资一般属于间接计入耗费，其脱离定额的差异不能在平时按照产品直接计算，只有在月末实际生产工人工资总额确定以后，才能按照下列公式计算：

$$\begin{matrix}\text{计划每小时}\\\text{生产工资}\end{matrix}=\frac{\text{某车间计划产量的定额生产工人工资}}{\text{该车间计划产量的定额生产工时总额}}$$

$$\begin{matrix}\text{实际每小时}\\\text{生产工资}\end{matrix}=\frac{\text{某车间实际生产工人工资总额}}{\text{该车间实际生产工时总额}}$$

$$\begin{matrix}\text{某产品的定额}\\\text{生产工人工资}\end{matrix}=\begin{matrix}\text{该产品实际完成}\\\text{的定额生产工时}\end{matrix}\times\begin{matrix}\text{计划每小时}\\\text{生产工资}\end{matrix}$$

$$\begin{matrix}\text{某产品的实际}\\\text{生产工人工资}\end{matrix}=\begin{matrix}\text{该产品实际}\\\text{生产工时}\end{matrix}\times\begin{matrix}\text{实际每小时}\\\text{生产工资}\end{matrix}$$

$$\begin{matrix}\text{某产品生产工人}\\\text{工资脱离定额差异}\end{matrix}=\text{该产品实际生产工人工资}-\text{该产品定额生产工人工资}$$

（2）在计件工资制度下，生产工人工资属于直接计入费用，其脱离定额差异应按照下列公式计算：

$$\text{某产品生产工人工资脱离定额差异}=\text{该产品实际生产工人工资}-\left(\text{该产品实际产量}\times\text{单位产品生产工资费用定额}\right)$$

2. 生产工人工资脱离定额差异的分析和控制

在计件工资制度下，生产工人工资属于直接计入耗费，其脱离定额差异的核算与原材料脱离定额差异的核算相类似，符合定额的生产工人工资，应该反映在产量记录中，脱离定额的差异通常反映在专设的补付单等差异凭证中。工资差异凭证也应填明原因，并经过一定的审批手续。

在计时工资制度下，可以把工资差异分为工时差异和工资率差异。在日常核算中，主要核算工时差异；月末实际生产工人工资总额确定以后，再核算工资率差异。

工时差异，是以实际工时与实际产量的定额工时之差，乘以计划小时工资率求得的，用公式可以表示为：

$$\text{工时差异}=(\text{产品实际生产工时}-\text{产品定额生产工时})\times\text{计划工资率}$$

工时差异反映劳动效率的提高或下降造成的工资耗费的节约或浪费。为了及时核算工时差异，应及时汇集实际产量的定额工时与实际工时的差异，并分析其原因。车间可以按照成本核算对象定期汇编劳动效率差异表，其格式如表 9-16 所示。

工资率差异，反映实际小时工资率脱离计划小时工资率而形成的工资差异，它在月终实际工资总额计算出来以后，按下列公式计算：

$$\text{工资率差异}=\text{产品实际生产工时}\times(\text{实际小时工资率}-\text{计划小时工资率})$$

表 9-16　劳动效率差异表

产品名称：　　　　202×年×月×日

实际产量	计划工资率	单位定额工时	定额工时	实际工时	劳动效率差异		差异原因				
					工时差异	工资差异	工艺	材质	机器性能	工人技术	其他
(1)	(2)	(3)	(4)=(1)×(3)	(5)	(6)=(5)−(4)	(7)=(6)×(2)	(8)	(9)	(10)	(11)	(12)

（四）制造费用脱离定额差异的核算

制造费用脱离定额差异也是既反映量差（即产品实际生产工时与定额生产工时之间的差异），又反映价差（即实际制造费用率与计划制造费用率之间的差异）。用等式来表示制造费用脱离定额差异的定义如下：

$$\text{某产品制造费用脱离定额差异}=\text{该产品实际制造费用}-\text{该产品定额制造费用}$$

制造费用一般属于间接计入耗费，其脱离定额的差异不能在平时按照产品直接计算，只有在月末实际制造费用分配给各种产品以后，才能以产品实际制造费用与定额费用加以比较确定。有关公式如下：

$$\text{计划每小时制造费用率}=\frac{\text{某车间计划制造费用总额}}{\text{该车间计划产量的定额生产工时总数}}$$

$$\text{实际每小时制造费用率}=\frac{\text{某车间实际制造费用总额}}{\text{该车间各种产品实际生产工时总数}}$$

$$\text{某产品的定额制造费用}=\text{该产品实际产量的定额生产工时}\times\text{计划每小时制造费用率}$$

$$\text{该产品的实际制造费用}=\text{该产品实际生产工时}\times\text{实际每小时制造费用率}$$

$$\text{某产品制造费用脱离定额差异}=\text{该产品实际制造费用}-\text{该产品定额制造费用}$$

四、定额变动差异的核算

（一）为什么核算定额变动差异

定额变动差异，是指由于修订消耗定额或生产耗费的计划价格而产生的新旧定额之间的差额。随着经济的发展、生产技术条件的变化、劳动生产率的提高，企业的各项消耗定额、计划价格应随之修订。在消耗定额或计划价格修订之后，定额成本也应随之及时修订。定额成本的修订一般在年初定期进行，但若定额和实际差距很大时，在月初、季初也可以修订。这样，在定额变动的月份，月初在产品的定额成本由于是从上月结转而来，所以它仍然是按照旧的定额计算的；而在计算本月生产耗费中的本期投入产品的定额成本时，却是按照新定额成本计算的。这样就在同一月份的产品成本明细账中出现了新旧两个定额成本。为了将按旧定额计算的月初在产品定额成本和按新定额计算的本期投入产品的定额成本在同一基础上相加，需要按新定额计算月初在产品的定额变动差异，以调整月初在产品的旧定额成本，使其变成新定额成本。

提示音

定额变动差异与脱离定额差异不同，前者是定额本身的变动，与实际发生的生产耗费的节约或超支无关，后者是实际发生的生产耗费脱离定额的变动，反映生产耗费节约或超支的程度。对于脱离定额差异要尽可能及时揭示，而定额变动差异则不一定要立即计算。

（二）定额变动差异的核算方法

1. 定额变动差异的计算方法

定额变动差异的计算方法可以分为如下两种情况：

（1）月初在产品定额变动的差异，可以根据定额发生变动的在产品盘存数量或在产品账面结存数量和修订前后的定额消耗量，确定定额消耗量的差异和差异金额。这种计算方法要求按照零、部件和工序进行，工作量较大。月初在产品定额变动差异的计算公式如下：

$$\text{月初在产品定额变动差异}=\sum\left[\left(\text{变动前消耗定额}-\text{变动后消耗定额}\right)\times\text{定额发生变动的在产品数量}\times\text{计划单价}\right]$$

（2）为了简化计算工作，也可以按照单位产品采用下述系数折算法来计算：

$$\text{定额变动系数}=\frac{\text{按新定额计算的单位产品耗费}}{\text{按旧定额计算的单位产品耗费}}$$

$$\text{月初在产品定额变动差异}=\text{按旧定额计算的月初在产品耗费}\times(1-\text{定额变动系数})$$

［例 9-8］ 乙产品的一些零件从 11 月 1 日起实行新的原材料消耗定额，单位产品旧的原材料耗费定额为 12 元，新的原材料耗费定额为 11.4 元。该产品月初在产品 1 000 件，按旧定额计算的月初在产品原材料定额费用为 12 000 元。月初在产品定额变动差异计算如下：

$$\text{系数}=\frac{11.4}{12}=0.95$$

$$\text{月初在产品定额变动差异}=12\ 000\times(1-0.95)=600(\text{元})$$

上述定额变动系数是按照单位产品某成本项目的新旧定额成本计算的，而不是按照该产品的零、部件分别计算的，因而计算工作量较小。但是，如果该产品只是一部分零、部件的消耗定额做了修改，那么，采用系数折算法就会使月初在产品的定额成本所作调整不准确，即月初在产品定额变动差异的计算不准确。因此，系数折算法比较适合在产品所包含的零、部件成套性较强的情况下采用。

在实际工作中，月初在产品定额变动差异通过专设的计算表计算、反映。上例乙产品的月初在产品定额变动差异计算表如表 9-17 所示。

表 9-17 月初在产品定额变动差异计算表

产品名称：乙　　　　202×年 11 月

成本项目	单位产品		定额变动系数	月初在产品定额耗费	月初在产品定额变动差异
	旧耗费定额	新耗费定额			
原材料	12	11.4	0.95	12 000	600
合　计	12	11.4	—	12 000	600

2. 定额变动差异在产品成本明细账中的表现方式

如果新定额成本比旧定额成本降低，比如月初在产品使用的旧的定额成本是 1 000 元，而修订以后的新的定额成本是 950 元，为了将旧定额变成新定额，必须在 1 000 元基础上减去 50 元（通常被称为“定额变动调整”），但是，在产品的定额成本是该在产品实际成本的组成部分，而定额的修订与实际成本无关，所以，在减去 50 元的同时还必须加上 50 元（被称为“定额变动差异”），这样，由于同时加减相同数字，所以对实际生产耗费无影响，但是旧定额成本被调整成了新定额成本。如果新定额成本比旧定额成本提高，调整方式则相反。

定额变动差异一般按照定额成本的比例在完工产品和在产品之间进行分配。但如果变动数额不大或者产品的生产周期小于一个月，也可以由完工产品成本负担。

五、定额法核算程序和应用举例

（一）定额法的核算程序

定额法的核算程序可以归纳为如下几点：

（1）事先制定定额成本。

（2）如果定额成本有变动，应调整月初在产品的定额变动，使月初在产品的旧定额成本变成新定额成本。

（3）按定额成本和脱离定额差异汇总本月发生的生产耗费。

（4）在产品成本明细账中计算本月生产耗费合计。

（5）本月生产耗费合计在完工产品和月末在产品之间进行分配。

分配耗费时也应按定额成本和各种成本差异分别进行：首先计算完工产品和月末在产品的定额成本，然后分配各种成本差异。在定额法下，因为有现成的定额成本资料，所以各种成本差异应采用定额比例法或在产品按定额成本计价法分配。前者将成本差异在完工产品与月末在产品之间按定额成本比例分配；后者将成本差异归由完工产品成本负担。

完工产品的定额成本，等于完工成品数量乘以产品单位定额成本；月末在产品的定额成本，可以根据该种产品各工序各种在产品的盘存数量或账面结存数量，乘以其新的耗费定额计算登记，也可以根据定额成本累计数减去完工产品定额成本，即按照倒挤的方法计算登记。

分配各种差异时，应按脱离定额差异、材料成本差异和月初在产品定额变动差异分别进行。差异金额不大或者差异金额虽大但各月在产品数量变动不大的，可以归由完工产品成本负担；差异金额较大而且各月在产品数量变动也较大的，应在完工产品与月末在产品之间按定额成本比例分配。

（6）把本月完工产品的定额成本、脱离定额差异、定额变动差异汇总，计算本月完工产品的实际成本。

（二）定额法举例

［例 9－9］ 某大批大量生产的企业，产品比较定型，定额管理制度比较健全稳定，该企业采用定额法核算产品成本。假设甲种产品由一个封闭式车间进行生产，不分步核算成本。该企业规定：该种产品的定额变动差异和材料成本差异归由完工产品成本负担；脱离定额差异按定额成本比例在完工产品与月末在产品之间进行分配。

（1）产品定额成本计算如表 9－18 所示。

表 9－18　产品定额成本计算表

产品：甲　　　　202×年 1 月　　　　单位：元

<table>
<tr><td>材料编号及名称</td><td>计量单位</td><td colspan="2">材料消耗定额</td><td>计划单价</td><td>材料耗费定额</td></tr>
<tr><td>×××</td><td>千克</td><td colspan="2">60</td><td>10</td><td>600</td></tr>
<tr><td rowspan="2">工时定额</td><td colspan="2">直接人工</td><td colspan="2">制造费用</td><td rowspan="2">产品定额成本合计</td></tr>
<tr><td>工资率</td><td>金额</td><td>费用率</td><td>金额</td></tr>
<tr><td>40</td><td>3</td><td>120</td><td>3.5</td><td>140</td><td>860</td></tr>
</table>

（2）月初在产品定额成本和脱离定额差异，如表9-19所示。

表9-19　月初在产品定额成本和脱离定额差异表

单位：元

成本项目	定额成本	脱离定额差异
直接材料	6 000	−300
直接人工	600	+50
制造费用	700	+80
合　计	7 300	−170

（3）月初在产品定额变动差异的计算。

该企业材料在生产开始时一次投入，由于工艺技术的改进，于202×年6月对材料消耗定额进行修订，旧材料消耗定额为600千克，新材料消耗定额为576千克。

$$\text{该产品定额变动系数}=\frac{576}{600}=0.96$$

$$\begin{matrix}\text{月初在产品}\\\text{定额变动差异}\end{matrix}=6\,000\times(1-0.96)=240(\text{元})$$

（4）本月生产量和生产耗费。

甲产品月初在产品10件，本月投产50件，本月完工48件，月末在产品12件；月初、月末在产品完工程度均为50%。本月投入定额工时1 960小时。

根据限额领料单，实际领用2 800千克，金额28 000元，材料成本差异率为+4%，实际生产工人工资6 235元，实际制造费用6 380元。

（5）本月定额成本和脱离定额差异汇总表，如表9-20所示。

表9-20　定额成本和脱离定额差异汇总表

产品：甲　　202×年7月　　单位：元

成本项目	定额成本	实际耗费	脱离定额差异
直接材料	28 800	28 000	−800
直接人工	5 880	6 235	+355
制造费用	6 860	6 380	−480
合　计	41 540	40 615	−925

直接材料定额成本=50×576=28 800(元)

直接人工定额成本=1 960×3=5 880(元)

制造费用定额成本=1 960×3.5=6 860(元)

直接材料(计划价格)实际费用=2 800×10=28 000(元)

（6）直接材料成本差异（直接材料脱离定额价格差异）的计算。

$$\begin{matrix}\text{甲产品材料}\\\text{成本差异}\end{matrix}=(28\,800-800)\times 4\%=+1\,120(\text{元})$$

（7）编制产品成本明细账，如表 9－21 所示。

表 9－21　产品成本明细账

产品名称：甲　　202×年 7 月　　产量：48 件

成本项目		直接材料	直接人工	制造费用	合　计
月初在产品成本	定额成本	6 000	600	700	7 300
	脱离定额差异	－300	＋50	＋80	－170
月初在产品定额变动	定额成本调整	－240			－240
	定额变动差异	＋240			＋240
本月生产耗费	定额成本	28 800	5 880	6 860	41 540
	脱离定额差异	－800	＋355	－480	－925
	材料成本差异	＋1 120			＋1 120
生产耗费合计	定额成本	34 560	6 480	7 560	48 600
	脱离定额差异	－1 100	＋405	－400	－1 095
	材料成本差异	＋1 120			＋1 120
	定额变动差异	＋240			＋240
脱离定额差异分配率		－0.0318 287	＋0.062 5	－0.052 91	
产成品成本	定额成本	27 648	5 760	6 720	40 128
	脱离定额差异	－880	＋360	－355.56	－875.56
	材料成本差异	＋1 120			＋1 120
	定额变动差异	＋240			＋240
	实际成本	28 128	6 120	6 364.44	40 612.44
月末在产品成本	定额成本	6 912	720	840	8 472
	脱离定额差异	－220	＋45	－44.44	－219.44

表 9－21 编表说明：

1）生产耗费合计中的直接材料定额成本，根据月初在产品直接材料定额成本，减去定额成本调整，加上本月定额成本计算；直接人工和制造费用定额成本，根据月初在产品直接人工、制造费用定额成本，分别加上其本月定额成本计算。

2）脱离定额差异分配率和产成品、月末在产品应分配脱离定额差异的计算公式和计算过程如下：

$$\text{脱离定额差异分配率}=\frac{\text{脱离定额差异数额}}{\text{产成品定额成本}+\text{月末在产品定额成本}}$$

$$\text{直接材料脱离定额差异分配率}=\frac{-1\ 100}{27\ 648+6\ 912}=-0.031\ 828\ 7$$

$$\text{直接材料脱离定额差异分配率}=\frac{+405}{5\ 760+720}=+0.062\ 5$$

$$\text{制造费用脱离定额差异分配率}=\frac{-400}{6\ 720+840}=-0.052\ 91$$

$$\text{产成品分配脱离定额差异}=\text{产成品定额成本}\times\text{脱离定额差异分配率}$$

$$\text{月末在产品分配脱离定额差异}=\text{月末在产品定额成本}\times\text{脱离定额差异分配率}$$

产成品分配直接材料脱离定额差异＝27 648×（－0.0318 287）＝－880（元）

月末在产品分配直接材料脱离定额差异＝6 912×（－0.0318 287）＝－220（元）

产成品分配直接人工脱离定额差异＝5 760×（＋0.062 5）＝＋360（元）

月末在产品分配直接人工脱离定额差异＝720×（＋0.062 5）＝＋45（元）

产成品分配制造费用脱离定额差异＝6 720×（－0.052 91）＝－355.56（元）

月末在产品分配制造费用脱离定额差异＝840×（－0.052 91）＝－44.44（元）

3）产成品和月末在产品定额成本的计算：

产成品直接材料定额成本＝48×576＝27 648（元）
产成品直接人工定额成本＝48×120＝5 760（元）
产成品制造费用定额成本＝48×140＝6 720（元）
月末在产品直接材料定额成本＝34 560－27 648＝6 912（元）
月末在产品直接人工定额成本＝6 480－5 760＝720（元）
月末在产品制造费用定额成本＝7 560－6 720＝840（元）

（8）完工产品成本的分析。

上例甲产品本月产成品定额成本为 40 128 元，实际成本为 40 612.44 元，成本超支 484.44 元。从各种差异看，并非全部是不利因素。其中，脱离定额差异为节约 875.56 元，这是生产耗费节约，是车间工作的成绩；材料成本差异为超支 1 120 元，主要由于材料价格上涨，这是客观原因所致，不是车间工作的缺点；定额变动差异为超支 240 元，是月初在产品修订定额、降低消耗定额的结果，是车间前一段时期改进生产技术、节约原材料消耗的成绩。这三种成本差异的代数和就是本月产成品成本净超出 484.44 元。上述分析还可按照各个成本项目分别进行。由此可见，采用定额法，在完工产品成本中按成本项目分别反映定额成本和各种成本差异，便于进行成本的考核和分析。

六、定额法的优缺点和应用条件

（一）定额法的优缺点

通过上述对定额法的基本特点和基本内容的介绍，可以看出，定额法并非仅仅是一种成本核算方法，它同时是以产品的定额成本来控制实际生产耗费，并进一步分析实际生产费用脱离定额的差异及其原因，以实现降低成本目的的一种成本控制方法。这种方法将成本核算与成本控制初步结合起来。其主要优点表现在：

（1）定额法有利于加强成本的日常控制。因为采用定额法，在生产耗费发生时，同时计算、确定生产耗费符合定额数和生产费用脱离定额的差异，这样，能够及时发现各项生产费用的超支或节约情况，从而为采取相应措施控制成本，创造了有利条件。

（2）定额法有利于进行产品成本的日常分析和考核。按照定额法计算的产品实际成本，能够分别反映出产品定额成本、脱离定额差异、定额变动差异，所以非常有利于分析和考核产品实际成本脱离计划的情况。

（3）定额法有利于提高成本的定额管理水平。采用定额法，离不开定额成本的制定、脱离定额差异和定额变动差异的确定，所以，通过应用定额法，能够及时发现定额管理中的问题，提高定额管理水平。

（4）定额法有利于各项差异在完工产品和在产品之间的分配。因为采用定额法，在分配脱离定额差异、定额变动差异时，可以很方便地以现成的定额成本作为分配标准。

定额法也有其不足的一面。首先，采用定额法必须分别计算各种产品的定额成本、脱离定额差异、定额变动差异，而且差异要在完工产品和在产品之间进行分配，实行起来工作量较大。其次，按照定额法计算出的产品实际成本的准确性可能会差一些。再次，定额法的应用必须具备比较健全的定额管理制度，比较定型的产品和比较准确、稳定的消耗定额。

（二）定额法的应用条件

定额法不能单独应用，而必须与成本核算的基本方法，即品种法、分批法或分步法结合起来应用。为了充分发挥定额法的作用，并且简化成本核算工作，采用定额法应具备一定的条件：（1）定额管理的制度比较健全，定额管理工作的基础比较好；（2）产品的生产已经定型，消耗定额比较准确、稳定。由于大批大量生产比较容易具备这些条件，因而定额法最早应用在大批大量生产的机械制造企业中。

第三节　各种产品成本核算方法的综合应用

前面我们根据企业生产类型特点及成本管理要求不同，总结出品种法、分批法和分步法三种基本方法；还介绍了与基本方法结合应用的两种辅助方法，分类法和定额法。分批法适用于按照批别组织生产的成批生产；品种法和分步法适用于不分批组织的大量生产，其中品种法适用于单步骤或管理上不要求核算步骤成本的多步骤生产，分步法适用于多步骤且管理上要求核算步骤成本的多步骤生产，因此品种法又可以称为单步法，相对而言，分步法就是多步法。在西方成本会计教科书中，产品成本核算办法的基本方法仅列示分批法和分步法两种，品种法则不单独列示为一种独立的方法，而是包含于分步法之中。品种法单独作为一种成本核算方法的意义，主要在于便于学习和讲授产品成本核算的基本原理，因为品种法包含了这些的基本原理，分批法和分步法可以看作是品种法原理的进一步应用（分步法可以看作是品种法的连续应用，分批法则可以看作是将产品批号与产品品种相结合的品种法）。

在实际工作中，企业往往生产的产品种类及生产组织比较复杂，因此经常需要将各种基本方法同时应用或结合应用，有时还需要将基本方法与辅助方法结合运用。现将不同成本核算方法综合应用的情况归纳为如下几种。

一、不同基本方法在同一企业的不同车间同时应用

例如，纺纱厂的纺纱和织布等基本生产车间，一般属于多步骤的大量生产，应采用分步法核算半成品纱和产成品布的成本；而厂内供电、供汽等辅助生产车间，则属于单步骤大量生产，应采用品种法核算成本。

再如，小批单件组织生产的机械厂，其大量生产铸件的基本生产车间，可采用品种法核算零件成本，而组装车间则应采用分批法核算产成品成本。

二、不同基本方法在同一企业的相同车间同时应用

例如同一生产木制家具的基本生产车间，有些成熟的产品采用大量生产，采用品种法或分步法核算成本；而有些产品尚处于试制阶段，则采用分批法核算成本。

三、不同基本方法在同一企业的相同产品生产中结合应用

例如小批单件多步骤生产大型复杂产品的企业，如船舶、重型机床、矿山机械等价值高、生产周期长的产品生产，为了加强生产和成本管理，可以在采用分批法核算成本的基础上，结合分步法核算中间步骤零部件的成本，形成分步分批法。当然，也可以反过来，比如在大量生产的某些企业，比如汽车、机床等产品的生产，在采用分步法核算产品成本的基础上，对分批生产的零部件采用分批法，从而形成分步分批法。

四、辅助方法和基本方法的结合应用

产品成本核算的辅助方法，分类法和定额法，都是为了解决成本核算或成本管理工作中某一方面的问题（简化成本核算或加强成本管理）而采用的成本核算方法，它们与企业生产类型的特点没有直接联系，在各种类型的生产中都可以应用，但一般不是单独采用，而是与基本方法结合应用。

例如，食品厂所产各种面包（单步骤大量生产）的生产，可采用品种法和分类法相结合的方法核算成本：先采用品种法核算各类面包的成本，然后采用分类法核算各种面包的成本，从而形成分类品种法。又如，灯泡厂所产各种灯泡（多步骤大量生产）的成本，可采用分步法和分类法相结合的方法核算：先采用分步法核算各类灯泡的成本，然后采用分类法核算类内各种灯泡的成本，从而形成分类分步法。再如，服装产所生产的服装（按批组织生产）的成本，可采用分批法和分类法相结合的方法核算成本：先采用分步法核算各类服装的成本，然后采用分类法核算类内不同规格、型号的服装的成本，从而形成分类分批法。

另外，在大批大量多步骤或单步骤生产的企业中，如果定额管理基础较好，可以在采用分步法或品种法的基础上，结合应用定额法，以加强成本的定额管理和控制，从而形成定额分步法或定额品种法。

总之，企业实际情况错综复杂，因而企业所采用的产品成本核算方法也是多种多样。

学习时，应充分掌握各种典型成本核算方法的基本原理；应用时，则要结合不同的生产特点和管理要求，并考虑企业规模和管理水平，从实际出发灵活应用，避免不考虑具体情况，机械照搬某种成本核算方法。

【历史浏览】

按照以下提示回顾本节内容：

1. 定额法的基本做法是：事前，以产品的各项现行消耗定额和计划单价为依据，计算产品的定额成本，并以此作为成本分析、成本控制、成本核算的基础和依据；事中，根据实际产量，核算产品的实际生产耗费和定额生产耗费的差异，以及时揭示实际偏离定额的情况；事后，在完工产品定额成本的基础上加减脱离定额差异和定额变动差异，计算出完工产品的实际成本，从而完成成本核算的功能。

2. 定额成本不是实际成本，而是企业在现有生产条件下应达到的一种目标成本；它既是核算产品实际成本的基础，又是分析、控制、考核成本超支或节约情况的尺度。

3. 产品的定额成本包括零、部件定额成本和产成品定额成本，通常由计划、会计等部门共同制定；定额成本的计算是通过编制定额成本计算表进行的。

4. 脱离定额差异是产品实际成本的组成部分，它直接关系到产品实际成本核算的准确性和及时性；脱离定额差异揭示了生产费用的节约或超支情况，所以它是成本分析、控制、考核的依据。因此，必须及时、正确地组织脱离定额差异的核算，并尽可能同班组经济核算相结合，使人人自觉重视脱离定额差异核算，关心生产消耗，重视成本控制。

5. 在定额法下，原材料脱离定额差异通常被定义为：产品实际产量的原材料实际消耗量与原材料定额消耗量之间的差异；其核算方法一般有限额法、切割材料法和盘存法等。

6. 生产工人工资脱离定额差异与原材料脱离定额的差异有所不同：后者只反映量差，其价差则通过单独计算原材料成本差异来反映；前者既反映量差（即产品实际生产工时与定额生产工时之间的差异），又反映价差（即实际工资率与定额工资率之间的差异）。制造费用脱离定额差异也是既反映量差（即产品实际生产工时与定额生产工时之间的差异），又反映价差（即实际制造费用率与计划制造费用率之间的差异）。

7. 定额变动差异，是指由于修订消耗定额或生产耗费的计划价格而产生的新旧定额之间的差额；它与脱离定额差异不同，前者是定额本身的变动，与生产费用的节约或超支无关，后者是生产费用脱离定额的变动，反映生产费用节约或超支的程度；对于脱离定额差异要尽可能及时揭示，而定额变动差异则不一定要立即计算。

8. 为了充分发挥定额法的作用，并且简化成本核算工作，采用定额法应具备一定的条件：(1) 定额管理的制度比较健全，定额管理工作的基础比较好；(2) 产品的生产已经定型，消耗定额比较准确、稳定。

【复习思考题】

1. 什么是定额法？与其他实际成本核算方法相比，这种方法的特点是什么？
2. 什么是定额成本？它与实际成本有什么区别和联系？
3. 怎样制定定额成本？
4. 什么是脱离定额差异？它由哪几部分组成？它们分别是怎么定义和核算的？
5. 什么是原材料脱离定额差异核算的限额法？它与盘存法有什么联系？
6. 原材料脱离定额差异的核算如何在成本控制和分析中发挥作用？
7. 什么是定额变动差异？核算定额变动差异的意义是什么？
8. 如何计算定额变动差异？它在产品成本明细账中如何反映？
9. 请对定额法进行描述和评价。

第十章

成本报表

【学习导航】

⊙ 了解成本报表的概念、种类和作用；

⊙ 掌握全部产品生产成本表的结构和编制方法；

⊙ 掌握主要产品单位成本表的结构和编制方法；

⊙ 掌握制造费用明细表的结构和编制方法；

⊙ 了解期间费用明细表以及其他成本报表；

⊙ 了解成本报表分析的基本方法。

第一节　成本报表的概念、种类和作用

一、成本报表的概念

成本报表是根据成本等核算资料以及其他有关资料编制的，用来反映企业一定时期各种成本的水平及其构成情况的报告文件。编制和分析成本报表是成本会计工作的一项重要内容。

成本是综合反映企业生产技术、经营、管理工作水平的一项重要指标。企业物质消耗、劳动效率、技术水平、生产经营管理以及外部因素（如物价、国家经济政策等），都会直接或间接地在成本中表现出来。通过编制和分析成本报表，可以考核成本计划的执行情况，寻找降低成本的途径。

二、成本报表的种类

成本报表不是对外报送的财务会计报表，而是内部管理会计报表。因此，成本报表的种类、项目、格式和编制方法等，国家不做统一规定，而是由企业自行确定。主管企业的上级机构为了对本系统所属企业的成本管理工作进行指导，为了给国民经济管理提供所需的成本数据，也可以要求企业将其成本报表上报。在这种情况下，企业成本报表的种类、项目、格式和编制方法也可以由企业的上级机构会同企业共同规定。

企业的成本报表可以概括为如下几类：

（1）反映产品成本情况的报表，主要有全部产品生产成本表、主要产品单位成本表。

（2）反映制造费用、期间费用情况的报表，主要有制造费用明细表、管理费用明细表、营业费用明细表、财务费用明细表、税金明细表等。

（3）其他成本报表，是指除了上述两类以外的各种成本报表，其内容非常广泛，比如材料成本考核表、人工成本考核表、目标成本报告、责任成本报告、质量成本报告等。

三、成本报表的作用

成本报表的作用可以概括为如下几点：

（1）根据成本报表，可以了解企业一定时期内的各种成本信息。比如根据全部产品成本表、主要产品单位成本表，了解企业根据现行财务会计制度核算的全部产品的生产成本以及主要产品的单位生产成本的构成；通过材料成本考核表，反映企业有关部门或有关产品对材料的消耗情况；通过责任成本报表，反映成本责任中心的责任成本发生情况。

（2）根据成本报表，可以考核和分析企业成本计划（或费用预算）的执行情况。将成本报表中的实际成本数据与企业的成本计划（或费用预算）进行比较，可以找出两者的差异，从而进一步分析产生差异的原因，提出解决问题的方法，有助于改进企业的成本管理水平。

（3）成本报表可以为编制下期成本计划（或费用预算）提供参考依据。企业可以根据成本报表反映的成本任务完成情况，结合对下一会计期间的成本预测、生产计划的安排、市场前景的预测等信息，编制下一期的成本计划。

第二节　全部产品生产成本表

一、全部产品生产成本表的作用

全部产品生产成本表，是反映企业在报告期内生产的全部产品（包括可比产品和不可比产品）的总成本以及各种主要产品的单位成本情况的报表。

根据全部产品生产成本表提供的资料，可以考核企业全部商品产品和主要商品产品成本计划的执行情况，分析各种可比产品成本降低任务的执行情况。

二、全部产品生产成本表的结构

全部产品生产成本表分为基本报表和补充资料两部分。基本报表部分应按可比产品和不可比产品分别填列。可比产品是指企业过去曾经正式生产过、有完整的成本资料可以进行比较的产品；不可比产品是指企业本年度初次生产的新产品，或虽非初次生产，但以前仅属试制而未正式投产、缺乏可比的成本资料的产品。在成本计划中，对不可比产品只规定有本年的计划成本，而对可比产品不仅规定有成本计划指标，而且规定有成本降低计划指标，即本年度可比产品计划成本比上年度（或以前年度）实际成本的降低额和降低率。

基本报表部分反映可比产品、不可比产品和全部产品的本月总成本和本年累计总成本。对于其中各种主要产品，还分别反映其实际产量、单位成本、本月总成本和本年累计总成本。主要产品的品种，由企业或主管企业的上级机构根据管理需要规定。表中补充资料部分，主要反映可比产品成本的降低额和降低率等资料。

现将振华工厂的全部产品生产成本表列示如表 10－1 所示。

三、全部产品生产成本表的编制方法

（一）全部产品生产成本表的编制依据

全部产品生产成本表的编制依据，主要是有关产品的产品成本明细账、年度成本计划、上年本表有关项目等。

（二）全部产品生产成本表各项目的填列方法

（1）“产品名称”项目：应填列主要的可比产品和不可比产品的名称。

（2）“实际产量”项目：各种产品的本月实际产量，应根据相应的产品成本明细账填列；本年累计实际产量，应根据本月实际产量，加上上月本表的本年累计实际产量计算填列。

（3）“单位成本”各项目：上年实际平均单位成本，应根据上年度本表所列全年累计实际平均单位成本（上年度本表第 6 栏）填列；本年计划单位成本，应根据本年度成本计划填列；本月实际单位成本，应根据表中本月实际总成本除以本月实际产量计算填列，如果产品成本明细账或产成品成本汇总表中有现成的单位成本，该项目可以根据产品成本明细账或产成品成本汇总表填列；本年累计实际平均单位成本，应根据表中本年累计实际总成本除以本年累计实际产量计算填列。

（4）“本月总成本”和“本年累计总成本”各项目：可比产品按上年实际平均单位成本计算的本月总成本和本年累计总成本，应根据本月实际产量和本年累计实际产量，分别乘以上年实际平均单位成本计算填列；可比产品和不可比产品按本年计划单位成本计算的本月总成本和本年累计总成本，应根据本月实际产量和本年累计实际产量，分别乘以本年计划单位成本计算填列；本月实际总成本，应根据产品成本明细账或产成品成本汇总表填列；本年累计实际总成本，应根据产品成本明细账或产成品成本汇总表本年各月产成品成本计算填列。

如果有不合格品，应单列一行，并注明“不合格品”字样，不应与合格产品合并填列。

全部产品生产成本表的补充资料部分有关项目的计算公式如下：

表 10-1　全部产品生产成本表

编制单位：振华工厂　　202×年 12 月　　单位：元

产品名称	计量单位	实际产量		单位成本				本月总成本			本年累计总成本		
		本月	本年累计	上年实际平均	本年计划	本月实际	本年累计实际平均	按上年实际平均单位成本计算	按本年计划单位成本计算	本月实际	按上年实际单位成本计算	按本年计划单位成本计算	本年实际
		(1)	(2)	(3)	(4)	(5)=(9)/(1)	(6)=(12)/(2)	(7)=(1)×(3)	(8)=(1)×(4)	(9)	(10)=(2)×(3)	(11)=(2)×(4)	(12)
可比产品合计	—	—	—	—	—	—	—	29 000	27 500	27 300	282 000	267 500	267 380
甲	件	10	100	1 300	1 250	1 240	1 245	13 000	12 500	12 400	130 000	125 000	124 500
乙	件	20	190	800	750	745	752	16 000	15 000	14 900	152 000	142 500	142 880
不可比产品合计		—	—	—	—	—	—	—	24 800	24 520	—	266 600	264 430
丙	件	45	500		500	490	495	—	22 500	22 050	—	250 000	247 500
丁	件	6	60		250	260	255	—	2 300	2 470	—	16 600	16 930
全部产品	—	—	—	—	—	—	—	—	52 300	51 820	—	534 100	531 810

补充资料

项　　目	本年累计实际
1. 可比产品成本降低额(元)	14 620
2. 可比产品成本降低率	5.18%

$$\text{可比产品成本降低额}=\text{可比产品按上年实际平均单位成本计算的本年累计总成本}-\text{本年累计实际总成本}$$

$$\text{可比产品成本降低率}=\frac{\text{可比产品成本降低额}}{\text{可比产品按上年实际平均单位成本计算的本年累计总成本}}\times 100\%$$

上述计算结果若为负数，表示可比产品成本的超支额和超支率。

可比产品成本计划降低率和可比产品成本计划降低额，根据年度成本计划填列。

上列振华工厂全部产品生产成本表中的甲、乙两种产品的产量和成本，就是按照上述方法，根据前列该企业有关的账表资料计算填列的。其中：

$$\text{可比产品成本本年累计实际降低额}=282\,000-267\,380=14\,620(\text{元})$$

$$\text{可比产品成本本年累计实际降低率}=\frac{14\,620}{282\,000}\times 100\%\approx 5.18\%$$

如果企业的产品很难划分为可比产品和不可比产品，或者可比产品占全部产品的比重较小，或者企业和主管企业的上级机构都不要求考核可比产品成本的降低额和降低率，那么，上列全部产品生产成本表就不必划分为可比产品成本和不可比产品成本两部分，也不必计算填列可比产品成本的降低额和降低率。为了加强成本管理，工业企业应该分产品（特别是其中主要产品）编制成本计划，利用全部产品生产成本表分析和考核产品成本计划的执行结果。对于其中具有上年实际成本资料的可比产品，将本期实际成本与上年实际平均成本进行对比，揭示成本降低或提高的情况，并分析其原因，对于改善成本管理、降低成本有积极的作用。

第三节　主要产品单位成本表

一、主要产品单位成本表的作用

主要产品单位成本表，是反映企业在报告期内生产的各种主要产品单位成本构成情况和各项主要技术经济指标执行情况的报表。该表应按主要产品分别编制。所谓主要产品，是指企业经常生产，在企业全部产品中所占比重比较大，能概括反映企业生产经营面貌的那些产品。

主要产品单位成本表是对全部产品生产成本表的有关单位成本资料所做的进一步补充说明。利用此表，可以按照成本项目分析和考核主要产品成本计划的执行情况；可以按照成本项目将本月实际和本年累计实际平均单位成本，与上年实际平均和历史先进水平进行对比，了解单位成本的变动情况；可以分析和考核各种主要产品单位成本的主要技术经济指标的执行情况，进而查明主要产品单位成本升降的具体原因。

二、主要产品单位成本表的结构

该表一般分为产量、单位成本和主要技术经济指标三部分。该表的产量部分反映报告期的计划产量和实际产量以及本年累计的计划产量和实际产量，此外还反映产品的销售单价。该表的单位成本部分按照成本项目分别反映历史先进水平、上年实际平均、本年计划、本月实际和本年累计实际平均的单位成本。该表的技术经济指标部分主要反映原料、主要材料、燃料和动力的消耗数量。

振华工厂的主要产品（甲种产品）单位成本表，如表 10－2 所示。

表 10－2　主要产品单位成本表

202×年 12 月

产品名称：甲　　本月计划产量：　　本月实际产量：10 件

产品规格：　　本年累计计划产量：　　本年累计实际产量：100 件

计量单位：件　　销售单价：1 700 元

成本项目		历史先进水平 ××××年	上年实际平均 单位成本	本年计划 单位成本	本月实际 单位成本	本年累计 实际平均单位成本
原材料 燃料和动力 工资及福利费 制造费用		615 100 233 307	620 110 244 326	610 102 233 305	600 120 220 300	605 125 235 280
产品单位成本		1 255	1 300	1 250	1 240	1 245
主要技术经济指标	计量单位	耗用量	耗用量	耗用量	耗用量	耗用量
1. A 材料 2. B 材料 3. 工时		（略）	（略）	（略）	（略）	（略）

三、主要产品单位成本表的编制方法

（一）销售单价和产量

表 10－2 的销售单价应根据产品定价表填列；本月和本年累计计划产量，应根据生产计划填列；本月实际、本年累计实际产量应根据产品成本明细账或产成品成本汇总表填列。

（二）单位成本

表 10－2 中历史先进水平单位成本，应根据历史上该种产品成本最低年度本表的实际平均单位成本填列；上年实际平均单位成本，应根据上年度本表实际平均单位成本填列；本年计划单位成本，应根据本年度成本计划填列；本月实际单位成本，应根据该种产品成本明细账或产成品汇总表填列；本年累计实际平均单位成本，应根据该种产品成本明细账所记年初起至报告期末止完工入库产品总成本除以本年累计实际产量计算填列。不可比产品没有历史先进水平的单位成本和上年实际平均单位成本，所以这两项不填。

表中上年实际平均、本年计划、本月实际和本年累计实际平均的单位成本，应与全部产品生产成本表该种产品的相应单位成本核对相符。

（三）主要技术经济指标

表 10－2 中主要技术经济指标部分，应根据业务技术核算资料填列。

第四节　制造费用明细表

一、制造费用明细表的作用

制造费用明细表，是反映企业在报告期内发生的制造费用及其构成情况的报表。

利用此表，可以了解企业报告期内制造费用的实际水平；可以考核制造费用计划的执行情况；可以预测制造费用的变化趋势，以便于加强对制造费用的控制与管理。

二、制造费用明细表的结构

制造费用明细表一般按制造费用项目分别反映制造费用的本年计划数、上年同期实际数和本年累计实际数。该表的制造费用只反映基本生产车间和分厂的制造费用，不包括辅助生产车间制造费用。

现列示制造费用明细表的格式如表 10－3 所示。

表 10－3　制造费用明细表

202×年×月

单位：元

项　目	本年计划	上年同期实际	本月实际	本年累计实际
工资	（略）	（略）	（略）	4 150
其他职工薪酬				581
折旧费				7 000
修理费				3 520
办公费				725
取暖费				1 240
水电费				1 335
机物料消耗				2 860
周转材料摊销				558
劳动保护费				760
租赁费				0
运输费				560
保险费				4 200
设计制图费				610
试验检验费				563
在产品盘亏和毁损（减盘盈）				520
其他				360
合　计				29 542

三、制造费用明细表的编制方法

上列制造费用明细表中的本年计划数，应根据制造费用计划填列；上年同期实际数，应根据上年同期本表的累计实际数填列，如果本年本表所列项目与上年度的费用项目在名称或内容上有不一致之处，应对上年度报表按照本年度表内项目的规定进行调整；本月实际数，应根据制造费用（基本生产）明细账的本月合计数填列；本年累计实际数，应根据制造费用（基本生产）明细账的本年累计发生额填列。

第五节 期间费用明细表

期间费用明细表，主要包括管理费用明细表、销售费用明细表和财务费用明细表。

一、管理费用明细表

管理费用明细表，是反映在报告期内发生的管理费用及其构成情况的报表。该表一般按照管理费用项目分别反映费用项目的计划数、上年同期实际数、本月实际数和本年累计实际数。

现列示管理费用明细表的格式如表 10－4 所示。

表 10－4 管理费用明细表

202×年×月　　　　单位：元

项　目	本年计划	上年同期实际	本月实际	本年累计实际
工资	（略）	（略）	（略）	9 950
其他职工薪酬				1 479
折旧费				3 350
办公费				1 231
差旅费				2 920
运输费				4 918
保险费				2 080
租赁费				100
修理费				3 360
咨询费				0
诉讼费				0
排污费				1 880
绿化费				0
物料消耗				990

续表

项　目	本年计划	上年同期实际	本月实际	本年累计实际
低值易耗品摊销				818
无形资产摊销				780
长期待摊费用摊销				880
坏账损失				490
研究开发费				0
技术转让费				0
业务招待费				3 960
工会经费				2 080
职工教育经费				2 610
待业保险费				0
劳动保险费				2 820
税金： 房产税 车船使用税 土地使用税 印花税				9 140 3 000 2 000 4 100 40
材料、产成品盘亏和毁损（减盘盈）				682
其他				0
合　计				56 518

在上列管理费用明细表中，本年计划数应根据管理费用计划填列；上年同期实际数，应根据上年同期本表的累计实际数填列；本月实际数，应根据管理费用明细账的本月合计数填列；本年累计实际数，应根据管理费用明细账的本年累计发生额填列。

利用该表，可以分析和考核管理费用计划的执行结果，分析各项管理费用的构成情况及增减变动的原因。

二、销售费用明细表

销售费用明细表，是反映企业在报告期内发生的营业费用及其构成情况的报表。该表一般按照销售费用项目分别各费用项目的计划数、上年同期实际数、本月实际数和本年累计实际数。

现列示销售费用明细表的格式如表 10－5 所示。

表 10-5　销售费用明细表

202×年×月　　　　单位：元

项　目	本年计划	上年同期实际	本月实际	本年累计实际
工资	（略）	（略）	（略）	2 908
其他职工薪酬				493
业务费				130
运输费				3 970
装卸费				2 190
包装费				3 770
保险费				996
展览费				0
广告费				4 220
差旅费				1 380
租赁费				0
周转材料摊销				640
销售部门办公费				896
委托代销手续费				0
销售服务费				0
折旧费				996
其他				0
合　计				22 589

上列销售费用明细表中的本年计划数，应根据销售费用计划填列；上年同期实际数，应根据上年同期本表的累计实际数填列；本月实际数，应根据销售费用明细账的本月合计数填列；本年累计实际数，应根据销售费用明细账的本年累计数填列。

利用该表，可以分析和考核销售费用计划的执行结果，可以分析销售费用的构成情况和增减变动的原因。

三、财务费用明细表

财务费用明细表，是反映企业在报告期内发生的财务费用及其构成情况的报表。该表一般按照财务费用项目分别反映各费用项目的计划数、上年同期实际数、本月实际数和本年累计实际数。

财务费用明细表的格式，如表 10-6 所示。

表 10-6　财务费用明细表

202×年×月　　　　　　　　　　　　　　　　　　　　　　单位：元

项　目	本年计划	上年同年实际	本月实际	本年累计实际
利息费用（减利息收入）	（略）	（略）	（略）	4 250
汇兑损失（减汇兑收益）				2 380
调剂外汇手续费				868
金融机构手续费				0
其他筹资费用				0
合　计				7 498

上列财务费用明细表中的本年计划数，应根据财务费用计划填列；上年同期实际数，应根据上年同期本表的累计实际数填列；本月实际数，应根据财务费用明细账的本月合计数填列；本年累计实际数，应根据财务费用明细账的本年累计数填列。

利用该表，可以分析和考核财务费用计划的执行结果，分析财务费用的构成情况和增减变动的原因。

第六节　其他成本报表

工业企业除了按期编报全部产品生产成本表、主要产品单位成本表、制造费用明细表和各种期间费用明细表之外，根据成本管理的具体要求，还应编报一些其他与成本信息有关的报表，主要服务于企业内部的成本控制。

一、其他成本报表的特点

与前述定期编报的成本报表相比较，其他成本报表的特点可以概括为以下几个方面。

（一）内容的灵活性和针对性

从报表的内容来看，其他成本报表既可以提供报告期末的有关成本的实际数据，又可以提供预报期有关成本的预测或预算数据；既可以列示实际与计划的对比数据，又可以进行差异分析；既可以以货币单位为主报告成本、费用信息，又可以以公式、实物量、工时为主报告信息；既可以提供整个企业的成本信息，又可以提供企业内部某车间、部门、班组、工段、工序等责任单位的成本信息；既注重与责任会计组织的配合，又强调对其他技术经济资料的使用。总之，其他成本报表针对企业成本控制中各环节的具体情况和工作重心，提供灵活多样的、富有针对性的成本费用和用量信息。为此，其他成本报表注重比较，包括实际与预算或标准的比较、不同时期的比较等，尤其侧重对例外成本差异的比较与分析。为了提供更具有针对性的成本信息，其他成本报表的内容和格式应尽可能做到简明扼要、突出重点，反映的数字务必合理和符合事实，但这并不意味着数字在计算上必须绝对精确。

（二）编报更强调及时性

从编报时间来看，为了给企业的成本管理提供更为直接、更具参考价值的信息，以使企业各有关部门能随时了解发生的各种消耗情况，掌握成本控制的主动权，其他成本报表的编报更加强调及时性。除了定期编制有关月报以外，还要根据不同时期、不同部门、不同成本费用及消耗情况，及时编报半月报、旬报、周报，乃至日报、班报。

（三）编报主体多样性

从编报主体来看，其他成本报表的编报主体更加多样。前述全部产品生产成本表、主要产品单位成本表、制造费用明细表、期间费用明细表等成本报表，由企业财会部门负责编报，其他成本报表的编制则不仅仅局限于企业的财会部门。一方面，其他成本报表与责任会计组织相配合，所反映的成本费用资料往往与责任者（或者单位）直接有关或责任者能够控制，以便于考核责任者的业绩。另一方面，其他成本报表主要服务于内部成本管理，因而往往需要提供具体车间、班组甚至岗位的具体的成本、消耗等信息。所以，其他成本报表的编制者，可以是厂部财会部门（如编制厂部责任成本报告、厂部质量成本报告），也可以是车间、科室等归口分级管理单位（如编制车间或科室责任成本报告、车间或科室质量成本报告，按班组编报的工人工作效率月报等）。

二、几种常见的其他成本报表

（一）成本及产量情况表

成本及产量情况表是反映一定期间整个企业、某个部门、某个车间或某产品的生产数量和成本情况的报表。该表可由财会部门采用成本和产量对比方式，分别产品编报，每周、旬或半月编报一次，其格式如表 10－7 所示。

表 10－7　成本及产量情况表

车间：

产品名称：　　　　202×年×月　　　　单位：元

日期	摘要	直接材料	直接人工	制造费用	其他	合计	生产数量		
							日期	完工入库数量	在产品数量

如果按照整个企业或部门编制成本及产量情况表，则表 10－7 可按产品品种汇总，只要将表中的日期和摘要栏改为产品名称栏即可。完工入库数量可以根据产成品或自制半成品入库单填列；在产品数量可根据“期初数＋投产数＋完工数－废品数”推算，或根据在产品台账填列。

在实行经济责任制的情况下，成本可以按照责任中心进行控制和考核。所谓责任中心，是指企业具有一定权利并承担相应责任的各级组织和各个管理层次。例如，可以按照各个班组、车间或部门、厂部来对成本进行分级控制和考核。在这种情况下，可以编制实际及预算成本报表，其格式如表 10－8 所示。

表 10－8 可由车间或职能部门编制，表内项目只包括由该部门负责并控制的部分（即可控成本），不属于本部门负责和控制的成本（即不可控成本）不在表内反映。如果该表由厂部编制，项目栏可以改为各责任部门的名称，如供电、生产、机修、供应、销售、运输、财务、厂部等。

表 10-8　实际及预算成本报表

部门：　　　　202×年×月　　　　单位：

项目	预算数	实际数	差异数
直接材料 直接人工 停工损失 加班津贴 周转材料摊销 物料用品 管理人员工资 折旧			
合计			

（二）材料成本考核表

为了分析生产部门对主要材料消耗计划的执行情况，检查材料消耗定额的合理性与先进性，企业可以设计满足自身需要的不同格式的材料考核表。

对主要材料的耗用量和成本进行考核的材料考核表，可分别由仓库保管人员和财会部门材料核算人员编制。前者主要从耗用量角度报告一定时期内（如旬、半月、月）某种材料的领用情况；后者则主要从成本比较的角度报告一定时期内（如旬、半月、月）某种材料的成本情况。

材料的考核主要包括用量考核（实际用量与定额用量的比较）、成本考核（实际成本与计划成本的比较）两个方面。表 10-9、表 10-10 和表 10-11 仅是部分材料月报表的参考格式。

表 10-9　材料耗用量月报表

材料名称：　　　　202×年×月　　　　仓库：

日期	本月数				本年累计数			
	实际用量	定额用量	差异	差异率	实际用量	定额用量	差异	差异率
合计								

表 10-10　材料耗用成本月报表

材料名称：　　　　202×年×月　　　　单位：元

部门	计划价格成本 （实际用量×计划单价）	定额（或标准）成本	差异额	差异率
一车间 二车间				
合计				

表 10 - 11　材料成本差异分析月报

202×年×月

凭证编号	供货单位名称	材料名称	计量单位	采购数量	实际成本		计划成本		差异分析			
									差异额		差异率	
					单位成本	总成本	单位成本	总成本	单位成本	总成本	单位成本	总成本

（三）人工成本考核表

人工成本的考核可以采取多种不同形式进行，表 10 - 12 主要用于分析工人在生产时间内的工作效率。人工考核表可以由班组或车间逐级编报，它不仅可以用作成本考核的资料，也可作为发放劳动报酬的一个依据。

表 10 - 12　工人工作效率月报表

班组：　　　　　　　　　　　　　202×年×月

工人姓名或工号	实际动用工时	完成定额工时	工作效率

（四）损失报告表

企业如果生产出废品、出现停工，势必带来经济损失。为了分析各项废品损失、停工损失的金额及其产生原因，有时需要有关车间、部门编报“生产损失报告表”。该表可以根据“停工损失”“废品损失”等账户记录或其他原始凭证编制。有关参考格式如表 10 - 13 所示。

表 10 - 13　生产损失报告表

202×年×月

<table>
<tr><td colspan="2" rowspan="3">项目</td><td rowspan="3">原因</td><td rowspan="3">数量</td><td rowspan="3">工时</td><td colspan="4">修复耗费</td><td colspan="6">废品净损失</td><td rowspan="3">备注</td></tr>
<tr><td rowspan="2">材料</td><td rowspan="2">人工</td><td rowspan="2">制造耗费</td><td rowspan="2">小计</td><td colspan="4">已耗生产成本</td><td rowspan="2">回收残料</td><td rowspan="2">净损失</td></tr>
<tr><td>料废</td><td>工废</td><td>制造费用</td><td>小计</td></tr>
<tr><td rowspan="3">废品损失</td><td>可修复</td><td></td><td></td><td></td><td></td><td></td><td></td><td></td><td></td><td></td><td></td><td></td><td></td><td></td><td></td></tr>
<tr><td>不可修复</td><td></td><td></td><td></td><td></td><td></td><td></td><td></td><td></td><td></td><td></td><td></td><td></td><td></td><td></td></tr>
<tr><td>合计</td><td></td><td></td><td></td><td></td><td></td><td></td><td></td><td></td><td></td><td></td><td></td><td></td><td></td><td></td></tr>
<tr><td colspan="2" rowspan="2">停工损失</td><td rowspan="2"></td><td colspan="4">工资及福利费</td><td colspan="2">办公费</td><td colspan="2">折旧费</td><td>水电费</td><td>其他</td><td colspan="2">合计</td><td rowspan="2"></td></tr>
<tr><td colspan="4"></td><td colspan="2"></td><td colspan="2"></td><td></td><td></td><td colspan="2"></td></tr>
</table>

第七节　成本报表分析的基本方法

一、比较分析法

比较分析法是把两个经济内容相同、时间或空间地点不同的经济指标相减从而进行分析的一种方法。比较分析法是日常分析工作中最常用的一种方法。通过比较分析，发现各项成本指标的变动差异，为进一步分析指明方向。

由于分析者的目的不同，对比的基数也有所不同。一般来说，对比的基数有计划数（预算数）、定额数、以往年度同期实际数以及本企业历史最好水平和国内国外同行业先进水平。

通过实际数与计划数（预算数）、定额数对比，可以揭示成本计划、定额的执行情况。但在分析时应检查计划、定额本身是否先进、合理。因为实际数与计划数、定额数之间产生的差异除了因实际执行中存在的问题外，也可能是由于计划、定额本身不切合实际造成的。

通过本期实际数与前期（上期、上年同期或历史上最好水平）实际数比较，可以观察企业成本指标的变动情况和变动趋势，了解企业生产经营的改进情况。

通过本企业实际数与国内外同行业先进水平对比，可以发现与先进水平之间的差距。

比较分析法只适用于同类型企业、同质指标进行对比分析。采用对比分析法时，应注意进行对比的成本指标在经济内容、计算方法、计算期间和影响指标形成的客观条件等方面的可比性。如果相比的指标之间有不可比因素，应先按可比的口径进行调整，然后再进行对比。如对制造费用指标，可以先将随产量变动而变动的变动制造费用的计划指标，按照产量增减幅度进行调整，然后再同实际进行对比。

二、比率分析法

比率分析法是通过计算有关指标之间的相对数，即比率，进行分析评价的一种方法。比率分析法一般有以下三种形式。

（一）相关比率分析法

相关比率分析法是通过计算两个性质不完全相同而又密切相关的指标之间的比率进行分析的一种方法。在实际工作中，由于企业规模不同等原因，单纯采用比较分析法对比产值、销售收入、利润或成本等指标的绝对数，意义不大。如果把成本与产值、销售收入、利润等指标联系起来，计算一些相关比率指标，就可以进行有效地比较。比如我们可以计算下列有关成本的比率指标进行分析：

$$产值成本率=\frac{产品成本}{产品产值}\times 100\%$$

$$销售收入成本率=\frac{销售成本}{销售收入}\times 100\%$$

$$成本利润率=\frac{营业利润}{产品成本}\times 100\%$$

$$存货周转率=\frac{销售成本}{存货平均占用额}\times 100\%$$

（二）构成比率分析法

构成比率分析法是通过计算某项指标的各个组成部分占总体的比重（即部分与总体的比率）进行数量分析的一种方法。例如，将构成产品成本的各成本项目分别与产品成本总额相比，计算各成本项目的结构比率，从中发现各成本项目在产品成本中的比重是上升还是下降以及升降是否合理。又如将构成期间费用的管理费用额与期间费用总额进行对比，求得管理费用占期间费用的比率，从中发现管理费用在期间费用中的比重是上升还是下降。计算出结构比率指标后，还可以将该比率的实际数与基数进行对比，揭示其与基数之间的差异，发现变动趋势。

$$原材料耗费占产品成本的比率=\frac{原材料耗费}{产品成本}\times 100\%$$

$$管理费用占期间费用的比率=\frac{管理费用}{期间费用总额}\times 100\%$$

（三）趋势比率分析法

趋势比率分析法是指对不同时期的某项经济指标数值进行对比，求出比率，分析其增减速度和发展趋势的一种分析方法。由于计算时采用的基期数值不同，趋势比率又分为定基比率和环比比率两种形式。

定基比率＝比较期数值/固定基期数值×100%

环比比率＝比较期数值/前一期数值×100%

比率分析法的主要优点在于，通过比率计算，可以把某些不可比的企业变成可比的企业，便于外部或内部决策者选择投资方案时进行比较分析。但比率分析法也存在不足之处：(1) 比率的数字只反映比值，不能说明其绝对额的变动；(2) 比率分析法与比较分析法一样，无法说明指标变动的具体原因。成本分析的目标，一方面是发现问题，更重要的还是查明原因。

三、连环替代法

连环替代法用来计算每一个相互联系的因素对综合经济指标变动结果的影响程度。

连环替代法的分析程序如下：

（一）分解指标因素并确定因素的排列顺序

将影响某项经济指标完成情况的因素按其内在依存关系，分解成构成因素，并按一定的顺序排列这些因素。

（二）逐次替代因素

每次将其中一个因素由基期数替换成分析期数，其他因素暂时不变。每个因素替换为分析期数后不再返回为基期数。后面因素的替换均是在前面因素已经替换成分析期数的基础上进行的。如此类推，有几个因素需要替换几次。

（三）确定影响结果

每个因素替换以后，均会得出一个综合指标的结果，将每个因素替换以后的结果与替换以前的结果相减，即可得出该替换因素变动对综合指标的影响数额。

（四）汇总影响结果

将已计算出来的各因素的影响额汇总相加与综合指标变动的总差异比较，确定其计算的正确性。

连环替代法的计算原理如表 10-14 所示（假定指标为三项因素的乘积）。

表 10-14 连环替代法计算表

替换次数	因素			乘积编号	每次替换的差异	产生差异的因素
	第 1 项	第 2 项	第 3 项			
基数	基数	基数	基数	①		
第 1 次	实际数	基数	基数	②	②－①	第 1 项因素
第 2 次	实际数	实际数	基数	③	③－②	第 2 项因素
第 3 次	实际数	实际数	实际数	④	④－③	第 3 项因素
	各项因素影响程度合计				差异总额	各项因素

［例 10-1］ 假设某企业有关产量、材料单耗和材料单价及材料总成本资料如表 10-15 所示。

表 10-15 产品产量、材料单耗、材料单价资料

项目	单位	上年数	本年数	差异
产品产量	台	200	230	＋30
材料单耗	千克	20	18	－2
材料单价	元	10	12	＋2
材料总成本	元	40 000	49 680	＋9 680

材料总成本差异＝49 680－40 000＝＋9 680(元)

上年材料总成本＝200×20×10＝40 000(元) ①

第一次替代:230×20×10＝46 000(元) ②

第二次替代:230×18×10＝41 400(元) ③

第三次替代:230×18×12＝49 680(元) ④

②－①即产品产量增加使材料总成本增加:

46 000－40 000＝＋6 000(元)

③－②即材料单耗节约使材料总成本节约:

41 400－46 000＝－4 600(元)

④－③即材料单价上升使材料总成本增加:

49 680－41 400＝＋8 280(元)

因产量、单耗、单价三个因素变化对材料总成本的影响额为:

6 000+(−4 600)+8 280=+9 680(元)

此结果正好与材料总成本的总差异相等。

连环替代法还有一种简化形式，通常被称为差额计算法。运用这一方法时，先要确定各因素实际数与计划数之间的差异，然后按照各因素的排列顺序依次求出各因素变动的影响程度。这一方法的计算原理，可用下列公式推导：

第 1 项因素的影响程度=(第 1 项因素实际数×第 2 项因素基数×第 3 项因素基数)−(第 1 项因素基数×第 2 项因素基数×第 3 项因素基数)

=(第 1 项因素实际数−第 1 项因素基数)×第 2 项因素基数×第 3 项因素基数

第 2 项因素的影响程度=(第 1 项因素实际数×第 2 项因素实际数×第 3 项因素基数)−(第 1 项因素实际数×第 2 项因素基数×第 3 项因素基数)

=(第 2 项因素实际数−第 2 项因素基数)×第 1 项因素实际数×第 3 项因素基数

第 3 项因素的影响程度=(第 1 项因素实际数×第 2 项因素实际数×第 3 项因素实际数)−(第 1 项因素实际数×第 2 项因素实际数×第 3 项因素基数)

=(第 3 项因素实际数−第 3 项因素基数)×第 1 项因素实际数×第 2 项因素实际数

在上列各项计算公式中，第 2 个等号后面的计算公式就是差额计算法的计算公式。这种方法与连环替代法的因素排列顺序如果相同，则计算结果完全相同。

仍用上例（表 10－15）的数字资料，运用简化的连环替代法（差额分析法）测定各因素影响程度如下：

(1) 分析对象。

材料总成本差异=49 680−40 000=+9 680(元)

(2) 各因素影响程度。

1) 产量变动影响=(230−200)×20×10=+6 000(元)

2) 单位产品材料消耗量变动影响=230×(18−20)×10=−4 600(元)

3) 材料单价变动影响=230×18×(12−10)=+8 280(元)

合计 +9 680(元)

差额分析法由于计算简便，所以应用比较广泛，特别是在只有两个影响因素时更为适用。

连环替代法有一定的局限性，在运用时应注意它的如下特点：

(1) 连环替代法的顺序性。在运用连环替代法时，首先要正确地排列综合指标各构成因素的排列顺序。尽管乘法具有交换律的性质，但在连环替代法中，如果随意改变各构成因素的排列或替换顺序，就会得出各因素对综合经济指标影响的不同结果（尽管各因素的影响结果相加后仍等于其总差异)。为了使前后分析期的分析结果具有可比性，必须正确确定各因素的排列顺序。在实际工作中，一般将各因素区分为数量指标和质量指标，先替代数量指标，后替换质量指标。如果同时出现几个数量指标或几个质量指标，应先替换实物量指标，后替换价值量指标。除此之外，还可按照先替换基本因素、后替换从属因素的方法，确定连环替代法的因素替换顺序。

(2) 替代因素的连环性。连环替代法是严格按照各因素的排列顺序逐次以一个因素的实际数替换其基数。除第一次替换外，每个因素的替换都是在前一个因素替换的基础上进行的。只有保持这一连环性，才能使所计算出来的各因素的影响等于所要分析的综合经济指标的总差异。

(3) 计算结果的假设性。运用这一方法在测定某一因素影响时，是以假定其他因素不变为条件的。因此，计算结果只能说明是在某种假定条件下计算的结果。但这种科学的抽象分析方法是在确定事物内部各种因素影响程度时必不可少的。

【历史浏览】

按照以下提示回顾本章内容：

1. 成本报表是根据成本等核算资料以及其他有关资料编制的，用来反映企业一定时期各种成本的水平及其构成情况的报告文件。编制和分析成本报表是成本会计工作的一项重要内容。

2. 成本报表不是对外报送的财务会计报表，而是内部管理会计报表。因此，成本报表的种类、项目、格式和编制方法等，国家不做统一规定，而是由企业或企业的上级机构会同企业共同确定。

3. 全部产品生产成本表，是反映企业在报告期内生产的全部产品(包括可比产品和不可比产品)的总成本以及各种主要产品的单位成本情况的报表；根据全部产品生产成本表提供的资料，可以考核企业全部商品产品和主要商品产品成本计划的执行情况，分析各种可比产品成本降低任务的执行情况。

4. 主要产品单位成本表，是反映企业在报告期内生产的各种主要产品单位成本构成情况和各项主要技术经济指标执行情况的报表；该表是对全部产品生产成本表的有关单位成本资料所做的进一步补充说明；利用此表，可以按照成本项目分析和考核主要产品成本计划的执行情况，可以按照成本项目将本月实际和本年累计实际平均单位成本，与上年实际平均和历史先进水平进行对比，了解单位成本的变动情况，可以分析和考核各种主要产品单位成本的主要技术经济指标的执行情况，进而查明主要产品单位成本升降的具体原因。

5. 制造费用明细表，是反映企业在报告期内发生的制造费用及其构成情况的报表；利用此表，可以了解企业报告期内制造费用的实际水平；可以考核制造费用计划的执行情况；可以预测制造费用的变化趋势，以便于加强对制造费用的控制与管理。

6. 成本报表分析的基本方法有：比较分析法、比率分析法、连环替代法等。

【复习思考题】

1. 什么是成本报表？为什么要编制成本报表？

2. 成本报表与财务会计报表有什么不同？

3. 成本报表有哪些种类？

4. 什么是全部产品生产成本表？如何编制全部产品生产成本表？

5. 如何计算可比产品成本降低额、可比产品成本降低率？这两个指标的意义是什么？

6. 什么是主要产品单位成本表？该表与全部产品生产成本表是什么关系？如何编制主要产品单位成本表？

7. 什么是制造费用明细表？如何编制制造费用明细表？

8. 什么是期间费用明细表？如何编制期间费用明细表？

9. 连环替代法的分析程序和特点是什么？

10. 为什么说差额分析法从实质来看也是连环替代法？

第三篇

面向企业内部管理的主要成本核算方法

第十一章

变动成本法

【学习导航】

⊙ 理解成本习性的含义以及成本划分的意义；

⊙ 掌握固定成本的定义、特征和分类；

⊙ 掌握变动成本的定义、特征和分类；

⊙ 掌握混合成本的含义、类型和分解方法；

⊙ 理解变动成本法的含义及其理论依据；

⊙ 掌握变动成本法和完全成本法在成本的分类方式、产品成本的构成内容、损益核算方式以及损益核算结果方面的不同；

⊙ 理解变动成本法的意义和局限。

第二篇阐述的产品成本核算方法所确定的产品成本及期间成本，尽管在一定程度上满足了存货计价、利润确定及编制财务报告的要求，也能够在一定程度上满足成本控制和成本管理的需要，但是这一类成本由于没有分析和建立成本总额与业务量（通常指生产量或销售量）之间的关系，因此未能建立起成本、业务量和利润之间的明确关系，从而不利于发挥成本数据在企业经营预测、决策以及成本控制中的作用。变动成本法则是另辟蹊径，通过分析成本金额与业务量之间的关系，建立总成本模型以及本量利模型，从而开辟了成本核算和成本分析在企业短期经营预测、决策以及成本控制中发挥作用的新天地。由于变动成本法是建立在成本性态分析的基础之上的，因此本章分三节阐述：（1）成本习性分析；（2）混合成本的分解；（3）变动成本法的意义、特点及局限性。

第一节 成本习性分析

一、成本习性的含义

“成本习性”（cost behavior），亦可译作“成本性态”，它是指成本总额对业务量（volume，产量或销售量）总数的依存关系。成本习性分析，就是分析和研究成本与业务量之间的依存关系，旨在发现成本与业务量之间在数量方面的规律性联系，建立成本习性模型，并进一步建立成本、业务量与利润之间的数量关系（本量利模型），为进行经营预测和决策，以及提高成本控制和成本管理水平服务。

二、成本按其习性的分类

按照成本习性，企业的全部成本可分为固定成本（fixed cost）和变动成本（variable cost）两大类。现分述如下：

（一）固定成本

1. 固定成本的定义和特征

固定成本，是指其总额在一定时期和一定业务量范围内，不直接受业务量变动的影响而能保持固定不变的成本。也就是说，这类成本在一定时期和一定业务量范围内不受业务量的影响而保持不变。“一定时期和一定业务量范围内”是其前提条件，又称为“相关范围”。超出该前提条件，这样的关系将不复存在。成本习性分析的期间一般比较短，通常是在一年以内。业务量范围一般是指在当前的资产规模和生产及管理水平范围之内。如果超出了特定的资产规模和生产及管理水平，或者从较长的时间跨度来看，就不可能存在上述定义的固定成本。因此，在进行成本习性分析时，判断相关范围是非常重要的。

现举例说明固定成本的特征如下：

M汽车制造厂向N租赁公司租用三台关键专用设备，每年定约一次，每月支付租金480 000元。假定这三台设备的最大生产能量是400件，产量在100～400件范围内变动对于成本的影响如表11-1所示。

表11-1 固定成本与业务量的关系 单位：元

产量（件）	租金总成本	单位成本
100	480 000	4 800
200	480 000	2 400
300	480 000	1 600
400	480 000	1 200

在汽车产量400辆以内时，租金总成本不随产量的变动而变动，因而专用设备租金就是M汽车制造厂的一项固定成本；但每辆汽车所负担的租金成本，则随业务量的增加成反比例减少。

为了便于建立数学模型进行定量分析，现假定汽车的产量（业务量）为x，租金总成本（即固定成本总额）为a，每辆汽车的租金成本（即单位固定成本）为a/x。

固定成本总额和单位固定成本的习性模型，如图 11－1 所示。

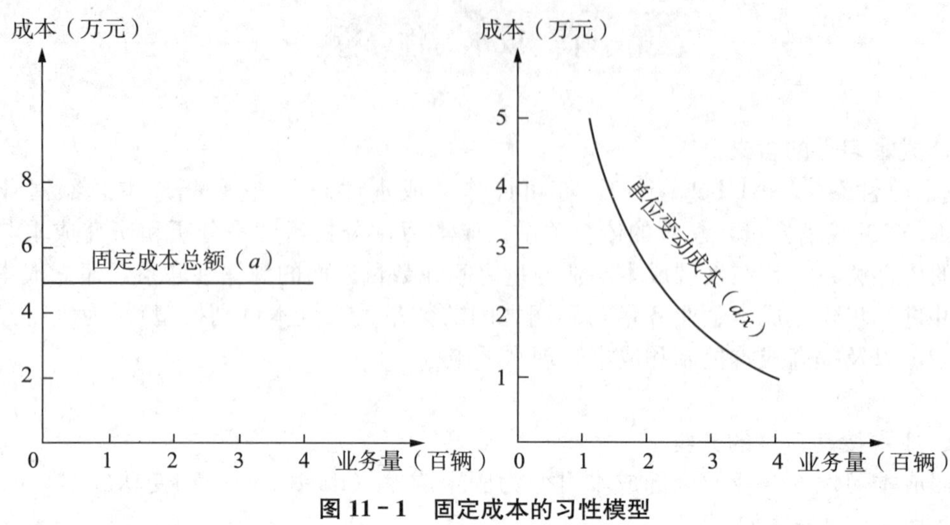

图 11－1　固定成本的习性模型

2. 固定成本的分类

成本会计中属于固定成本的项目比较多，如房屋和设备的租金、保险费、管理人员薪酬、不动产税金、固定资产折旧费（工作量法除外）、差旅费、文具用品费、广告费、研究与开发费、职工培训费等。在实际工作中，固定成本还可根据其支出额是否可以在一定时期内改变，进一步分为约束性固定成本和酌量性固定成本两类。现分述如下：

约束性固定成本（committed fixed cost），是指通过管理当局决策行动无法改变其数额的固定成本。例如固定资产折旧费、保险费、房屋及设备租金、不动产税金、管理人员薪酬等。这些成本是企业经营业务必须负担的最低成本，是维持整个企业生产能力必不可少的，即使业务经营中断，该项固定成本仍需保持不变。这类成本是企业实现长远目标的基础，所以它的预算期通常较长。因此，要想降低约束性固定成本，只有从经济合理地利用企业的生产能力、通过提高产品的产量以降低单位产品的固定成本着手。

酌量性固定成本（discretionary fixed cost），是指为完成特定活动而支出，而且管理当局的决策行动能够改变其数额的固定成本，如研究与开发费、广告费、职工培训费等。该类成本的支出额随由管理层决定，但是由于它关系到企业的长期稳定发展，因此并非可有可无。从某种意义上说，酌量性固定成本并非与业务量（产量或销量）无关，因为广告费、研究开发费、职工培训费会扩大产品销路或提高工作效率。但是，从较短的预算期间来看（通常一年），该类成本支出与业务量无直接的联系，因此将其视为固定成本。

（二）变动成本

1. 变动成本的定义和基本特征

变动成本是指在特定业务量范围内，其总额与业务量成正比例变动的成本。由于该成本的总额与业务量成正比例变动，所以单位业务量中的变动成本反而保持不变。成本会计中常见的变动成本有直接材料、直接人工，制造费用内随业务量总数呈正比例变动的机物料消耗、燃料费、动力费，按销售量支付的推销员佣金、税金，按照产量计提的固定设备折旧费等。

例如，M 汽车制造厂生产轿车，每辆轿车需要配一组电瓶，若每组电瓶的外购价为

5 000元，当轿车产量发生增减变动时，则耗用电瓶的总成本随轿车的产量成正比例增减，但每辆轿车的电瓶成本，则保持5 000元不变。因此，电瓶的成本对M汽车制造厂来说，就是生产轿车的变动成本。

为了便于建立数学模型进行定量分析，现假定轿车的产量为x，每辆轿车的电瓶成本（即单位变动成本）为b，那么电瓶的总成本（即变动成本总额）则为bx。它们之间的关系如表11-2所示。

表11-2　变动成本与业务量的关系

轿车产量（辆）（即业务量x）	电瓶总成本（元）（即变动成本总额bx）	每辆轿车的电瓶成本（元）（即单位变动成本b）
100	5 000 000	50 000
200	10 000 000	50 000
300	15 000 000	50 000
400	20 000 000	50 000

变动成本总额与单位变动成本的习性模型，如图11-2所示。

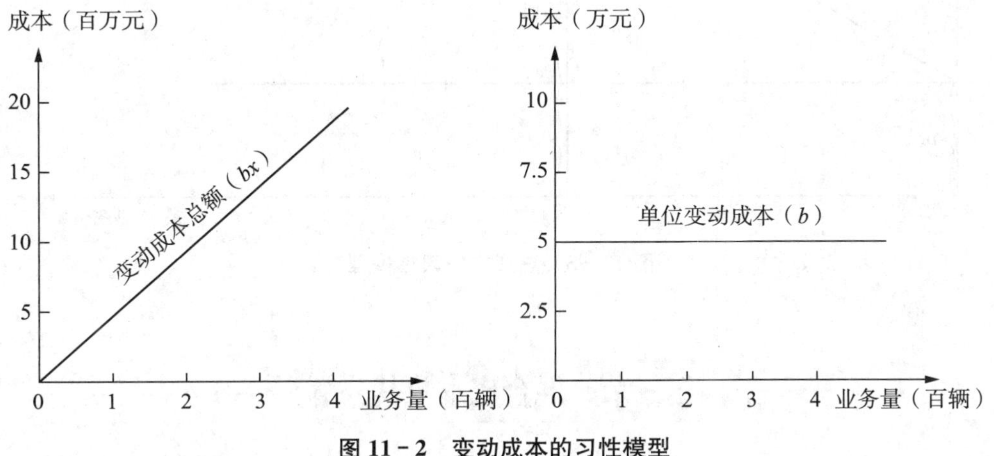

图11-2　变动成本的习性模型

2. 变动成本的分类

根据变动成本的金额如何决定，一般来说，变动成本可以分为两种类型：

一种与业务量有明确的技术或实物关系的变动成本，称为技术变动成本。它是由技术或实物关系决定的，如生产一部计算机要用一块主板、一个硬盘、一个显示器。

另一种是可以通过管理决策行动改变的变动成本，称为酌量性变动成本。其单位成本的发生额是由经理人员决定的，例如，按销售额一定的百分比开支的销售佣金、新产品研制费、技术转让费，以及可按人的意愿投入的辅料等。

三、总成本公式及其习性模型

如果根据成本习性将企业的全部成本分为变动成本和固定成本两大类，那么企业的总成本公式必然是：

总成本＝固定成本总额＋变动成本总额

＝固定成本总额＋（单位变动成本×业务量）

现用 y 代表总成本，a 代表固定成本总额，b 代表单位变动成本，x 代表业务量，则上述总成本公式可改写为：

$$y=a+bx$$

上述公式从数学的观点来看，是一直线方程：x 是自变量；y 是因变量；a 是常数，即截距；b 是直线的斜率。这个方程式很重要，在今后的混合成本分解、经营预测、决策分析和编制弹性预算时，都要用它来进行定量分析。其习性模型如图 11－3 所示：

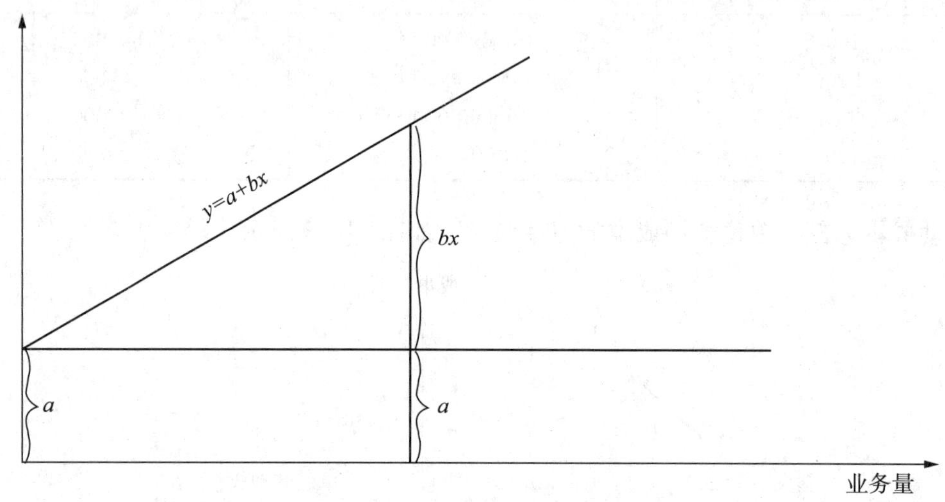

图 11－3 总成本的习性模型

第二节 混合成本及其分解

一、混合成本的含义和种类

前述总成本习性模型，将总成本理想化地分为固定成本和变动成本两大类，并建立了总成本与业务量的函数关系。但在实际工作中，成本会计中的许多成本项目既非单纯的固定成本，也非单纯的变动成本，而是兼有固定成本和变动成本的成分。这样的成本就是混合成本（mixed cost）。我们需要进一步研究混合成本的特征，并将混合成本分解为固定成本和变动成本，这样才可以有效利用总成本习性模型。

如何对混合成本进一步分类，人们的看法不尽相同。一般来说，可以将其分为三个主要类别：

（一）半变动成本（semi-variable cost）

半变动成本，是指在初始基数的基础上随产量正比例增长的成本。例如，电费和电话费等公用事业费，燃料、维护和修理费等，多属于半变动成本。

这类成本通常有一个初始基础，一般不随产量变化，相当于固定成本；在这个基础上，成本总额随产量变化呈正比例变化，又相当于变动成本。这两部分混合在一起，构成半变动成本。

如果用方程式表示，设 y 代表总成本，a 代表固定成本部分，b 代表单位变动成本，x 代表产量（机器运行小时）。则有：

$$y=a+bx$$

（二）阶梯式成本（step variable cost）

这类成本在一定业务量范围内的发生额是固定的，但当业务量增长到一定限度，其发生额就突然跃进到一个新水平，然后在业务量增长的一定限度内，发生额又保持不变，直到另一个新的跳跃为止。正因为如此，这类成本又称为半固定成本（semi-fixed cost）。

属于此类的成本项目通常有：化验员、检验员、运货员、保养工、领班等的工资，以及受班次影响的动力费、整车运输费、设备维修费等。

例如，某制药厂药品在 10 吨以内，化验员 4 人，每人每月工资 3 000 元，共 12 000 元。10～20 吨，需增加化验员 2 人，则工资总额保持在 18 000 元的水平。以后产量每增加 10 吨，增加化验员 2 人，工资总额增加 6 000 元。

（三）延期变动成本

延期变动成本，是指在一定业务量范围内总额保持稳定，超过特定业务量则开始随业务量比例增长的成本。例如，在正常业务量情况下给员工支付固定月工资，当业务量超过正常水平后则需支付加班费，这种人工成本就属于延期变动成本。

延期变动成本在某一业务量以下表现为固定成本，超过这一业务量则成为变动成本。

各种非线性成本，在相关范围内可以近似地看成是变动成本或半变动成本。在特定的产量范围内，它们的实际性态虽为非直线，但与直线的差别有限。忽略这种有限的差别，不至于影响信息的使用，却可以大大简化数据的加工过程，故我们可以用 $y=a+bx$ 来表示这些非线性成本。但应注意这样简化地处理混合成本可能带来信息的不准确，如果有必要，需要应用更加准确的方法分解混合成本。

二、混合成本的分解

混合成本的分解方法主要有四种，即历史成本分析法、合同认定法、技术测定法和账户分析法。

（一）历史成本分析法

历史成本分析法是通过对历史成本数据的分析，依据以前各期实际成本与产量之间的依存关系，来推算一定期间固定成本及单位变动成本的平均值，并以此来确定所估算的未来成本。

采用这种方法时要注意选择恰当的期间，以便既能消除期限较长带来的数据缺乏可比性，又能使所选择的期间可保证获得较为准确可靠的成本数据；所选择的的自变量必须与被估计的成本存在某种密切的关系，比较广泛使用的自变量包括实物单位的产量、直接人工小时数以及机器小时数等。

历史成本分析法又可具体分为高低点法、散点图法和回归分析法。

1. 高低点法（high-low points method）

高低点法是以某一时期内最高业务量的混合成本与最低业务量的混合成本之差，除以最高业务量与最低业务量之差，先计算出单位变动成本，然后再代入最高或最低点的混合成本公式，计算出固定成本的方法。

该法只适用于相关范围内，且各期成本变动趋势较稳定的情况。其主要特点是计算简便，但数据代表性差。应用该法时，需注意剔除异常数据。

现举例说明该法的应用。

［**例 11-1**］ A 工厂上年下半年 6 个月的设备维修费数据如表 11-3 所示：

表 11-3 A 工厂上年 7—12 月份的设备维修费

月份	7	8	9	10	11	12
业务量（千机器小时）	6	8	4	7	9	5
维修费（元）	110	115	85	105	120	100

要求：采用高低点法将混合成本设备维修费分解为变动成本和固定成本。

先根据上述维修费的历史资料，找出最高业务量和最低业务量所实际发生的维修费数据，并列表如表 11-4 所示。

表 11-4 高低点的有关数据

摘要	高点（11 月）	低点（9 月）	差额（Δ）
业务量（x）（千机器小时）	9	4	$\Delta x=5$
维修费（y）（元）	120	85	$\Delta y=35$

$b=\Delta y/\Delta x=7$（元/千机器小时）

将 b 值代入高点混合成本公式，并移项：

$a=120-7\times 9=57$（元）

或将 b 值代入低点混合成本公式，并移项：

$a=85-7\times 4=57$（元）（结果相同）

则

$y=57+7x$

需要注意的是：采用高低点法选用的历史成本数据，应该能够代表该项业务活动的正常情况，不得含有任何不正常状态下的成本数据。另外，通过高低点法分解而求得的混合成本公式，只适用于相关范围内的情况。在本例中只适用于 4 000～9 000 机器小时的相关范围，超出相关范围即不适用。

高低点法具有简便易行的优点，但在实际工作中仅适用于混合成本的变动部分与业务量基本上保持正比例关系的情况，因为该法只采用了高点和低点两组数据，代表性较差，局限性明显。

2. 散点图法

散点图法（scatter diagram method），是把过去某一期间的历史数据逐一标出在坐标图上，一般以横轴代表业务量（x），纵轴代表混合成本金额（y），这样各个历史成本数据就形成若干个成本点散布在坐标图上，然后通过目测，在各个成本点之间画一条能反映成本变动平均趋势的直线，并据以确定混合成本中固定成本和变动成本各为多少的一种方法。

该法在具体操作时，先通过目测的直线与纵轴的交点（截距）确定固定成本（a），然后将 a 及有关历史数据代入混合成本公式确定 b，最后得到分解混合成本的公式。

由于散点图法是通过目测历史成本数据变化趋势的方式画出直线法方式得到 a 和 b 的数据，所以往往因人而异，一般很难准确，但该法具有操作简单、容易理解的优点。

3. 回归直线法

回归直线法（regression line method），是根据过去一定期间的业务量（x）和混合成本的历史资料，应用数学上最小二乘法的原理，算出最能够代表 x 与 y 关系的回归直线，借以确定混合成本中固定成本和变动成本的方法。

（二）合同认定法

合同认定法（contract confirm approach）是根据企业与供应单位所订立的合同中关于支付成本的规定，来确认并估算哪些属于变动成本、哪些属于固定成本的方法。

（三）技术测定法

技术测定法（technique determine approach）又称工程法（engineering approach），是根据生产过程中各种材料和人工成本消耗量的技术测定来划分固定成本和变动成本的方法。一般做法是，将材料、工时的投入量和产量进行对比分析，用来确定单位产量的消耗定额，并将与产量有关的部分汇集为单位变动成本，与产量无关的部分汇集为固定成本。例如，热处理过程的电炉设备在预热过程的耗电成本（初始量），可通过技术测定，划归为固定成本；对于预热后对零部件进行热处理的耗电成本，则可划归为变动成本。采用这种方法测定的结果虽然比较准确，但因技术测定需要耗费大量的人力和物力，故工作量较大。该方法通常只适用于投入的成本与产出的数量之间存在规律性联系的成本分解，对于不能直接把成本归属于特定的投入—产出的，或者对于不能单独进行观察的联合过程（如各种间接成本），就不宜采用该种方法。

（四）账户分析法

账户分析法（account analysis approach）又称会计分析法，是根据成本、费用类账户各成本或耗费项目的性质，通过会计学的分析及经验判断，将那些与变动成本较为接近的，划入变动成本；那些与固定成本较为接近的，划归固定成本；对于不易简单地划入变动成本或固定成本项目的，通过一定比例将它们分解为变动成本和固定成本两部分。比如对于燃料和动力成本项目，虽然它不与产量呈严格的正比例关系，但其变动毕竟与产量关系较大，故将其作为变动成本处理。对于管理费用及制造费用中的间接人工、固定资产折旧费、保险费、设备租金等，因其基本上与产量的关系不大，均可视作固定成本处理，但也应考虑到不同行业的具体情况。账户分析法尽管比较粗糙、主观性较强，但由于其简便易行的特点，仍不失为一种比较可行的分解方法。

第三节　变动成本法的原理

一、变动成本法的意义

变动成本法（variable costing），又称为变动成本计算，和它相对应的就是前面我们所介绍的完全成本法（full costing）。变动成本法在将会计期间内的全部成本划分为固定成本和变动成本的基础上，对于产品成本和存货成本只计算包括直接材料、直接人工和变动制造费用在内的变动生产成本；对于固定制造费用作为期间成本在计算损益时直接扣除；对于变动成本和固定成本在损益计算时采用与完全成本法不同的扣除方式（先从销售收入中扣除变动成本，得到贡献毛益；然后扣除固定成本，得到净利润）。

变动成本法是美国会计学者哈里斯（M. J. Harris）于 1936 年首先提出来的。它改变了完全成本法所确定的净利润受期末存货变动影响的状况，但在当时并未受到社会的广泛关注，在实际工作中也很少被企业采用。直到 20 世纪 50 年代现代管理会计体系形成以后，预测分析、决策分析、预算控制日益受到人们的重视，企业管理当局迫切要求会计部门提供更广泛、更有用的管理信息（如单位变动成本、贡献毛益、经营杠杆等），以便加强对企业经济活动的事前规划和日常控制，变动成本法才开始广泛应用于美国、日本、加拿大、澳大利亚以及西欧各国的企业内部管理，并成为管理会计开展工作的一项重要基础方法。

变动成本法的意义主要表现在如下几个方面：

首先，采用变动成本法可以进一步建立成本、业务量和利润之间的函数关系。利用这种关系，可以提供每种产品的盈利能力（主要通过贡献毛益指标）信息；可以通过计算盈亏临界点、目标利润等指标，预测前景、规划未来，制定经营决策。

其次，变动成本法便于和标准成本、弹性预算、责任会计相结合，在计划和日常控制的各环节发挥重要作用。标准成本按照变动成本法的原理制定，便于不同成本项目成本差异的计算、分析和控制。一些综合耗费的预算如果结合变动成本法的原理编制，将会使得预算更加富有弹性，更便于基于业务量的变化进行调整，从而有利于预算控制作用的发挥。应用变动成本法的原理对责任单位进行会计核算，更有利于分清部门责任，便于不同责任单位会计信息的比较，发挥会计信息的管理作用。

二、变动成本法的特点

与完全成本法相比较，变动成本法存在如下明显的特点：

（一）对成本的分类方式不同

按照完全成本法，制造企业会计期间内发生的成本按照其用途的经济职能，分为产品生产成本和期间成本，前者被确认为存货（产成品和在产品），当存货销售后转化为产品销售成本，并作为费用从产品销售收入中配比、扣除；后者则被确认为费用（管理费用、销售费用、财务费用等），直接从发生会计期间的销售收入中扣除。完全成本法并未按照成本习性进行分类。

按照变动成本法，制造企业会计期间内发生的成本除了按照其用途和经济职能，分为产品成本和期间成本外，还进一步将成本按照其习性分为固定成本和变动成本，而且固定成本和变动成本从销售收入中扣除时分别被赋予不同的经济含义。

（二）产品成本的构成内容不同

在完全成本法之下，产品的生产成本包括直接材料、直接人工和制造费用三部分，其中既有变动成本（直接材料、直接人工和变动制造费用），又有固定成本（固定制造费用）。

在变动成本法之下，产品的生产成本只包括直接材料、直接人工和变动制造费用三个变动成本项目，固定制造费用不再计入产品生产成本，而是作为期间成本的一部分在其发生的期间扣除。变动成本法之所以将固定制造费用做此会计处理，其理论依据是：固定制造费用是为企业提供一定的生产经营条件，以保持生产能力，并使生产经营处于准备状态而发生的成本；在一定时期和一定产量范围内固定制造费用同产品的产量没有直接联系，因此对其采取直接扣除的方式，以与变动生产成本的扣除方式相区别。

由于变动成本法之下的产品成本不包括固定制造费用，所以对于相同的产品而言，变动成本法的单位产品成本小于完全成本法的单位产品成本。而且完全成本法的单位产品成本会受到产品产量的影响，随着产量增加，单位产品分摊的固定制造费用减少，产品单位成本也就随之减少；而变动成本法之下的产品单位成本一般不会受到产品产量的影响。

（三）损益核算方式不同

1. 计算公式和利润表的格式

由于采用变动成本法计算盈亏时，需要区分固定成本和变动成本，才能便于确定和取得贡献毛益数据，因此它的计算公式与完全成本法差别很大。

（1）变动成本法。

销售收入－销售成本（变动生产成本）＝贡献毛益（制造部分）

贡献毛益（制造部分）－变动非生产成本（变动管理费用、变动销售费用、变动财务费用等）＝贡献毛益（最终）

贡献毛益（最终）－固定非生产成本（固定制造费用、固定管理费用、固定销售费用等）＝税前营业净利

（2）完全成本法。

销售收入－已销售的生产成本＝销售毛利

销售毛利－期间费用（管理费用、销售费用、财务费用等）＝营业净利

2. 损益表的格式

按照完全成本法编制的损益表，是把所有成本项目按生产、销售、管理等经济职能进行排列，以满足外界有经济利益关系的集团或个人的需要。以此编制的损益表习惯上被称为职能式损益表。

按照变动成本法编制的损益表，则把所有成本项目首先按成本习性分类，以便取得贡献毛益信息，满足内部管理的需要；以此编制的损益表称为贡献式损益表。

（四）损益核算结果不同

由于变动成本法与完全成本法核算损益的计算公式不同（主要是由于两种方法对于固定制造费用的处理方式截然不同），所以在产销不平衡的情况下，两种方法对相同经济业

务的损益核算结果不同。

在产销平衡、没有期初期末存货的情况下，两种方法所核算的损益结果是相同的，因为固定制造费用（唯一不同的扣除项目）在两种方法之下都在相同的会计期间被扣除了。

在产大于销、形成期末存货的情况下，采用完全成本法核算的损益结果大于变动成本法核算的损益结果。因为在完全成本法下，部分固定制造费用被吸收在期末存货中，没有在本期损益中扣除；而在变动成本法下，这部分固定制造费用在本期的损益中被扣除了。这就是两种方法损益核算结果差异的来源所在。

在产小于销、本期销售动用了期初存货的情况下，采用完全成本法核算的损益结果小于变动成本法核算的损益结果。因为在完全成本法下，期初存货中吸收的部分固定制造费用在计算本期损益中被扣除了；而在变动成本法下，这部分固定制造费用是在发生的会计期间被扣除的，不会在本期核算损益时再被扣除。这就是两种方法损益核算结果差异的来源所在。

三、变动成本法与完全成本法核算损益举例

［例 11－2］ 某企业 2017、2018、2019 年连续三年的产销量及成本资料如表 11－5 所示。要求：根据下列资料按照两张方法编制损益表。

表 11－5　某企业连续三年的产销量及成本资料

项目	2017 年	2018 年	2019 年
期初存货（件）	0	2 000	2 000
本期生产（件）	10 000	10 000	10 000
本期销售（件）	8 000	10 000	12 000
期末存货（件）	2 000	2 000	0
销售单价（元）	10	10	10
生产成本（元）			
单位变动成本（元）	5	5	5
固定成本（元）	10 000	10 000	10 000
固定销售及管理费用（元）	10 000	10 000	10 000

该企业三年连续产量为 10 000 件，销售量逐年递增。

$$完全成本法下单位生产成本=单位变动成本+\frac{固定性制造费用}{年产量}$$

$$=5+\frac{10\ 000}{10\ 000}=6\text{（元）}$$

两种方法下的损益表如表 11－6 所示。

表 11-6　两种方法下的损益表　　单位：元

变动成本法下损益表			
项目	2017 年	2018 年	2019 年
销售收入（10×年销售量）	80 000	100 000	120 000
减：变动成本（5×年销售量）	40 000	50 000	60 000
贡献毛益	40 000	50 000	60 000
减：固定性制造费用	10 000	10 000	10 000
固定性销售及管理费用	10 000	10 000	10 000
税前净利润	20 000	30 000	40 000
完全成本法下损益表			
项目	2017 年	2018 年	2019 年
销售收入（10×年销售量）	80 000	100 000	120 000
减：销售成本			
期初存货成本	0	12 000	12 000
＋本期生产成本（6×年产量）	60 000	60 000	60 000
－期末存货成本（6×年产量）	12 000	12 000	0
销售成本合计	48 000	60 000	72 000
销售毛利	32 000	40 000	48 000
减：销售及管理费用	10 000	10 000	10 000
税前净利	22 000	30 000	38 000

通过上述举例可以看出，采用完全成本法，有时会出现销售量下降利润反而增长的情况，这就容易助长重生产、轻销售的倾向。而变动成本法可以排除生产量对利润的影响，因为利润的增长只同销售量的增长作同向变动。这就会促使管理当局努力开拓销售渠道，增加企业利润。

尽管变动成本法有利于内部管理，但是它也有其局限性，比如它不适合用于长期决策的需要，因为从较长的时间跨度而言，变动成本法对于变动成本和固定成本的划分已经失去了意义。另外，变动成本法至今不能用于编制对外财务报告，也就是说，变动成本法尚未被财务报告准则采纳用于存货的计价。

【历史浏览】

按照以下提示回顾本章内容：

1. 成本习性（cost behavior），亦可译作成本性态，它是指成本总额对业务量（volume，产量或销售量）总数的依存关系。按照成本习性，企业的全部成本可分为固定成本（fixed cost）和变动成本（variable cost）两大类。

2. 固定成本，是指其总额在一定时期和一定业务量范围内，不直接受业务量变动的影响而能保持固定不变的成本。固定成本还可根据其支出额是否可以在一定时期内改变，进一步分为约束性固定成本和酌量性固定成本两类。

3. 变动成本是指在特定业务量范围内，其总额与业务量成正比例变动的成本。常见的变动成本有直接材料、直接人工，制造费用内随业务量总数成正比例变动的机物料消耗、燃料费、动力费，按销售量支付的推销员佣金、税金，按照产量计提的固定设备折旧费等。

4. 在实际工作中，成本会计中的许多成本项目既非单纯的固定成本，也非单纯的变动成本，而是兼有固定成本和变动成本的成分，这样的成本就是混合成本（mixed cost）。

5. 变动成本法在将会计期间内的全部成本划分为固定成本和变动成本的基础上，对于产品成本和存货成本只计算包括直接材料、直接人工和变动制造费用在内的变动生产成本；对于固定制造费用作为期间成本在计算损益时直接扣除；对于变动成本和固定成本在损益计算时采用不同的扣除方式（先从销售收入中扣除变动成本，得到贡献毛益；然后扣除固定成本，得到净利润）。

6. 变动成本法的意义在于：第一，采用变动成本法可以进一步建立成本、业务量和利润之间的函数关系；第二，变动成本法便于和标准成本、弹性预算、责任会计相结合，在计划和日常控制的各环节发挥重要作用。

7. 变动成本法和完全成本法的区别主要在于：成本的分类方式不同、产品成本的构成内容不同、损益核算方式不同以及损益核算结果不同。

8. 按照完全成本法编制的损益表，是把所有成本项目按生产、销售、管理等经济职能进行排列，以满足外界有经济利益关系的集团或个人的需要；以此编制的损益表习惯上被称为职能式损益表。按照变动成本法编制的损益表，则把所有成本项目首先按成本习性分类，以便取得贡献毛益信息，满足内部管理的需要；以此编制的损益表称为贡献式损益表。

9. 由于变动成本法与完全成本法核算损益的计算公式不同（主要是由于两种方法对于固定制造费用的处理方式截然不同），所以在产销不平衡的情况下，两种方法对相同经济业务的损益核算结果不同。

10. 变动成本法通过分析成本金额与业务量之间的关系，建立总成本模型以及本量利模型，从而开辟了成本核算和成本分析在企业短期经营预测、决策以及成本控制中发挥作用的新天地。

11. 尽管变动成本法有利于内部管理，但是它也有局限性，比如它不适合用于长期决策的需要，因为从较长的时间跨度而言，变动成本法对于变动成本和固定成本的划分已经失去了意义。另外，变动成本法至今不能用于编制对外财务报告。也就是说，变动成本法尚未被财务报告准则采纳用于存货的计价。

【复习思考题】

1. 什么是“成本习性”？为什么要按照成本习性对成本进行分类？

2. 什么是固定成本和变动成本的相关范围？其意义何在？

3. 什么是混合成本？如何分解？不分解行不行？为什么？

4. 变动成本法的理论依据是什么？

5. 变动成本法与完全成本法在编制损益表方面有哪些显著差异？

6. 为什么变动成本法和完全成本法在计算税前净利方面会产生显著差异？试扼要归纳为几条规律并加以说明。

7. 为什么美国注册会计师协会、证券交易委员会和国内税务局都主张采用完全成本法来计算产品成本和存货成本？

8. 变动成本法有哪些优点？又有哪些局限性？

第十二章

标准成本法

【学习导航】

⊙ 理解标准成本法的概念、意义和种类；
⊙ 掌握实施标准成本法的基本步骤；
⊙ 了解标准成本的制定过程；
⊙ 理解成本差异的性质及通用计算模型；
⊙ 掌握变动成本差异的计算和分析；
⊙ 掌握固定制造费用差异的计算和分析；
⊙ 理解标准成本制度下账务处理的特点。

第二篇所阐述的产品成本核算方法（如分批法、分步法、品种法）主要是解决了产品实际成本的核算，以及编制对外财务报告的问题。从成本管理的角度来看，这种产品实际成本的核算存在以下明显的缺陷：(1) 反应迟钝，控制性较差；(2) 核算与分析未能紧密结合；(3) 不便于编制成本预算。标准成本法就是针对实际成本法的缺陷而产生的，该方法将成本会计的重点从事后成本核算发展到事中的成本分析和控制，并可以将成本的分析和控制与实际成本核算结合在一起。1903 年，泰罗在《工厂管理》一书中提出的产品标准操作程序、时间定额，成为标准成本制度产生的基础。1904 年，美国工程师哈尔顿·爱默森首先在铁道公司应用该方法，并在 1909 年对标准成本法进行了更为详尽的研究，但没有提出会计账务处理方法。1911 年，美国会计师卡特·哈里逊设计出一套完整的标准成本制度；1918—1920 年，他进一步阐述该法，使标准成本法脱离实验阶段进入实施阶段；1930 年，他出版《标准成本》专著，并传入其他国家，成本会计进入一个崭新的时期。

本章分三节介绍标准成本法：第一节，标准成本法概述；第二节，成本差异的计算和分析；第三节，成本差异的账务处理。

第一节　标准成本法概述

一、标准成本的概念

标准成本是通过精确的调查、分析与技术测定而制定的，用来评价实际成本、衡量工作效率的一种成本标准。

“标准成本”一词在实际工作中有两种含义：一种是指单位产品的标准成本，它是根据单位产品的标准消耗量和标准单价计算出来的；另一种是指实际产量的标准成本总额，是根据实际产品产量和单位产品成本标准计算出来的。

单位产品标准成本＝单位产品标准消耗量×标准单价

标准成本总额＝实际产量×单位产品标准成本

二、标准成本的种类

根据制定依据和目的不同，标准成本通常有如下两组概念：

（一）理想标准成本和正常标准成本

标准成本按其制定所依据的生产技术和经营管理水平，可分为理想标准成本和正常标准成本。

理想标准成本是指在最优的生产条件下，利用现有的规模和设备能够达到的最低成本。

这种标准现实中很难实现，即使暂时出现也不可能持久。它的主要用途是提供一个完美无缺的目标，揭示实际成本下降的潜力。因其提出的要求太高，不宜作为考核的依据。

正常标准成本是指在效率良好的条件下，根据下期一般应该发生的生产要素消耗量、预计价格和预计生产经营能力利用程度制定出来的标准成本。在制定这种标准成本时，把生产经营活动中一般难以避免的损耗和低效率等情况也计算在内，使之切合下期的实际情况，成为切实可行的控制标准。在标准成本系统中，广泛使用正常的标准成本。

（二）现行标准成本和基本标准成本

标准成本按其适用期，可分为现行标准成本和基本标准成本。

现行标准成本，是指根据其适用期间应该发生的价格、效率和生产经营能力利用程度等预计的标准成本。在这些决定因素变化时，需要按照改变了的情况加以修订。这种标准成本可以成为评价实际成本的依据，也可以用来对存货和销货成本计价。

基本标准成本，是指一经制定，只要生产的基本条件无重大变化，就不予变动的一种标准成本。所谓生产的基本条件的重大变化是指产品的物理结构变化，重要原材料和劳动力价格的重要变化，生产技术和工艺的根本变化等。只有这些条件发生变化，基本标准成本才需要修订。由于市场供求变化导致的售价变化和生产经营能力利用程度的变化，由于工作方法改变而引起的效率变化等，不属于生产的基本条件变化，对此不需要修订基本标准成本。基本标准成本与各期实际成本对比，可反映成本变动的趋势。由于基本标准成本不按各期实际修订，不宜用来直接评价工作效率和成本控制的有效性。

三、实施标准成本法的基本步骤

实施标准成本法一般有如下几个基本步骤：

（1）制定单位产品标准成本，这是实施标准成本法的基础。

（2）根据实际产量和单位产品标准成本计算产品的标准成本总额，这是计算产品成本差异的基础。

（3）汇总计算实际成本。

（4）计算标准成本与实际成本的差异。

（5）分析成本差异的发生原因，如果将标准成本纳入账簿体系，还要进行标准成本及其成本差异的账务处理。

（6）向成本负责人提供成本控制报告。

四、标准成本的制定

标准成本可以分别零件、部件、生产阶段、产成品，并分别成本项目制定。通常是先确定直接材料和直接人工的标准成本；然后制定制造费用的标准成本，后者还可分为变动制造费用和固定制造费用分别制定；最后将各成本项目的标准成本进行汇总，得到零件、部件、产成品的标准成本。

在零部件较少的情况下，可以先制定零件的标准成本，在此基础上制定部件和产品的标准成本；在零部件较多的情况下，可以不制定零件的标准成本，而是先制定部件的标准成本，再制定产品的标准成本，或直接制定产品的标准成本。

在制定标准成本时，每一个成本项目，都需要分别确定其用量标准和价格标准，两者相乘后得出不同成本项目的标准成本。

用量标准包括单位产品材料消耗量、单位产品直接人工工时等，主要由生产技术部门主持制定，吸收执行标准的部门和职工参加。

价格标准主要包括原材料单价、小时工资率、小时制造费用分配率等，由会计部门和其他相关部门共同研究确定。采购部门是材料价格的责任部门，劳资部门和生产部门对小时工资率负有责任，各生产车间对小时制造费用率承担责任，在制定有关价格标准时要与其协商确定。

下面介绍直接制定产品标准成本的情况下正常、现行标准成本的制定。

（一）直接材料标准成本

直接材料的标准消耗量，是用统计方法、工业工程法或其他技术分析方法确定的。它是现有技术条件生产单位产品所需的材料数量，包括必不可少的消耗以及各种难以避免的损失。

直接材料的价格标准，是预计下一年度实际需要支付的进料单位成本，包括发票价格、运费、检验和正常损耗等成本，是取得材料的完全成本。

在制定直接材料的标准成本时，还应考虑材料的质量；材料质量不仅影响材料消耗量和价格，而且影响加工时间。进行直接材料质量选择后才能确定材料消耗量和价格。

下面是一个直接材料标准成本的实例，如表 12-1 所示。

表 12-1　直接材料标准成本（产品：甲）

标准	材料 A	材料 B
价格标准：		
发票单价（元）	1.00	4.00
装卸检验费（元）	0.07	0.28
每千克标准价格（元）	1.07	4.28
用量标准：		
图纸用量（千克）	3.0	2.0
允许损耗量（千克）	0.3	—
单产标准用量（千克）	3.3	2.0
成本标准：		
材料 A（3.3×1.07）（元）	3.53	
材料 B（2.0×4.28）（元）		8.56
单位产品标准成本（元）	12.09	

（二）直接人工标准成本

直接人工的用量标准是单位产品的标准工时。确定单位产品所需的直接生产工人工时，需要按产品的加工工序分别进行，然后加以汇总。标准工时是指在现有生产技术条件下生产单位产品所需要的时间，包括直接加工操作必不可少的时间，以及必要的间歇和停工，如工间休息、调整设备时间、不可避免的废品耗用工时等。标准工时应以作业研究和工时研究为基础，参考有关统计资料来确定。单位产品消耗的各工序标准工时由工程技术和生产部门提供。

直接人工的价格标准是一般采用标准工资率，即每一标准工时应分配的标准工资。如果采用计件工资制，标准工资率是预定的每件产品支付的工资除以标准工时，或者是预定的小时工资；如果采用月工资制，需要根据月工资总额和可用工时总量来计算标准工资率。

以下是一个直接人工标准成本的实例，如表 12-2 所示。

表 12-2　直接人工标准成本（产品：甲）

小时工资率	第一工序	第二工序
基本生产工人人数（人）	20	50
每人每月工时（25.5 天×8 小时）（小时）	204	204
出勤率	98%	98%
每人平均可用工时（小时）	200	200

续表

小时工资率	第一工序	第二工序
每月总工时（小时）	4 000	10 000
每月工资总额（元）	3 600	12 600
每小时工资（元）	0.90	1.26
单位产品工时：		
理想作业时间（小时）	1.5	0.8
调整设备时间（小时）	0.3	—
工间休息（小时）	0.1	0.1
其他（小时）	0.1	0.1
单位产品标准工时合计（小时）	2	1
直接人工标准成本（元）	1.80	1.26
合计	3.06	

（三）制造费用标准成本

制造费用一般不能按照产品制定消耗定额，通常是通过编制制造费用预算来确定制造费用的标准发生额，并进行控制。

制造费用的标准成本按部门分别编制，然后将同一产品涉及的各部门单位制造费用标准加以汇总，得出整个产品制造费用标准成本。

各部门的制造费用标准成本分为变动制造费用标准成本和固定制造费用标准成本两部分。

1. 变动制造费用标准成本

变动制造费用的数量标准通常采用单位产品直接人工工时标准，它在直接人工标准成本制定时已经确定。有的企业采用机器工时或其他用量标准。还有一种更加精确的方法，即对变动制造费用按照影响因素进一步分类，分别以同这些耗费更相关的因素作为分配标准。

变动制造费用的价格标准是每一工时（或其他标准）变动制造费用的标准分配率，它根据变动制造费用预算和直接人工总工时（或其他标准）计算求得，计算过程见表 12－3。

$$\text{变动制造费用标准分配率}=\frac{\text{变动制造费用预算总额}}{\text{直接人工标准总工时（或其他标准）}}$$

确定数量标准和价格标准之后，两者相乘即可得出变动制造费用标准成本：

$$\begin{aligned}\text{变动制造费用标准成本}=&\text{单位产品直接人工的标准工时}\times\\&\text{每小时变动制造费用的标准分配率}\end{aligned}$$

各车间变动制造费用标准成本确定之后，可汇总出单位产品的变动制造费用标准成本。

表 12-3　变动制造费用标准成本

部　门	第一车间	第二车间
变动制造费用预算		
运输	800	2 100
电力	400	2 400
消耗材料	1 400	1 800
间接人工	2 000	3 900
燃料	400	1 400
其他	200	400
合计	5 200	12 000
生产量标准（人工工时）	4 000	10 000
变动制造费用标准分配率	1.30	1.20
直接人工用量标准（人工工时）	2	1
变动制造费用标准成本	2.60	1.20
单位产品标准变动制造费用	3.80	

2. 固定制造费用标准成本

如果采用完全成本计算，固定制造费用要计入产品成本，还需要确定其标准成本。固定制造费用的用量标准与变动制造费用的用量标准相同，包括直接人工工时、机器工时、其他用量标准等，并且两者要保持一致，以便进行差异分析。

固定制造费用的价格标准是固定制造费用小时标准分配率，它根据固定制造费用预算数和直接人工标准总工时（或其他标准）计算确定，计算过程如表 12-4 所示。

$$固定制造费用标准分配率=\frac{固定制造费用预算总额}{直接人工标准总工时（或其他标准）}$$

$$固定制造费用标准成本=单位产品直接人工标准工时（或其他标准）\times 固定制造费用小时标准分配率$$

各车间固定制造费用的标准成本确定之后，可汇总出单位产品的固定制造费用标准成本。

表 12-4　固定制造费用标准成本

部　门	第一车间	第二车间
固定制造费用		
折旧费	200	2 350
管理人员工资	700	1 800
间接人工	500	1 200
保险费	300	400

续表

部　门	第一车间	第二车间
其他	300	250
合计	2 000	6 000
生产量标准（人工工时）	4 000	10 000
固定制造费用分配率	0.5	0.6
直接人工用量标准（人工工时）	2	1
部门固定制造费标准成本	1	0.6
单位产品固定制造费用标准成本	1.60	

（四）单位产品标准成本

将直接材料、直接人工和制造费用的标准成本按产品加以汇总，即可确定单位产品完整的标准成本。企业通常通过编制单位产品标准成本卡反映产成品标准成本的具体构成。在每种产品生产之前，标准成本卡要送达有关部门和人员，包括各级生产部门负责人、会计部门、仓库等，作为领发料、派工、成本核算，以及支出其他耗费的依据。

单位产品标准成本卡的格式，如表 12－5 所示。

表 12－5　单位产品标准成本卡（产品：甲）

成本项目	用量标准	价格标准	标准成本
直接材料：			
甲材料	3.3 千克	1.07 元/千克	3.53 元
乙材料	2 千克	4.28 元/千克	8.56 元
直接材料合计			12.09 元
直接人工：			
第一车间	2 小时	0.9 元/时	1.8 元
第二车间	1 小时	1.26 元/时	1.26 元
直接人工合计			3.06 元
制造费用：			
变动费用（第一车间）	2 小时	1.30 元/时	2.6 元
变动费用（第二车间）	1 小时	1.2 元/时	1.2 元
变动制造费用合计			3.8 元
固定费用（第一车间）	2 小时	0.5 元/时	1 元
固定费用（第二车间）	1 小时	0.6 元/时	0.6 元
固定制造费用合计			1.6 元
单位产品标准成本总计	20.55 元		

第二节　成本差异的计算和分析

一、成本差异的性质及通用计算模型

(一) 成本差异的性质

标准成本法下的成本差异（cost variance）是指产品的实际成本与其标准成本之间的差额。其基本计算公式如下：

成本差异=产品的实际成本－产品的标准成本

如果上式的计算结果为“+”号，表示实际成本大于标准成本的差额，称为不利差异（unfavourable variance），一般在差异金额后面注明“U”；如果计算结果为“－”号，表示实际成本小于标准成本的差额，称为有利差异（favourable variance），一般在差异金额后面注明“F”。

成本差异在一定程度上反映了有关责任单位的工作质量和效果，它既是日常成本控制的主要信息来源，又是评价和考核各成本责任单位实绩的重要依据。但必须注意，成本差异只能作为发现问题的信号，而不宜作为经营决策和业绩评价的最终依据。

(二) 成本差异计算的通用模式

成本差异的计算是分别成本项目进行的，而每一成本项目又可表示为价格标准和数量标准的乘积，所以在实际工作中进行日常成本控制时也都是按照“支付的价格”和“耗用的数量”为中心展开。因此，我们可以将分别成本项目反映的成本差异概括为“实际数量×实际价格－标准数量×标准价格”这样的通用计算模式，而且可以进一步推导出成本差异计算的通用模式，如图12-1所示。

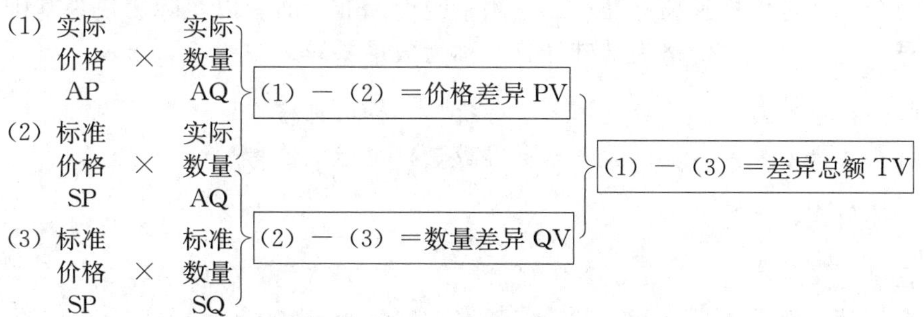

图12-1　成本差异计算的通用模式

图12-1中的价格差异（price variance）是指由于价格的变化导致的成本差异，它是以实际数量为基础计算出来的；数量差异（quantity variance）是指由于数量的变化导致的成本差异，它是以标准价格为基础计算出来的。

二、变动成本差异的计算和分析

[例12-1]　假定宏道公司全年只生产一种甲产品，并仅耗用一种直接材料。预计计划年度（202×）每月产能（业务量）标准工时1 000个，计划生产500件，其单位产品

的标准成本单如表 12－6 所示。

表 12－6　宏道公司甲产品标准成本计算单

成本项目	价格标准	数量标准	标准成本
直接材料	2 元/千克	4 千克/件	8 元
直接人工	5 元/工时	2 工时/件	10 元
变动制造费用	3 元/工时	2 工时/件	6 元
合计			24 元

现假定 2019 年 5 月份该公司共生产甲产品 575 件，其实际发生的成本数据如表 12－7 所示。

表 12－7　宏道公司甲产品实际成本计算单

摘要	实际数量	实际单价	实际成本
购入直接材料	2 000 千克	2.2 元/千克	4 400 元
耗用直接材料	2 000 千克		
耗用直接人工	1 200 工时	5.5 元/工时	6 600 元
变动制造费用			3 000 元
合计			14 000 元

现结合实例说明变动成本三大成本项目的价格差异和数量差异的计算和分析。

（一）直接材料成本差异的计算和分析

直接材料实际成本与标准成本之间的差额，是直接材料成本差异。该项差异形成的基本原因有两个：一是价格脱离标准；二是用量脱离标准。前者以实际用量为基础计算，称为价格差异；后者以标准价格为基础计算，称为数量差异。

材料价格差异＝实际数量×（实际价格－标准价格）

材料数量差异＝（实际数量－标准数量）×标准价格

根据上述公式，计算如下：

直接材料价格差异＝2 000×（2.2－2）＝400（元）（U）

直接材料数量差异＝（2 000－575×4）×2＝－600（元）（F）

直接材料价格差异与数量差异之和，应当等于直接材料成本的总差异。

直接材料成本差异＝实际成本－标准成本＝2 000×2.2－575×2×4

＝4 400－4 600＝－200（元）（U）

直接材料成本差异＝价格差异＋数量差异＝400－600＝－200（元）（U）

材料价格差异是在采购过程中形成的，不应由耗用材料的生产部门负责，而应由采购部门对其做出说明。采购部门未能按标准价格进货的原因有许多，如供应厂家价格变动、未按经济采购批量进货、未能及时订货造成的紧急订货、采购时舍近求远使运费和途耗增加、不必要的快速运输方式、违反合同被罚款、承接紧急订货造成额外采购等，需要进行具体分析和调查，才能明确最终原因和责任归属。

材料数量差异是在材料耗用过程中形成的，反映生产部门的成本控制业绩。材料数量差异形成的具体原因有许多，如操作疏忽造成废品和废料增加、工人用料不精心、操作技术改进而节省材料、新工人上岗造成多用料、机器或工具不适用造成用料增加等。有时多用料并非生产部门的责任，如购入材料质量低劣、规格不符也会使用料超过标准；又如工艺变更、检验过严也会使数量差异加大。因此，要进行具体的调查研究才能明确责任归属。

（二）直接人工成本差异的计算和分析

直接人工成本差异，是指直接人工实际成本与标准成本之间的差额，可区分为“价差”和“量差”两部分。价差是指实际工资率脱离标准工资率，其差额按实际工时计算确定的金额，又称为工资率差异。量差是指实际工时脱离标准工时，其差额按标准工资率计算确定的金额，又称人工效率差异。

工资率差异＝实际工时×（实际工资率－标准工资率）
人工效率差异＝（实际工时－标准工时）×标准工资率

现结合实例，按上述公式计算如下：

工资率差异＝1 200×（5.5－5）＝1 200×0.5＝600（元）(U)
人工效率差异＝（1 200－2×575）×5＝50×5＝250（元）(U)

工资率差异与人工效率差异之和，应当等于人工成本总差异，并可据此验算差异分析计算的正确性。

人工成本差异＝实际人工成本－标准人工成本＝5.5×1 200－5×2×575
＝6 600－5 750＝850（元）(U)
人工成本差异＝工资率差异＋人工效率差异＝600＋250＝850（元）(U)

工资率差异形成的原因，包括直接生产工人升级或降级使用、奖励制度未产生实效、工资率调整、加班或使用临时工、出勤率变化等，原因复杂而且难以控制。一般来说，应归属于人事劳动部门管理，差异的具体原因会涉及生产部门或其他部门。

直接人工效率差异的形成原因，包括工作环境不良、工人经验不足、劳动情绪不佳、新工人上岗太多、机器或工具选用不当、设备故障较多、作业计划安排不当、产量太少无法发挥批量节约优势等。主要责任部门通常是生产部门，但并非绝对，如材料质量不佳也会影响生产效率。

（三）变动制造费用成本差异的计算和分析

变动制造费用成本差异，是指实际变动制造费用与标准变动制造费用之间的差额，也可以分解为“价差”和“量差”两部分。价差是指变动制造费用的实际小时分配率脱离标准小时分配率、按实际工时计算的金额，因其反映耗费水平的高低，故称为变动制造费用耗费差异（variable overhead spending variance）。量差是指实际工时脱离标准工时、按标准小时费用率计算确定的金额，因其反映工作效率变化引起的变动制造费用节约或超支，故称为变动制造费用效率差异（variable overhead efficiency variance）。

变动制造费用耗费差异＝实际工时×（变动制造费用实际分配率－变动制造费用标准分配率）

变动制造费用效率差异＝（实际工时－标准工时）×变动制造费用标准分配率

现结合实例，按上述公式计算如下：

变动制造费用耗费差异＝1 200×（3 000/1 200－3）＝1 200×（2.5－3）
＝－600（元）（F）

变动制造费用效率差异＝（1 200－575×2）×3＝50×3＝150（元）（U）

采用变动制造费用成本差异的定义验算如下：

变动制造费用成本差异＝实际变动制造费用－标准变动制造费用
＝3 000－575×2×3
＝3 000－3 450＝－450（元）（F）

变动制造费用成本差异＝变动制造费用耗费差异＋变动制造费用效率差异
＝－600＋150＝－450（元）（F）

由于变动制造费用是由许多耗费项目组成的，因而通过上述效率差异的计算所反映的成本差异数字是综合性的，不便于进行控制和考核。为此，还需要根据变动制造费用弹性预算中的有关数据与实际发生数据进行逐项对比，并结合变动制造费用耗费差异合并编制一张部门变动制造费用实绩报告，如表 12－8 所示。

表 12－8　宏道公司生产部变动制造费用实绩报告

202×年×月

明细项目	实际数	弹性预算		耗费差异	效率差异
	AH＝1 200 工时 AR＝2.5 元/工时	SH＝1 150 工时 SR＝3 元/工时	AH＝1 200 工时 SR＝3 元/工时		
	①	②	③	④＝①－③	⑤＝③－②
间接材料	1 080	1 725	1 800	－720（F）	75（U）
间接人工	1 200	1 150	1 200	0	50（U）
动力费	720	575	600	120（U）	25（U）
合计	3 000	3 450	3 600	－600（F）	150（U）

需要指出的是，变动制造费用效率差异，实质是反映在实际生产过程中工时的利用差异，它与变动制造费用的耗用效率并无关系，故该差异应有具体安排工时的管理人员负责。

三、固定制造费用差异的计算和分析

从概念上来讲，固定制造费用总额在相关范围内不会因业务量的变动而变动，但单位产品中负担的固定制造费用，恰与业务量的增减变动成反比例变动。从管理层的角度来看，出于对产品定价的考虑，常常需要有一种人为的、稳定的固定制造费用单价。因此，在完全成本法下制定标准成本时，事先制定一个标准的固定制造费用分配率，其计算公式如下：

$$标准固定制造费用分配率=\frac{固定制造费用预算数}{预计产能标准工时（机器小时）}$$

另外，对于固定制造费用通常是采用编制固定预算的方式进行控制。但是，在标准成本法的模式之下，对于固定制造费用的成本差异，仍然沿用前述变动成本差异的计算模式。也就是说，对于固定制造费用而言，成本差异的计算与分析和控制存在比较严重的脱节，这是大家应该注意的。以下简要说明固定制造费用成本差异的计算。

固定制造费用成本差异＝固定制造费用实际成本－固定制造费用标准成本

上式中的固定制造费用标准成本按照下式计算：

固定制造费用标准成本＝单位产品固定制造费用标准成本×实际产量

固定制造费用成本差异的计算通常有计算两种差异和计算三种差异之分。

（一）计算两种差异：预算差异和能量差异

固定制造费用预算差异＝固定制造费用实际数－固定制造费用预算数

固定制造费用能量差异＝标准固定制造费用分配率×（预算产能标准总工时－实际产量应耗标准工时）

（二）计算三种差异：耗费差异（spending variance）、效率差异（efficiency variance）和生产能力利用差异（capacity utilization variance）

固定制造费用耗费差异＝固定制造费用实际数－固定制造费用预算数

固定制造费用效率差异＝标准固定制造费用分配率×（实际工时－实际产量应耗标准工时）

生产能力利用差异＝标准固定制造费用分配率×（预算工时－实际工时）

［例 12－2］ 承接例 12－1，假设宏道公司 202×年×月份固定制造费用及其他有关资料如下：

预计产能标准总工时：　1 000 工时
实际耗用工时：　1 200 工时
实际产量应耗标准工时：　1 150 工时（2×575）
固定制造费用预算总额：　2 400 元
固定制造费用实际总额：　2 600 元

现用计算两种差异的公式计算如下：

固定制造费用预算差异＝固定制造费用实际数－固定制造费用预算数
＝2 600－2 400＝200 元（U）

固定制造费用能量差异＝标准固定制造费用分配率×（预算产能标准总工时
实际产量应耗标准工时）
＝2.4×(1 000－1 150）＝－360 元（F）

第三节　成本差异的账务处理

如果标准成本法纳入财务会计系统，成本差异尚需进行财务会计意义上的账务处理。事实上，按照西方会计中完整的标准成本会计制度，一般都有成本差异的账务处理的规定，现将其简要介绍如下。

一、标准成本制度下有关资产计价及成本差异账务处理的特点

标准成本会计制度下有关资产计价及成本差异账务处理的主要特点可概括为如下几个方面：

(1) 规定几个主要账户的借贷方均按标准成本入账：这些账户一般都与标准成本的计价有关，如"原材料"、"生产成本"（相当于"在产品"）、"产成品"、"自制半成品"、"营业成本"（相当于"销售成本"）等账户。

(2) 根据各种成本差异的名称，分别建立专门的成本差异账户。可以按照变动成本的价格和数量两大类设立 6 个成本差异账户，另外，再对固定制造费用设置两个或三个成本差异账户，用来分别登记实际发生的差异（借方登记不利差异，贷方登记有利差异），以便日常控制和考核各项成本指标。

(3) 月末编制成本差异汇总表。每月末根据各种成本差异账户的借贷方余额，编制成本差异汇总表；另将借贷差异相互轧抵后的净额列入当月利润表，作为"营业成本"或"营业利润"的调整项目，以便将利润表上原列的标准数调整为实际数。

在编制年度财务报表或中期财务报表时，如果成本差异净额数字不大，可全部转入利润表调整项目；如果差异净额较大，或库存产品较多时，原则上应将差异净额按比例在"产成品"、"生产成本"及"营业成本"等账户之间进行分配，这样才符合会计准则中存货按照实际成本计价的原则。

在我国标准成本会计实践中，通常只设置"生产成本差异"总账，然后通过按照责任单位设置多栏式明细账的方式核算料、工、费的各种差异，该账户借方登记差异发生额，不利差异用蓝字登记，有利差异用红字登记；贷方登记差异结转额，不利差异用蓝字结转，有利差异用红字结转。

二、成本差异账务处理例解

[例 12-3]　承接例 12-1，假定宏道公司 202×年×月生产甲产品 575 件，月初无存货，当月出售 550 件，单位产品售价为 50 元，其他条件不变。假设该公司按照完全成本法核算产品成本。

(1) 有关交易或事项的会计分录如下：

1) 购入原材料：

借：原材料	4 000	
材料成本差异	400	
贷：银行存款		4 400

2）生产产品耗用原材料：

借：生产成本　4 600

　　贷：原材料　4 000

　　　　材料用量差异　600

3）生产产品耗用人工成本：

借：生产成本　5 750

　　人工效率差异　250

　　工资率差异　600

　　贷：应付职工薪酬　6 600

4）支付和确认变动制造费用：

借：制造费用——变动制造费用　3 000

　　贷：银行存款等　3 000

5）结转变动制造费用：

借：生产成本　3 450

　　变动制造费用效率差异　150

　　贷：制造费用——变动制造费用　3 000

　　　　变动制造费用耗费差异　600

6）支付和确认固定制造费用：

借：制造费用——固定制造费用　2 600

　　贷：银行存款等　2 600

7）结转固定制造费用：

借：生产成本　2 760

　　固定制造费用预算差异　200

　　贷：制造费用——固定制造费用　2 600

　　　　固定制造费用能量差异　360

8）结转本月甲产成品成本：

借：产成品　16 560 [(24+4.8)×575]

　　贷：生产成本　16 560

9）出售甲产品，并受到货款：

借：银行存款　27 500

　　贷：营业收入　27 500

10）结转已销甲产品的成本：

借：营业成本　15 840 (28.8×550)

　　贷：产成品　15 840

（2）根据有关成本差异账户的月末余额，编制成本差异汇总表，如表 12－9 所示。

表 12-9　宏道公司成本差异汇总表

202×年×月

差异账户名称	借方余额（U）	贷方余额（F）
材料价格差异	400	
材料用量差异		600
工资率差异	600	
人工效率差异	250	
变动制造费用耗费差异		600
变动制造费用效率差异	150	
固定制造费用预算差异	200	
固定制造费用能量差异		360
合计	1 600（U）	1 560（F）
成本差异净额	40（U）	

(3) 根据上述资料编制该公司 202×年×月份利润表。

假设该公司的成本差异净额作为销售成本的调整项目全部转入利润表。利润表格式见表 12-10 所示。

表 12-10　宏道公司利润表

202×年×月

项目	金额
营业收入	27 500（50×550）
营业成本（标准）	15 840
成本差异净额（U）	40
营业成本（实际）	15 880
税前净利	11 620

注：营业成本（标准）15 840＝期初存货 0 ＋本期生产成本 16 560（28.8×575）—期末存货 720（28.8×25）。

【历史浏览】

按照以下提示回顾本章内容：

1. 标准成本是通过精确的调查、分析与技术测定而制定的，用来评价实际成本、衡量工作效率的一种成本标准。标准成本法是针对实际成本法的缺陷而产生的，该法将成本会计的重点从事后成本核算发展到事中的成本分析和控制，并可以将成本的分析和控制与实际成本核算结合在一起。

2. 标准成本按其制定所依据的生产技术和经营管理水平，可分为理想标准成本和正常标准成本。理想标准成本是指在最优的生产条件下，利用现有的规模和设备能够达到的最低成本。正常标准成本是指在效率良好的条件下，根据下期一般应该发生的生产要素消耗量、预计价格和预计生产经营能力利用程度制定出来的标准成本。

3. 标准成本按其适用期，可分为现行标准成本和基本标准成本。现行标准成本，是指根据其适用期间应该发生的价格、效率和生产经营能力利用程度等预计的标准成本。基本标准成本，是指一经制定，只要生产的基本条件无重大变化，就不予变动的一种标准成本。

4. 标准成本通常是先确定直接材料和直接人工的标准成本，然后制定制造费用的标准成本，后者还可分为变动制造费用和固定制造费用分别制定；最后将各成本项目的标准成本进行汇总，得到零件、部件、产成品的标准成本。

5. 标准成本法下的成本差异（cost variance）是指产品的实际成本与其标准成本之间的差额。其基本计算公式如下：

成本差异＝产品的实际成本－产品的标准成本

6. 直接材料成本差异形成的基本原因有两个：一是价格脱离标准；二是用量脱离标准。

7. 直接人工成本差异可区分为“价差”和“量差”两部分。

8. 变动制造费用成本差异可分解为“价差”和“量差”两部分。

9. 固定制造费用成本差异可分解为预算差异和能量差异，也可分解为耗费差异、效率差异和生产能力利用差异。

10. 标准成本制度下有关资产计价及成本差异账务处理的特点：

(1) 规定几个主要账户的借贷方均按标准成本入账：这些账户一般都与标准成本的计价有关，如“原材料”、“生产成本”（相当于“在产品”）、“产成品”、“自制半成品”、“营业成本”（相当于“销售成本”）等账户。

(2) 根据各种成本差异的名称，分别建立专门的成本差异账户。可以按照变动成本的价格和数量两大类设立6个成本差异账户，另外，再对固定制造费用设置两个或三个成本差异账户，用来分别登记实际发生的差异（借方登记不利差异，贷方登记有利差异），以便日常控制和考核各项成本指标。

(3) 月末编制成本差异汇总表。每月末根据各种成本差异账户的借贷方余额，编制成本差异汇总表；另将借贷差异相互轧抵后的净额列入当月利润表，作为“营业成本”或“营业利润”的调整项目，以便将利润表上原列的标准数调整为实际数。

(4) 在编制年度财务报表或中期财务报表时，如果成本差异净额数字不大，可全部转入利润表调整项目；如果差异净额较大，或库存产品较多时，原则上应将差异净额按比例在“产成品”、“生产成本”及“营业成本”等账户之间进行分配，这样才符合会计准则中存货按照实际成本计价的原则。

【复习思考题】

1. 为什么标准成本法能够提供更为详尽的控制信息？

2. 分别阐述理想标准成本和正常标准成本、现行标准成本和基本标准成本之间的差异。

3. 材料用量差异永远是生产主管的责任。你是否同意这句话？
4. 如何分析和计算直接人工成本差异？
5. 固定制造费用成本差异的特点是什么？
6. 如何使用“两差异”方法来分析和计算固定制造费用成本差异？
7. 如何使用“三差异”方法来分析和计算固定制造费用成本差异？
8. 标准成本制度下账务处理有哪些特点？

第十三章

作业成本法

【学习导航】

⊙ 理解传统成本会计核算产品成本的基本模型；
⊙ 了解传统成本会计方法的局限性；
⊙ 理解作业成本法的基本指导思想和成本核算模型；
⊙ 理解作业的概念和分类；
⊙ 掌握作业成本法的基本步骤；
⊙ 掌握作业成本法的优点。

作业成本法是英文 Activity-based Costing 的中译名，简称 ABC 法。这一方法是针对传统成本会计方法的弊端提出来的。传统成本会计，尤其是其中的分批法和分步法，主要是满足财务报告对存货计价以及利润确定的要求而创建；对于间接耗费，通常是先按照部门进行归集，然后选择产量基础的单一分配标准（如机器工时数、直接人工工时数）计算间接耗费分配率，最后通过该分配率将间接耗费（主要指制造费用、辅助生产成本）分配到产品成本。由于间接耗费成分复杂，所以在间接耗费占产品成本的比重提高，而且非产量基础的间接耗费比重提高的情况下，成本核算不准确的现象日益凸显。作业成本法可以说从根本上改变了传统成本会计方法的思路，它根据“作业消耗资源，产品（或服务）消耗作业”的思想，通过核算作业成本，然后将作业成本按照其与产品成本具有因果关系的动因分配到产品成本。这一方法不仅大大提高了成本核算的准确性，而且将成本管理引入到更具战略性的作业管理和价值链管理。作业成本法是 20 世纪 80 年代成本会计的最重要发展之一，其代表人物包括 20 世纪 30 年代提出作业成本法基本思想的美国会计学家埃里克·科勒，80 年代使作业成本法得以定型的美国会计学家罗宾·库铂、罗伯特·卡普兰。

第一节 传统成本会计方法的局限性

一、传统成本会计核算产品成本的基本模型

采用传统成本核算方法核算产品成本时，直接材料和直接人工同样是直接追溯到产品成本上去，间接耗费则是先通过直接追溯、动因追溯及主观分配归集到车间或部门成本库，然后通过产量基础的单一分配率将车间或部门成本分配到产品成本。

二、车间或部门分配率的缺陷

采用产量基础车间或部门分配率分配车间或部门成本库有简便易行的优点，但是当间接成本占总成本的比重增高尤其非产量基础的间接成本增高的情况下，可能会导致严重的成本扭曲。如调整成本，当每生产一批产品时，就会发生调整成本。一批产品可能包括100单位的产品，也可能包括1 000单位的产品，而对于每批产品来说，调整成本都是一样的。在这种情况下，是调整的次数，而非产品产量导致了调整成本。又如，产品设计成本取决于不同设计的产品订单的数量，而不是某一种特定产品的产量。采用产量基础的动因显然不能准确地将这些成本分配到产品。有些公司的非产量基础的间接成本高达40%～50%，如果对其采用产量基础的动因进行分配，则存在成本严重扭曲的潜在可能性。

采用车间或部门分配率分配间接成本导致成本扭曲是有条件的：存在高比例的非产量基础间接成本只是必要条件，但并非必然导致产品成本扭曲；当产品消耗非产量基础的作业的比例与消耗产量基础作业的比例相同时，采用车间或部门分配率并不会导致产品成本的扭曲；当产品按照不同的比例消耗间接作业和间接耗费时（即存在产品差异性），产品成本的扭曲才会出现。

目前，自动化生产、电脑辅助设计、电脑辅助制造、弹性制造系统等已经广泛存在，人工智能已是大势所趋，在这种背景下，制造费用在产品成本中的比重大幅上升（如美国、日本的电子行业在20世纪的90年代已分别高达80%和60%），而且制造费用的构成也日益复杂化。因此，间接耗费的分配问题必须引起人们的重视。

三、采用产量基础动因分配间接耗费导致成本扭曲的举例

[例13-1] 假定盛华公司的一个生产车间生产两种产品：精致贺卡和普通贺卡，该公司设两个生产部门：贺卡剪裁部门和印刷部门。另外设有四个不同的辅助部门执行四类间接作业：每批产品调整设备、产品机器加工、产品检查及产品搬运。

有关成本数据如表13-1和表13-2所示。

表13-1 产品成本数据（1）

成本指标	精致贺卡	普通贺卡	总计
每年产量（张）	20 000	200 000	—
主要成本（元）	160 000	1 500 000	1 660 000
直接人工小时（小时）	20 000	160 000	180 000

续表

成本指标	精致贺卡	普通贺卡	总计
调整次数（次）	60	40	100
机器小时（小时）	10 000	80 000	90 000
检查小时（小时）	2 000	16 000	18 000
搬运次数（次）	180	120	300

表 13-2　产品成本数据（2）

成本指标	剪裁部门	印刷部门	总计
直接人工小时（小时）			
精致贺卡	10 000	10 000	20 000
普通贺卡	150 000	10 000	160 000
合计	160 000	20 000	180 000
机器小时（小时）			
精致贺卡	2 000	8 000	10 000
普通贺卡	8 000	72 000	80 000
合计	10 000	80 000	90 000
间接耗费（元）			
调整设备	120 000	120 000	240 000
搬运材料	60 000	60 000	120 000
机器加工	20 000	180 000	200 000
检查产品	16 000	144 000	160 000
合计	216 000	504 000	720 000

以下分别采用车间间接耗费分配率和部门间接耗费分配率核算单位产品成本如下：

（一）采用车间间接耗费分配率

假定采用直接人工小时数作为产量基础作业动因，则车间分配率计算如下：

$$车间分配率=\frac{间接耗费总额}{直接人工小时总数}=\frac{720\ 000}{180\ 000}=4\ （元/人工小时）$$

使用此分配率及表 13-1 和表 13-2 的有关信息，计算产品单位成本如表 13-3 所示。

表 13-3　单位产品成本计算：使用车间分配率

成本指标	精致贺卡	普通贺卡
主要成本（元）	160 000	1 500 000
间接耗费（元）	80 000（4×20 000）	640 000（4×160 000）
生产成本总额（元）	240 000	2 140 000
产量（张）	20 000	200 000
单位成本	12	10.70

（二）采用部门间接耗费分配率

根据表 13－1 和表 13－2 中人工小时数和机器小时数的分布，剪裁部门属于劳动密集型，印刷部门则属于机器密集型；而且，剪裁部门的间接耗费是印刷部门的 40%。根据这些数据资料，我们有理由认为，部门间接耗费分配率比车间分配率更适合分配间接耗费，可以获得更加准确的成本信息。若使用剪裁部门的直接人工小时数和印刷部门的机器小时数，可以得到如下部门分配率：

$$剪裁部门分配率=\frac{剪裁部门间接耗费总额}{剪裁部门直接人工小时总数}=\frac{216\ 000}{160\ 000}=1.35\text{（元/人工小时）}$$

$$印刷部门分配率=\frac{印刷部门间接耗费总额}{印刷部门机器小时总数}=\frac{504\ 000}{80\ 000}=6.3\text{（元/机器小时）}$$

使用这些分配率及表 13－1 和表 13－2 的有关信息，计算产品单位成本如表 13－4 所示。

表 13－4　单位产品成本计算：使用部门分配率

成本指标	精致贺卡	普通贺卡
主要成本（元）	160 000	1 500 000
间接耗费（元）	63 900 （1.35×10 000＋6.3×8 000）	656 100 （1.35×150 000＋6.3×72 000）
生产成本总额（元）	223 900	2 156 100
产量（张）	20 000	200 000
单位成本（张/元）	11.20	10.78

（三）成本计算的准确性分析

不管是采用车间分配率还是采用部门分配率，间接耗费分配的准确性都令人怀疑，其主要问题在于，二者假设直接人工小时数或机器工时数驱动或产生了间接耗费。

根据表 13－1 和表 13－2 给出的数据，高产量产品普通贺卡所使用的直接人工小时数，是低产量产品精致贺卡的 8 倍。这就意味着，采用车间分配率将使得普通贺卡分得 8 倍于精致贺卡的间接耗费。这显然是不合理的，因为在四项间接耗费中，材料搬运和产品检查作业产生的间接耗费分别是由生产批数和搬运次数驱动的，而不是产量基础的直接人工小时数或机器工时数。而且，这些非产量基础的作业占全部间接耗费的 50%，比重很大。事实上，低产量产品精致贺卡的生产批次是普通贺卡的 1.5（60/40）倍，搬运次数也是 1.5（180/120）倍，但是按照产量基础的作业动因——直接人工小时数和车间分配率，却使得分配到普通贺卡的调整成本和材料搬运成本是精致贺卡的 8 倍，因此导致成本扭曲是必然的。

在本例中，部门分配率看似能够提高成本计算的准确性，实则它对成本的扭曲更加严重。在剪裁部门，普通贺卡消耗的直接人工小时数是精致贺卡的 15 倍；在印刷部门，普通贺卡消耗的机器工时数是精致贺卡的 9 倍。这就意味着，普通贺卡在剪裁部门分得的间接耗费大约是精致贺卡的 15 倍，在印刷部门分得的间接耗费是精致贺卡的 9 倍，比采用车间分配率导致的成本扭曲更加严重。

（四）采用作业分配率的效果

下面我们将按车间或部门成本库归集间接成本，并采用数量基础作业动因分配间接成本的方式，改为按照不同作业归集间接成本并通过每一类作业分配率的方法分配间接成本。我们认为这种方法在理论上是可行的。各种作业分配率是根据衡量作业消耗的驱动因素（产量和非产量作业动因）来计算的。现利用表3－1和表13－2的数据资料，计算每种作业的作业分配率如下：

$$\text{调整设备分配率}=\frac{\text{调整设备总耗费}}{\text{设备调整总次数}}=\frac{240\ 000}{100}=2\ 400\text{（元/次调整）}$$

$$\text{机器加工分配率}=\frac{\text{机器加工总耗费}}{\text{加工工时总数}}=\frac{200\ 000}{90\ 000}=2.22\text{（元/机器小时）}$$

$$\text{检查产品分配率}=\frac{\text{检查产品总耗费}}{\text{检查小时总数}}=\frac{160\ 000}{18\ 000}=8.89\text{（元/检查小时）}$$

$$\text{搬运材料分配率}=\frac{\text{搬运材料总耗费}}{\text{搬运总次数}}=\frac{120\ 000}{300}=\text{（400 元/搬运次数）}$$

采用上述作业分配率分别乘以每种作业的消耗数量，就可以把每种作业的耗费（作业成本）分配到每种产品。使用作业分配率计算的产品单位成本如表13－5所示。

表13－5　单位产品成本计算：采用作业分配率　　单位：元

成本指标	精致贺卡	普通贺卡
主要成本	160 000	1 500 000
间接耗费：		
设备调整	144 000（2 400×60）	96 000（2 400×40）
机器加工	22 200（2.22×10 000）	177 600（2.22×80 000）
产品检查	17 780（8.89×2 000）	142 240（8.89×16 000）
材料搬运	72 000（400×180）	48 000（400×120）
生产成本合计	415 980	1 963 840
产量（张）	20 000	200 000
单位成本（元/张）	20.80	9.82

现将上述三种分配率计算得到的产品单位成本列表如13－6所示。

表13－6　产品单位成本比较

成本分配方法	精致贺卡	普通贺卡
作业基础成本	20.80	9.82
数量基础成本：		
车间分配率	12	10.70
部门分配率	11.20	10.78

通过表 13－6 可以清楚地看出，作业基础成本分配更好地反映了间接耗费的消耗方式，它至少使每盒精致贺卡的成本提高了 8.80 元，至少使每盒普通贺卡的成本降低了 0.88 元；而数量基础成本法低计精致贺卡的成本，高计普通贺卡的成本。因此，三种成本中最为准确的是作业基础成本。当出现大量非产量相关的间接耗费，并存在严重产品差异性时，如果间接耗费的分配只使用产量基础的作业动因，可能会导致一种产品补贴另一种产品的现象。这种补贴行为会产生一种产品利润率很高的假象，同时对另一种产品的定价和竞争产生不利影响。在高度竞争的环境中，准确的成本信息对于计划和决策至关重要。

第二节　作业成本法的基本原理

一、基本指导思想和成本核算模型

作业成本法的基本指导思想是：作业消耗资源、产品（服务或顾客）消耗作业。作业是作业成本法的核心概念之一。作业是如何定义的呢？作业是指企业中特定组织（成本中心、部门或产品线）重复执行的任务或活动。例如，签订材料采购合同、将材料运达仓库、对材料进行质量检验、办理入库手续、登记材料明细账等。

根据作业成本法的基本指导思想，作业成本法把成本计算过程划分为两个阶段：(1) 将间接作业执行中耗费的资源分配（包括直接追溯和资源动因分配）到作业，计算作业的成本；(2) 根据第一阶段计算的作业成本分配（包括追溯和作业动因分配）到各有关最终成本对象（产品或服务）。

传统的成本计算方法也是分两步进行，但是中间的成本中心是按车间或部门建立的。第一步除了把直接成本追溯到产品之外，还要把不同性质的各种间接耗费按部门归集在一起；第二步是以产量为基础，将间接耗费分配到各种产品。传统成本计算方法下，间接成本的分配路径是“资源—车间或部门—产品”。作业成本法下成本计算的第一阶段，除了把直接成本追溯到产品以外，还要将各项间接耗费分配到各有关作业；在第二阶段，按照作业消耗与产品之间不同的因果关系，将作业成本分配到产品。因此，作业成本法下间接成本的分配路径是“资源—作业—产品”。

二、作业成本法的基本步骤

作业成本法可以概括为六个基本步骤：(1) 作业识别、定义和分类；(2) 分配资源成本到作业；(3) 分配二级作业的成本到一级作业；(4) 识别成本对象和确定特定成本对象消耗的各种作业的数量；(5) 计算一级作业分配率；(6) 分配作业成本到成本对象。现具体说明如下。

(一) 作业识别、定义和分类

建立作业成本系统从作业认定开始，即确认每一项作业完成的工作以及执行该作业耗用的资源成本。作业的认定需对每项消耗资源的作业进行定义，识别每项作业在生产活动中的作用、与其他作业的区别，以及每项作业与耗用资源的联系。

作业认定通常有两种形式：一种是根据企业总的生产流程，自上而下进行分解；另一种形式是通过与员工和经理进行面谈、调查表、观察等，自下而上地确定他们所做的工作，并收集反映作业属性的数据。例如，根据生产流程分析和工厂的布局可知，由于原材料仓库与生产车间之间有 0.5 千米的距离，必然存在材料搬运作业，这项作业就是将生产用的原材料从仓库运送到生产车间。再如通过与医院病房护理管理人员的面谈了解心脏病房的具体作业及其消耗的资源、资源动因等信息。

在实务中，自上而下和自下而上这两种方式往往需要结合起来运用。经过这样的程序，就可以把生产或服务过程中的全部作业一一识别出来，并加以认定。为了对认定的作业进一步分析和归类，在作业认定后，需按顺序列出作业清单。表 13-7 列示了一个电子制造公司的作业清单。当然，大多数组织的实际作业清单列出的作业个数将多于 12 个（200～300 个是很正常的）。

表 13-7　某公司作业清单

作业名称	作业内容（略）
1. 开发测试程序	
2. 制作探针板	
3. 测试产品	
4. 调整分配器	
5. 收集设计数据	
6. 处理晶片分配器	
7. 插入管芯	
8. 提供场地	
9. 供水供电	
10. 采购材料	
11. 验收材料	
12. 支付材料款	

一个最有意义的基础作业分类，是为了成本计算的目的将作业分为一级作业（primary activity）和二级作业（secondary activity）。一级作业是指由最终成本对象（如产品或顾客）消耗的作业。二级作业是指由中间成本对象（如一级作业、其他二级作业或原材料）消耗的作业。

还有一种常用的作业分类，是按照作业成本的变化因素（即作业水平）将作业分为四大类：(1) 单位级作业（unit-level activities），是指每一单位产品至少要执行一次的作业。例如，机器加工、组装。(2) 批次级作业（batch-level activities），是指每生产一批产品就要执行的那些作业。批次水平作业的成本随着批数的变化而变化，但对于每批生产的产量来说是固定的。例如，调整、检验（如果从每批产品中抽样进行）、采购和材料处理都属于批次水平作业。(3) 产品水平作业（product-level activities），指服务于某种型号或样式产品的作业。例如，产品设计、产品生产工艺规程制定、工艺改造、产品更新等。这些作业的成本依赖于某一产品线的存在，而不是产品数量或生产批次。(4) 设施水平作业（facility-level activities)，是那些维持一个车间或分厂的一般生产流程的作业。例如，供水供电、维护厂区和提供车间保卫等都属于设施水平作业。这一分类对于建立作业的同质成本库（homogeneous cost pool)，从而减少作业分配率的个数、简化作业成本分配有重要意义。

根据作业识别和分类的详细数据，可以在作业清单的基础上编制作业词典（activity dictionary)，具体内容包括作业名称、作业内容、作业类型（一级或二级)、作业对象、作业动因等。

（二）分配资源成本到作业

本步骤的任务是确定执行每种作业的成本是多少。这就要求识别每种作业消耗的资源。作业消耗人工、材料、能源、固定资产和资金等资源。我们可以在会计账户中找到这些资源的成本，但是会计账户并没有反映每种作业成本是多少。因此，有必要用直接追溯和动因追溯把资源成本分配到作业。如果某种资源由某种作业专属，就可以用直接追溯法进行分配；如果资源由一些作业共享，就可以用动因追溯分配资源成本，这些动因叫作资源动因（resource drivers)。资源动因是推动资源成本到作业成本的因素。面谈、调查表、问卷和计时系统都属于收集资源动因数据的工具，一旦识别出资源动因，就可以将资源成本分配到作业。

常用的资源成本动因如表 13－8 所示。

表 13－8　作业的资源成本动因

作业	资源成本动因
机器运行作业	机器小时
安装作业	安装小时
清洁作业	平方米
材料移动作业	搬运次数、搬运距离、吨公里
人事管理作业	雇员人数、工作时间
能源消耗	电表、流量表、装机功率和运行时间
制作订单作业	订单数量
顾客服务作业	服务电话次数、服务产品品种数、服务的时间

（三）分配二级作业的成本到一级作业

把资源成本分配到作业后，作业成本法的第一阶段即告结束，在第一阶段作业被分为一级作业和二级作业。如果有二级作业，那么就说明存在中间阶段。在中间阶段，二级作业的成本要分配给消耗其产出的那些一级作业。例如，管理护士是医院心脏病病房的一项二级作业，消耗它的不是最终成本对象，而是受其管理的一级作业，假设包括治疗病人、提供卫生护理、答复病人请求、监控病人。假设这四个一级作业分别按照 25％、20％、40％和 15％的比例使用护理资源，那么管理护士二级作业的成本可以按照这些比例分配给消耗它的四种二级作业。

（四）识别成本对象和确定特定成本对象消耗的各种作业的数量

一旦一级作业的成本确定下来，就可以将作业成本分配到最终成本对象。在进行分配前，必须识别最终成本对象，并计量它们对作业的需求。可能有许多不同的成本对象，如产品、顾客、材料、分销渠道、供应商、地理区域、医院病人等。作业动因（activity drivers）是推动作业成本到消耗它的最终成本对象的因素，可以用来计量成本对象对作业的需求数量。大部分作业成本系统在业务动因和时间动因中选择其一。业务动因（transaction drivers）计量作业执行的次数，如治疗的次数和请求的次数。时间动因（duration drivers）计量执行一项作业所需的时间，如卫生作业的护理时间和监控时间。当执行一项作业的数量随业务不同而变化时，就应该使用时间动因，因为此时时间动因比业务动因更能反映成本对象对作业的消耗情况。

这一阶段，可以编制一个作业用量清单，详细记录各种成本对象消耗的一级作业、作业动因及作业动因数量，一般为确定作业分配率及核算产品成本提供数据基础。

（五）计算一级作业分配率和最终成本对象成本

作业成本法通过计算一级作业分配率将一级作业的成本分配到最终成本计算对象。一级作业分配率是根据每一种作业的本期作业成本除以该期作业产出量（用作业动因计量）。用某作业一级作业分配率乘以某最终成本计算对象消耗的该一级作业的作业产出量（用作业动因计量），即可将该一级作业的成本分配到该最终成本计算对象。

比如某医院心脏病病房护理，有四项一级作业，其成本如下：治疗病人 103 070 元，提供卫生护理 87 056 元，答复病人请求 154 112 元，监控病人 135 762 元。该病房作业用量清单如表 13-9 所示。

表 13-9　作业用量清单：心脏病病房

作业	作业动因	普通护理	中等护理	特等护理	总计
生产（服务量）	病人天数	10 000	5 000	3 000	
治疗病人	治疗次数	5 000	10 000	15 000	30 000
提供卫生护理	提供护理小时	5 000	2 500	8 500	16 000
答复病人请求	请求次数	30 000	40 000	10 000	80 000
监控病人	监控小时	20 000	60 000	120 000	200 000

按照上述资料计算一级作业分配率如下：

治疗病人：$\frac{103\ 070}{30\ 000}=3.44$（元/次治疗）

提供卫生护理：$\frac{87\ 056}{16\ 000}=5.44$（元/小时护理）

答复病人请求：$\frac{154\ 112}{80\ 000}=1.93$（元/次请求）

监控病人：$\frac{135\ 762}{200\ 000}=0.68$（元/监控小时）

根据上述一级作业分配率，分配作业成本并计算最终成本对象成本如表 13-10 所示。

表 13-10 最终成本对象成本计算表

单位：元

作业成本分配及最终成本	病人类型		
	普通护理	中等护理	特等护理
治疗病人	17 200（3.44×5 000）	34 400（3.44×10 000）	51 600（3.44×15 000）
提供卫生护理	27 200（5.44×5 000）	13 600（5.44×2 500）	46 240（5.44×8 500）
答复病人请求	57 900（1.93×3 000）	77 200（1.93×40 000）	19 300（1.93×10 000）
监控病人	13 600（0.68×20 000）	40 800（0.68×60 000）	81 600（0.68×120 000）
总成本	115 900	166 000	198 740
服务量（天）	10 000	5 000	3 000
病人每天护理成本	11.59	33.20	66.25

【历史浏览】

按照以下提示回顾本章内容：

1. 作业成本法根据“作业消耗资源，产品（或服务）消耗作业”的思想，通过核算作业成本，然后将作业成本按照其与产品成本具有因果关系的动因分配到产品成本。这一方法不仅大大提高了成本核算的准确性，而且将成本管理引入到更具战略性的作业管理和价值链管理。

2. 采用产量基础车间或部门分配率分配车间或部门成本库有简便易行的优点，但是当间接成本占总成本的比重增高尤其是非产量基础的间接成本增高的情况下，可能会导致严重的成本扭曲。

3. 作业成本法的基本指导思想是：作业消耗资源、产品（服务或顾客）消耗作业。作业是指企业中特定组织（成本中心、部门或产品线）重复执行的任务或活动。

4. 作业成本法把成本计算过程划分为两个阶段：（1）将间接作业执行中耗费的资源分配（包括直接追溯和资源动因分配）到作业，计算作业的成本；（2）根据第一阶段计算的作业成本分配（包括追溯和作业动因分配）到各有关成本对象（产品或服务）。

5. 作业成本法可以概括为六个基本步骤：（1）作业识别、定义和分类；（2）分配资源成本到作业；（3）分配二级作业的成本到一级作业；（4）识别成本对象和确定特定成本对象消耗的各种作业的数量；（5）计算一级作业分配率；（6）分配作业成本到最终成本对象。

6. 按照作业成本的变化因素（即作业水平），作业可分为四大类：（1）单位级作业（unit-level activities），是指每一单位产品至少要执行一次的作业。（2）批次级作业（batch-level activities），是指每生产一批产品要执行的那些作业。批次水平作业的成本随着批数的变化而变化，但对于每批生产的产量来说是固定的。（3）产品水平作业（product-level activities），指服务于某种型号或样式产品的作业。（4）设施水平作业（facility-level activities），是那些维持一个车间或分厂的一般生产流程的作业。

7. 作业动因（activity drivers）是推动作业成本到消耗它的最终成本对象的因素，可以用来计量成本对象对作业的需求数量。大部分作业成本系统在业务动因和时间动因中选择其一。业务动因（transaction drivers）计量作业执行的次数，如治疗的次数和请求的次数。时间动因（duration drivers）计量执行一项作业所需的时间，如卫生作业的护理时间和监控时间。当执行一项作业的数量随业务不同而变化时，就应该使用时间动因，因为此时时间动因比业务动因更能反映成本对象对作业的消耗情况。

【复习思考题】

1. 为什么说作业成本法提高了成本核算的准确性，并提升了成本信息的决策相关性？
2. 传统成本法的局限是什么？
3. 怎样理解“作业消耗资源、产品（服务或顾客）消耗作业”？
4. 作业的定义是什么？作业有哪些分类方式？
5. 如何识别成本对象和确定特定成本对象消耗的各种作业的数量？

第十四章

目标成本法

【学习导航】

⊙ 理解目标成本法的创新意义；
⊙ 掌握目标成本法的基本理念；
⊙ 了解日本目标成本法的发展过程；
⊙ 了解目标成本法的特点；
⊙ 掌握分解目标成本的方法；
⊙ 掌握计算设计成本的方法；
⊙ 掌握成本功能分析的步骤。

目标成本法和作业成本法被认为是 20 世纪 80 年代以来成本会计及成本管理的两大创新方法，它们都具有战略成本管理的意义。作业成本法通过核算作业成本、提高产品成本的准确性，以及通过分析成本动因及作业存在的根本原因来改善作业链和价值链，实现加强成本控制和成本管理的效果。标准成本法则是在产品的设计和生产已经定型的情况下，通过事先制定产品的标准成本、及时核算和分析成本差异，达到控制产品生产成本的效果，其成本控制的重点在生产过程。目标成本法的创新意义在于：在产品的策划阶段就根据产品的市场情况预计产品的市场价格，然后从市场价格中扣减事先确定的目标利润，倒挤出产品的目标成本，并依据目标成本控制和否决产品设计成本，从而将成本控制的重心推进到产品的策划和设计阶段。目标成本法的原理也可以应用到控制生产过程以及销售过程的成本。本章分两节简要介绍目标成本法的基本原理：第一节，目标成本法概述；第二节，产品设计阶段目标成本法的应用步骤。

第一节　目标成本法概述

一、目标成本法的基本理念

目标成本法主要是在日本发展起来的，它在日本叫作“成本企划（Target Costing or Cost Design）”。其基本理念是：

（1）以市场可以接受的产品售价为前提，通过扣减目标利润，计算出目标成本，作为成本控制的标准。

（2）为了保证目标成本和目标利润的实现，实行全方位的成本控制。首先，通过目标成本将成本控制的立足点转移到适应市场需求的产品策划、开发、设计阶段，引导设计人员通过不断改进设计、测算设计成本来实现目标成本和目标利润。其次，在产品生产阶段，通过技术革新以及降低耗费等各项手段，不断“挤压”成本，保证目标成本的实现；另外，在产品销售和售后服务阶段，通过严格执行合同、扩大销售额、执行销售预算和利润预算、降低销售耗费、做好售后服务等措施，来保证目标成本和目标利润的实现。

二、日本目标成本法（成本企划）的发展过程

成本企划的思想雏形产生于20世纪60年代初期的丰田汽车公司。1959年末，“成本企划”术语首次出现。20世纪60年代初，丰田汽车公司在汽车的构思和设计阶段，将成本限定在一定目标范围之内，然后运用价值工程原理进行新汽车的开发和车型的更新；在汽车的设计、试产和生产准备阶段，各相关部门通力合作力求实现目标成本。这样就开始逐步摸索，形成所谓的“成本企划”体制。1967年，丰田汽车公司制定了“成本企划实施规则”，规定了成本企划的实施步骤和责任部门，从而使成本企划成为一种制度化的组织活动。1969年左右，在对皇冠车进行车型改造时，丰田汽车公司逐渐形成包括公司内部和协作企业一体化的成本企划活动，对成本进行全方位的控制。1969年以后，成本企划已经从产品设计阶段扩展到以全部车种为对象的生命周期成本全过程的成本控制，从而保证了目标利润的实现。

经过市场经济几十年的发展，“成本企划”作为日本独特的成本管理方法，不仅在以丰田汽车公司为代表的汽车行业有了长足的发展，而且也在机械、电机以及精密电子仪器等离散型制造企业落地生根，同时也在食品、纺织、化学、冶金等连续型制造业得到了一定程度的推广和应用。20世纪80年代后，连续型制造业开始使用“成本企划”，并在实务上对“成本企划”不断改进使其日趋成熟、完善，整个制造业也都渐渐意识到了“成本企划”能够极大降低企业的成本。90年代初，学者们开始把这种实践活动上升为理论。会计理论家开始热烈讨论“成本企划”，并在会计学术期刊上陆续发表众多研究论文。在1994年6月，日本会计学会第53届年会由“成本企划特别委员会”发表了《成本企划研究的课题》报告草案，把“成本企划”定位于成本管理的一个研究领域。

尽管成本企划在日本的发展已经很普遍，但与标准成本制度相比，成本企划管理体系没有规范的定式，而且受各行业生产工艺流程不同的影响，在价值工程的具体实施中，存在技术方法的差异，加之管理无定式，各个企业都有自己的特点和不同需求，所以呈现出

多种多样的形态。

三、目标成本法的特点

（一）实行全过程管理

企业的成本管理对象不只限于产品的设计过程，产品成本发生于企业生产经营活动中的全过程，每一个经营环节都应成为成本管理的重点。产品从市场预测与调查研究、产品策划、设计开发、样品试制、工艺准备、材料采购、加工制造、产品销售和售后服务等各个阶段、各个环节，都要发生成本支出；各环节费用高低都影响着产品成本的升降，都需要进行成本控制。

（二）实行各部门、各环节的管理

由于目标成本管理已经扩展到生产经营全过程，因此，仅依靠一个或几个职能部门进行管理已经远远不够，必须动员企业各级、各部门、各单位都参与成本管理。不仅厂部、财会部门和专职成本管理人员要参加，而且各个基本生产分厂、辅助生产分厂、班组以及设计、技术、供应、销售、总务、后勤等部门也要参与。把所有部门组织和动员起来，在各个职能部门和生产环节建立成本责任中心，做到对各自责任范围内的成本进行控制，以实现全面的成本控制。

（三）经济工作与技术工作相结合

企业在实施目标成本管理的过程中，要把进行工程改造和技术革新作为降低目标成本的中心环节，把价值工程作为实现目标成本的重要手段。在产品设计阶段，设计人员围绕目标成本，进行设计方案创新、改进及多种方案比较，在提高产品质量、性能水平的同时，充分挖掘降低成本的潜力；在制造过程中，不断选择新的技术方案和工艺方案，改造设备和工艺流程，提高技术经济指标，使目标成本管理不断向广度和深度发展。

（四）责、权、利相结合

以成本目标来统一人们的行为，把目标的确定、实施与实现的过程与责、权、利的划分和责任落实结合起来，以责任为压力、以利益为驱动、以权限为条件，促使人们齐心协力，以高涨的热情去实现成本降低、效益提高的目标。

第二节　产品设计阶段目标成本法的应用步骤

产品的成本一般在设计阶段就已经被决定了。如果产品设计不合理，产品成本就会很高，产品的竞争力就会下降，此时再想在投产后降低成本就会变得比较困难。因此，为了提升产品的竞争力，增强经济效益，企业首先要做市场调查，根据市场的需求迅速做出反应，进而确定生产何种适销对路的产品，然后在产品设计阶段进行成本优化，这就是目标成本法的关键环节，也是“成本企划”的精髓所在。只有这样，企业才能保证新产品不仅在技术上领先，而且在经济上合理，这是成本控制的起点。产品设计阶段目标成本法的基本操作步骤如下所述。

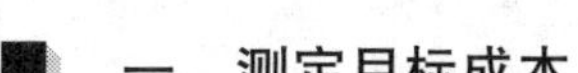

一、测定目标成本

产品设计阶段的成本控制，要求在开发新产品或者革新老产品之前，通过测定产品的目标成本作为控制设计成本的标准。企业需要根据大量准确、及时的情报资料进行认真分析，结合自身实际情况，使用适当的方法进行。目前实践中经常采用的方法是“倒挤法”。首先确定企业目标利润，接着从产品的计划价格中扣除税金和目标利润，得到的余额就是目标成本。单位产品目标成本的计算公式如下：

$$目标成本=产品计划价格-目标利润-税金$$

如果用税率表示：

$$目标成本=产品计划价格\times(1-税率)-目标利润$$

上式中，产品计划价格一般根据客户可以接受的心理价格或者竞争性市场价格来制定，通常通过搜集国内外同类产品的价格资料或各种市场信息来决定。

目标利润一般可以采用以下两种方式确定：

（1）用国内外和本企业同种或同类产品的销售利润率乘以计划销售价格确定。

（2）用国内外和本企业同种或同类产品的成本利润率乘以目标成本确定。

或者根据本企业上期已实现的利润，结合计划年度的预期目标直接确定出目标利润。

下面举例说明：

［例 14-1］ 按销售利润率计算目标成本。

某企业新产品的计划单位销售价格 1 000 元。同类老产品的销售利润率为 15%，税率为 8%，则该产品的单位目标成本为：

$$目标成本=1\ 000-1\ 000\times15\%-1\ 000\times8\%=770（元）$$

［例 14-2］ 按成本利润率计算目标成本。

当产品目标利润按成本利润率来计算时，则目标成本的计算应按上面公式做如下推导：

$$\begin{aligned}目标成本&=产品计划价格\times(1-税率)-目标成本\times成本利润率\\&=\frac{产品计划价格\times(1-税率)}{1+成本利润率}\end{aligned}$$

假设上面新产品的成本利润率为 15%，则该新产品的单位目标成本为：

$$目标成本=\frac{1\ 000\times(1-8\%)}{1+15\%}=800（元）$$

［例 14-3］ 如果要求新产品目标利润必须达到企业资产利润率的水平，需要将资产利润率做如下分解：

$$\begin{aligned}资产利润率&=\frac{产品销售成本}{资产平均余额}\times\frac{产品销售利润}{产品销售成本}\\&=资产周转率\times成本利润率\end{aligned}$$

因为，

$$成本利润率=\frac{资产利润率}{资产周转率}$$

所以，

$$目标成本=\frac{产品计划价格\times(1-税率)}{1+(资产利润率\div资产周转率)}$$

如果以上企业要求新产品投产后，能继续保持企业资产利润率为30%，并假设企业每年资产周转率为2次，则新产品目标成本为：

$$目标成本=\frac{1\ 000\times(1-8\%)}{1+(30\%\div2)}=800\ (元)$$

二、分解目标成本

制定好目标成本后，要将其分解成若干小目标，并要落实到各设计小组和设计人员，使他们都有一个具体明确的目标成本，作为控制各部分设计成本和分析成本的经济依据。

企业目标成本分解的方法主要有以下几种。

（一）按产品结构进行分解

这是按产品测定目标成本进行分解的最基本方法，主要适用于离散型（如精密电子仪器）制造业，主要包括以下步骤：第一步，按产品构成情况将其分解为若干个结构件；第二步，可参照老产品或类似产品的实际成本资料，计算出各结构件成本占产品成本的比重，即成本系数；第三步，依据新产品的结构件及其材质、重量和复杂程度等因素，调整成本系数；最后一步，将新产品目标成本乘上调整后的各结构件的成本系数，即得该结构件的目标成本。

（二）按功能评价系数进行分解

功能评价系数反映产品功能的程度，是产品价值分析中不可缺少的内容。所谓产品功能，是指产品具有的满足消费者需要的效能和作用。它与产品成本密切相连。通常功能多、质量好的产品，成本就高一些；反之，成本就低一些。功能评价系数常常采用评分法予以确定，即将各个零部件的功能一一进行相互重要程度的对比并打分，重要的打一分，次要的打零分。功能评价系数是某一零部件得分与全部零部件得分合计的比值。计算公式如下：

$$功能评价系数=\frac{某一零部件得分}{全部零部件得分合计}$$

各零部件的目标成本就等于产品的目标成本乘上各零部件的功能评价系数。

（三）按产品形成过程分解

如果企业属于连续式复杂生产企业，其产品经过许多相互联系的加工步骤，前一步骤生产出来的半成品是后一加工步骤的加工对象，最终形成产成品。对这类企业应按照产品成本形成的逆方向，由确定的产品目标成本一次倒推各步骤的半成品目标成本，即依据各步骤半成品的成本项目占全部成本比重的历史资料并经过调整，还原已确定的产品目标成本，从而将产品目标成本分解为产品的半成品目标成本。

（四）按产品成本项目构成进行分解

如果企业生产的产品属于新产品，在利用“倒挤法”测算出新产品的目标成本的基础上，还需要根据设计工艺所确定的技术定额，确定各成本项目及其所占成本总额的比重，并以此来分解目标成本。首先按设计方案规定的产品所耗用各种原材料的消耗定额和计划单价，确定产品的直接材料成本；按设计方案规定的产品工时定额和计划小时工资率，确定产品的直接工资成本；按产品工时定额和各项制造费用的计划小时制造费用率，确定制造费用成本；然后就可以根据各成本项目占总成本的比重分解目标成本。

三、计算设计成本

产品设计方案完成后，就要根据产品的设计图纸测算产品设计成本，它是反映新产品在正常投产后的成本。在实际工作中，主要采用以下几种方法。

（一）直接法

直接法是根据新产品设计方案所发生的成本，直接地概算出该种产品成本。该法主要适用于没有或缺乏同类产品资料的全新产品进行设计时的估算，其具体计算公式为：

$$产品设计成本=该产品材料成本+该产品人工成本+该产品制造费用$$

（二）比例法

比例法是根据产品的成本大体上分成材料成本、人工成本、制造费用三部分，分别确定各项成本占总成本的比重，然后测算产品的设计成本。比例法一般适用于有同类产品设计成本资料的产品设计成本的估算。其计算公式如下：

$$产品设计成本=\frac{产品估计材料成本(或人工成本)}{同类产品成本中材料成本(或人工成本)所占比重}$$

[例 14-4]　假设新产品的直接材料设计成本采用直接法测算为 3 000 元，直接工资、制造费用成本项目比照类似产品成本中这些项目的比重（15%、25%）作概略估算。则产品设计成本为：

$$产品设计成本=\frac{3\ 000}{1-(15\%+25\%)}=5\ 000（元）$$

如果直接工资成本在产品成本中所占的比重较大，也应按照直接法测算。此时，制造费用可以按照类似产品的制造费用成本占直接材料、直接工资成本的比重作概略估算。公式如下：

$$产品设计成本=(直接材料成本+直接工资成本)\times(1+制造费用占材料、工资成本的百分比)$$

[例 14-5]　假设某产品的直接材料设计成本和直接工资设计成本采用直接法测算，分别为 900 元和 600 元，制造费用成本按照类似产品占材料、工资成本的比重为 10%。则产品设计成本为：

$$产品设计成本=(900+600)\times(1+10\%)=1\ 650（元）$$

（三）分析法

如果新产品与可比产品类似，在老产品的成本基础上，通过对比分析新、老产品在结构、材料、工艺等方面的差异，计算其差异成本并进行增减调整，从而获得新产品的设计成本。

四、比较设计成本和目标成本

产品设计成本确定后，应将其和目标成本进行比较。当设计成本大于目标成本时，说明不能完成目标利润，必须重新进行设计，进一步挖掘降低成本的潜力，直至有了可靠的措施，保证设计成本控制在目标成本的限度内，才能批准设计方案，以避免先天性的损失和浪费。

五、评价设计方案

企业在开发新产品和革新老产品时，还必须从技术上、经济上、社会效益上综合分析和评估不同的设计方案，进行设计方案的优选，要采用定性分析和定量分析相结合的方法来评价设计方案。评价的原则如下：

（1）设计方案需充分利用本国资源，且有利于节约资源。

（2）设计方案需在技术上是可行的。

（3）设计方案的设计成本需小于目标成本。

（4）设计方案应是在满足产品功能、售价和目标成本要求下成本最低的方案。

（5）如果各设计方案不仅设计成本不同，而且产品售价和预计销售量也不一样，则要结合其成本利润率（售价÷设计成本－1）和总利润（预计销售量×单位利润）加以综合评价。

（6）评价不同设计方案时，不仅要考虑企业经济效益，还要考虑提高社会效益。

根据以上原则，从多方面进行可行性分析和评价不同的方案，就能在生产前有效地控制产品成本形成，从源头上控制成本，从根本上提高企业经济效益。

六、成本功能分析

在控制产品设计成本的工作中，应进行成本功能分析，在分析中应注意以下几点：

（1）不要因为过分强调高质量而使产品拥有多余的功能，即所谓过剩质量。

（2）不要存在多余的零件、多余的生产加工工序。

（3）不要因为安全系数过大，而使零件质量不适当地加大或材质不适当地提高。

（4）在保证产品质量的前提下，用物美价廉的材料代替高档昂贵的材料，用通用化、标准化的零件代替专用零件。

（5）使产品结构进一步简化。

（6）要方便实用、便于维护等。

成本功能分析的计算步骤如下：

第一步，计算功能评价系数。将每一个零件和其他零件一对一地进行功能重要程度的对比，重要的打 1 分，次要的打 0 分。功能评价系数是某一零件得分除以全部零件得分合计求得的。计算功能评价系数见表 14－1。

表 14-1　功能评价系数表

零件名称	一对一比较结果						得分	功能评价系数
	A	B	C	D	E	F		
A	×	0	0	1	0	0	1	0.066 7
B	1	×	0	1	0	0	2	0.133 2
C	1	1	×	1	0	0	3	0.200 0
D	0	0	0	×	1	0	1	0.066 7
E	1	1	1	0	×	1	4	0.266 7
F	1	1	1	1	0	×	4	0.266 7
合计							15	1

第二步，计算成本系数。成本系数是将某一零件的设计成本除以全部零件设计成本合计数求得的。计算成本系数和价值系数见表 14-2。

表 14-2　成本系数和价值系数计算表

零件名称	功能评价系数	设计成本	成本系数	价值系数	目标成本	应降低成本
	(1)	(2)	(3)＝(2)÷$\sum$(2)	(4)＝(1)÷(3)	(5)＝(1)×$\sum$(5)	(6)＝(2)－(5)
A	0.066 7	200	0.047 6	1.40	266.8	－66.8
B	0.133 2	800	0.190 5	0.70	532.8	267.2
C	0.200 0	900	0.214 3	0.93	800	100
D	0.066 7	300	0.071 4	0.93	266.8	33.2
E	0.266 7	1 000	0.238 1	1.12	1 066.8	－66.8
F	0.266 7	1 000	0.238 1	1.12	1 066.8	－66.8
合计		4 200	1		4 000	200

第三步，计算价值系数。将功能评价系数除以成本系数即可求得，其计算公式为：

$$价值系数=\frac{功能评价系数}{成本系数}$$

从成本功能分析观点来看，成本系数应该同其功能评价系数大体一致。如果价值系数接近 1，说明零件重要程度同所费成本大体相同；如果小于 1，说明零件重要程度同所费成本不相称，应当成为成本功能分析的重要目标；如果大于 1，说明此零件成本比重较小。在本例中，零件 B、C、D 的价值系数均小于 1，尤其是 B，只达到 0.70，降低设计成本的重点应该放在这三个零部件上。

第四步，测算各零部件目标成本，计算成本降低程度。各零部件目标成本等于产品目标成本乘以该零件功能评价系数。求得各零部件目标成本后，再同其设计成本比较，B 零件应降低 267.2 元，C 零件应降低成本 100 元，D 零件应降低成本 33.2 元。这就为我们降低成本指出了努力的方向。

【历史浏览】

按照以下提示回顾本章内容：

1. 目标成本法的创新意义：在产品的策划阶段就根据产品的市场情况预计产品的市场价格，然后从市场价格中扣减事先确定的目标利润，倒挤出产品的目标成本，并依据目标成本控制和否决产品设计成本，从而将成本控制的重心推进到产品的策划和设计阶段。

2. 目标成本法的基本理念：(1) 以市场可以接受的产品售价为前提，通过扣减目标利润，计算出目标成本，作为成本控制的标准；(2) 为了保证目标成本和目标利润的实现，实行全方位的成本控制。

3. 目标成本法的特点：(1) 实行全过程管理；(2) 实行各部门、各环节的管理；(3) 经济工作与技术工作相结合；(4) 责、权、利相结合。

4. 目标成本法的关键环节：为了提升产品的竞争力，增强经济效益，企业首先要做市场调查，根据市场的需求迅速做出反应，进而确定生产何种适销对路的产品，然后在产品设计阶段进行成本优化。

5. 产品设计阶段目标成本法的应用步骤：(1) 测定目标成本；(2) 分解目标成本；(3) 计算设计成本；(4) 比较设计成本和目标成本；(5) 评价设计方案；(6) 成本功能分析。

6. 实践中测定目标成本经常采用的方法是“倒挤法”：首先确定企业目标利润，接着从产品的计划价格中扣除税金和目标利润，得到的余额就是目标成本。

7. 分解目标成本的方法有：(1) 按产品结构进行分解；(2) 按功能评价系数进行分解；(3) 按产品形成过程进行分解；(4) 按产品成本项目构成进行分解。

8. 在进行成本功能分析时，要注意：(1) 不要因为过分强调高质量而使产品拥有多余的功能，即所谓过剩质量；(2) 不要存在多余的零件、多余的生产加工工序；(3) 不要因为安全系数过大，而使零件质量不适当地加大或材质不适当地提高；(4) 在保证产品质量的前提下，用物美价廉的材料代替高档昂贵的材料，用通用化、标准化的零件代替专用零件；(5) 使产品结构进一步简化；(6) 要方便实用、便于维护等。

【复习思考题】

1. 目标成本法的创新意义是什么？
2. 目标成本法的基本理念是什么？
3. 目标成本法有哪些特点？
4. 为什么产品设计阶段是目标成本法的关键环节？
5. 分解目标成本的方法有几种？
6. 计算设计成本的方法有几种？
7. 评价设计方案的原则是什么？
8. 成本功能分析的要点有哪些？

参考文献

1. 徐政旦，石人瑾，林宝环，管一民. 成本会计. 上海：上海三联书店，2000.
2. 欧阳清，杨雄胜. 成本会计学. 2 版. 北京：首都经济贸易出版社，2008.
3. 贺南轩. 成本会计学(1999 年版). 北京：中国财政经济出版社，2008.
4. 于富生，王俊生，黎文珠. 成本会计学. 4 版. 北京：中国人民大学出版社，2006.
5. 宋常，曹伟. 成本会计. 北京：中央广播电视大学出版社，2000.
6. 祁永彪. 成本会计. 兰州：甘肃科学技术出版社，1989.
7. 陈守文. 成本会计. 2 版. 沈阳：辽宁人民出版社，2004.
8. 阎金锷，贺南轩. 工业会计学. 北京：中国人民大学出版社，1991.
9. 顾振华. 成本会计案例与实训. 北京：机械工业出版社，2005.
10. 唐·R. 汉森，玛利安娜·M. 莫文. 成本管理. 北京：中信出版社，2003.
11. 潘琴，李学东. 成本会计实验教程. 2 版. 北京：经济科学出版社，2008.
12. 爱德华·布洛克，孔·陈，托马斯·林. 战略成本管理. 2 版. 王斌，等译. 北京：人民邮电出版社，2005.
13. 李天民. 现代管理会计学. 上海：立信会计出版社，2018.
14. 中国注册会计师协会. 会计学. 北京：中国财政经济出版社，2020.
15. 财政部会计司.《企业产品成本核算办法》讲解. 北京：经济科学出版社，2014.

图书在版编目（CIP）数据

成本会计/曹伟编著．--2 版．--北京：中国人民大学出版社，2021.1

新编 21 世纪远程教育精品教材．经济与管理系列

ISBN 978-7-300-28690-7

Ⅰ.①成… Ⅱ.①曹… Ⅲ.①成本会计-远程教育-教材 Ⅳ.①F234.2

中国版本图书馆 CIP 数据核字（2020）第 193671 号

新编 21 世纪远程教育精品教材·经济与管理系列

成本会计（第二版）

曹伟　编著

Chengben Kuaiji

出版发行	中国人民大学出版社		
社　　址	北京中关村大街 31 号	**邮政编码**	100080
电　　话	010－62511242（总编室）		010－62511770（质管部）
	010－82501766（邮购部）		010－62514148（门市部）
	010－62515195（发行公司）		010－62515275（盗版举报）
网　　址	http://www.crup.com.cn		
经　　销	新华书店		
印　　刷	北京鑫丰华彩印有限公司	**版　　次**	2006 年第 1 版
规　　格	185 mm×260 mm　16 开本		2021 年 1 月第 2 版
印　　张	17	**印　　次**	2021 年 1 月第 1 次印刷
字　　数	400 000	**定　　价**	39.00 元